U0154234

Tony
Wheeler's
險惡之旅
ad Lands

尼·惠勒◎著
玉玲◎譯

序

險惡之地是如何形成的？

這和地理學或地誌學無關，雖然恐怖分子可能藏匿在某個國家的山區或谷地，但河川怎知侵略，沙漠也不懂貪污，土地本身無法自行變得聲名狼藉。我步履蹣跚地造訪多處令人難忘的險惡之地，從無垠的沙丘到白雪皚皚的山頂，從蜿蜒的河流到熱帶海灘，總是不時地意識到這些國家不對勁，而且是她的居民而非她的自然環境造成的。

我的目的地包括各種地理和文化奇景，可粗分為歷史和政治兩大類，其中大部分地方是直到最近才顯明是如何演變成今日的險惡之地。再沒有更好的卡司了——全身掛滿勳章的獨裁者、重刑犯的民族英雄、窮途末路的改革家、宗教狂熱分子和諾貝爾獎得主，他們都在這些險惡之地的故事中有份：成吉思汗、德蕾莎修女、賓拉登、阿拉伯的勞倫斯，當然還有小布希總統，他們都出場了。一味地追逐權力也導致一些反常的行為，對某些險惡之地的統治者而言，穿著打扮的重要性僅次於為自己樹立銅像或肖像的個人崇拜運動。

而這也不限於特定地方，一國的恐怖分子可能是另一國的自由鬥士，為清剿恐怖分子但卻思慮不周的計謀，反倒可能鼓舞他們。我們甚至不必直接資助恐怖分子——儘管有些備受尊崇的國家確實曾經如此。對某些國家來說，變成險惡之地並不全然咎由自取，反

倒經常是外力造成的結果，像是殖民宗主國的干預或大國權力鬥爭下進行的代理戰爭等，都程度不一地造成險惡之地今日令人遺憾的景況。

長期以來我一直在旅行，雖然在英格蘭出生，但5歲以前我一直住在巴基斯坦，高中學業則是在美國完成的。此後我便四處旅行，在1970年代初期與人共同創設了Lonely Planet出版社，寫了幾十本跟旅行有關的書，同時對世界上各個稀奇古怪的地方保持高度興趣。別人老是問我：「你最喜歡什麼地方呢？」要我老實回答的話，那就是「候機室」。

到了陸地後漫步在不同的街道上，你很快就會知道一個地方安不安全。比起經濟專家收集的國民生產毛額或國內生產毛額這樣的統計數據，或是媒體特派員進住五星級飯店，和政府官員和發言人會談後所得到的資訊，你會更清楚當地居民真正在做什麼。

我不是唯一這麼說的人，美國作家卡普蘭（Robert Kaplan）在2006年出刊的《哥倫比亞新聞評論》（*Columbia Journalism Review*）中撰文指出：「在1990年代，一般人很難拿到伊朗簽證——有關這個國家的很多資訊都只能在華盛頓召開的研討會中得知——獲取伊朗消息最有效的途徑是閱讀聖文森（David St Vincent）著作、Lonely Planet系列出版的《伊朗：旅遊和生存裝備》（*Iran: A Travel Survival Kit*）。」

我是如何選出這些「險惡」國家的呢？

一個國家不必到了山窮水盡的地步才在我的計分卡上拿到負評，即使像瑞士這樣的優美小國也有見不得人之處。如果一個來自真正險惡之地的邪惡獨裁者想找個地方藏匿個人非法所得，瑞士人樂於提供一個安全、匿名、不囉嗦的銀行保險庫給他。

　　篩選險惡國家的標準再簡單不過了：就看這個國家如何對待她的人民？是否涉及恐怖主義？會對其他國家構成威脅嗎？「邪惡軸心」只是一個起點，伊朗、伊拉克和北韓自然在我的名單中，我另外加了緬甸，因爲這個國家是經常被提及的一個血淋淋的例子：有關她境內的人權如何慘遭蹂躪，以及緬甸軍政府如何長期軟禁一名諾貝爾獎得主，只因她膽大包天，竟想靠勝選拿下政權。古巴也在名單中，因爲美國在過去五十年來高分貝要求卡斯楚共產政權轉移但卻徒勞無功。利比亞則是因爲她沒有一件事做對了：包括迫害老百姓、資助並且組織恐怖活動、發展大規模毀滅性武器，甚而侵略鄰近國家，還輕易得手了。

　　阿富汗列名其中則是因爲窩藏恐怖分子，這可是導致恐怖攻擊蔓延的最大癥結，這使得如今不管我們願不願意，沒有人能置身事外。沙烏地阿拉伯則是因爲她是恐怖分子的溫床——更糟的是，有錢的恐怖分子——他們在自家中亂搞。最後我把阿爾巴尼亞列入名單中，並不因爲她是一塊險惡之地，而是因爲她提供了一個絕佳例證：看一個迷你的專制政權如何不惜犧牲自己的人民，與國際社會隔絕。

　　然後我再用我的「邪惡量表」檢查一下這幾個國家，看看到底多糟才算糟，不過這得由「邪惡量表」決定。

　　《險惡之旅》是一本遊記，告訴你哪裡值得去、哪裡可以過夜、哪裡不該去。這當然不是另一本《全世界最危險的地方》。當槍聲在圍牆外啾啾作響，我可是好整以暇地坐在英國駐喀布爾大使館的花園裡喝茶，默想平壤的情況到底是真是假，當載我的計程車司機在伊拉克的基爾庫克（Kirkuk）駛進了死巷，我才緊張了起來。但同時我也是個謹慎行事、對痛苦容忍度很低的人。在造訪這九個

險惡國家期間，我度過了一段格外有趣的時光，其中只有在阿富汗和伊拉克時，一度我有點擔心自身安全。不過在旅程中，我總是吃得好、睡得飽、身心健全，而且還額外結交了不少好友。

　美國建國元勳富蘭克林(Benjamin Franklin)的不朽名言值得一提：「那些寧可放棄人身自由以苟安一時的人，不配享有自由或安全。」他批評那些愚昧地用長期利益交換短期享受的人。在行經這些險惡國家期間，富蘭克林這番話我不敢或忘。但我又想起波斯詩人哈菲茲(Hafez)說的話，當我造訪他位於伊朗的墓地時，也沒忘記他在阿富汗備受禮遇時所言：

> 這條路好像很危險，又看不到它到底通往哪裡。
>
> 不過只要是路終究會有盡頭，
>
> 繼續走，不要放棄就是了。

目　次

序‥‥‥‥‥‥‥‥‥‥‥‥‥‥‥‥‥‥‥‥‥‥‥‥‥‥‥ i

1.阿富汗‥‥‥‥‥‥‥‥‥‥‥‥‥‥‥‥‥‥‥‥‥ 1

2.阿爾巴尼亞‥‥‥‥‥‥‥‥‥‥‥‥‥‥‥ 37

3.緬甸‥‥‥‥‥‥‥‥‥‥‥‥‥‥‥‥‥‥‥‥‥ 61

4.古巴‥‥‥‥‥‥‥‥‥‥‥‥‥‥‥‥‥‥‥‥‥ 95

5.伊朗‥‥‥‥‥‥‥‥‥‥‥‥‥‥‥‥‥‥‥ 125

6.伊拉克‥‥‥‥‥‥‥‥‥‥‥‥‥‥‥‥‥ 159

7.利比亞‥‥‥‥‥‥‥‥‥‥‥‥‥‥‥‥‥ 189

8.北韓‥‥‥‥‥‥‥‥‥‥‥‥‥‥‥‥‥‥‥ 233

9.沙烏地阿拉伯‥‥‥‥‥‥‥‥‥‥‥ 277

邪惡量表‥‥‥‥‥‥‥‥‥‥‥‥‥‥‥‥‥ 319

其他惡名昭彰的地區‥‥‥‥‥‥‥‥ 339

阿富汗

1. 托尼於賈姆尖塔（Minaret of Jam）前留影。
2. 托尼在阿里寺（Shrine of Hazrat Ali）前餵食白鴿。
3. 2001年塔利班破壞一尊古佛雕像，現在只剩空蕩蕩的神龕。
4. 出售中的海報，大多是北方聯盟的英雄瑪蘇德（Ahmad Shah Massoud）肖像。

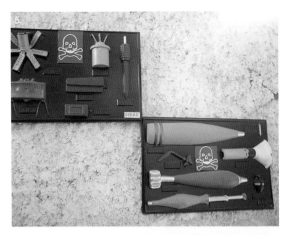

5. 各式各樣醜陋的地雷。
6. 賈姆沙迪（Jamshady）兄弟擁有一家運輸、旅遊和觀光公司。
7. 一輛被棄置在路旁的坦克車。
8. 托尼和賈姆沙迪兄弟中的老大莫彬（Mobin）於阿里寺合影。

阿爾巴尼亞

1. 位於地拉那（Tirana）市中心的民族英雄史坎德貝（Skanderbeg）銅像。

2. 亞德尼卡（Ardenica）山頂上的餐廳，提供絕佳視野。

3. 加爾海灘（Jal Beach）上，一處可向外眺望的地下碉堡。

4. 古希臘和羅馬古城阿波羅尼亞（Apollonia）的廣場遺跡。

5. 地拉那國立歷史博物館正面巨幅的馬賽克壁畫近觀。
6. 建於6世紀城堡內的克魯亞（Kruja）史坎德貝（Skanderbeg）博物館。
7. 霍察地下碉堡改建成邦克里（Bunkeri）餐廳的舒適酒吧，該餐廳位於都拉斯（Durrës）海濱。
8. 在地拉那的前霍察博物館，又名「金字塔」。

緬甸

1. 英丁（Indein）茵萊湖（Inle Lake）畔的緬甸僧侶，正在瑞因太音寶塔（Shwe Inn Thain Pagoda）前玩排球。
2. 小鬍子兄弟，緬甸傳統民俗丑角藝人（a-nyeint pwe）。
3. 仰光的海濱飯店（Strand Hotel）。
4. 瑞耶門塔（Shwemyetman Paya）的金邊眼鏡佛像。

5. 「熱氣球遊蒲甘」（Ballons over Bagan）公司的小巴士。
6. 達瑪斯伽佛塔（Dhammayazika Paya）的金色尖頂。
7. 一艘RV Pandaw八節巡航艦停泊在伊洛瓦底江（Ayeyawady River）。
8. 連接湄東（Maing Thauk）「水上浮村」（floating village）的橋樑。

古巴

1. 切·格瓦拉（Che）的紀念品，是古巴數量最多的紀念品。
2. 高速公路（autopista）上常見的「社會主義或死亡」告示板。
3. 在哈瓦那（Havana）必不可少的美國房車。
4. 一件「爆炸」藝術品，標示出格瓦拉叛軍阻斷通往聖塔克拉拉（Santa Clara）鐵路線的地點。

伊朗

1. 托尼與喀山（Kashan）導遊阿瑪·普沙耶迪（Ahmad Pourseyedi）。
2. 絲路旅館（Silk Road Hotel）裡的美麗庭院餐廳。
3. 波塞波里斯（Persepolis）古城大流士（Darius）王宮的中央階梯（Apadana Stairway）淺浮雕。
4. 1972年，莫琳·惠勒在卡由橋（Khaju Bridge）前留影。

伊拉克

1. 托尼抵達伊拉克時，與兩名庫德自由戰士（peshmerga）合影。
2. 扎胡（Zakho）的德來橋（Pira Delal）古蹟，又稱美麗之橋。
3. 托尼在博斯普魯斯海峽（Bosphorus）畔的伊斯坦堡古老卡迪廓伊（Kadiköy）區飲茶。
4. 埃爾比勒（Arbil）堡壘中，巨大的阿米斯陶斐（Ibn Al-Mistawfi）雕像。

5. 杜胡克（Dohuk）四處可見吸引人的果汁攤。

6. 前往埃爾比勒途中，和司機阿德芮思（Adris）共享一頓豐盛的午餐。

7. 蘇萊曼尼亞（Sulaymaniyah）公園內，沿路陳列著庫德族英雄的大型肖像。

8. 位於市中心上方的埃爾比勒塔（Arbil Towers）堡壘。

利比亞

1. 卡堡（Kabaw）的卡撒（Qasr，
   防衛穀倉）內牆上的儲藏室。
2. 通往費贊（Fezzan）的路上，一
   輛卡車上面載著一隻駱駝。
3. 典型的格達費看板。
4. 托尼在費贊，檢視一條橫跨烏巴里
   沙海（Ubari Sand Sea）的沙徑。

5. 的黎波里麥地那（Medina）的一家理髮廳，
   打著非洲髮型的廣告。
6. 一群學童在大萊普提斯（Leptis Magna）的
   羅馬古城遺跡做即興表演。
7. 一件麥斯康朵夫乾河床（Wadi Methkandoush）
   卓越的史前長頸鹿石雕作品。
8. 觀光客坐在大萊普提斯（Leptis Magna）的
   圓形露天劇場上，享受美景。

北韓

1. 托尼在一列開往平壤的火車臥鋪外留影。
2. 一幅繪有金日成、金正日父子和兩名感激的北韓農民看板。
3. 白頭山（Mt Paekdu）火山口上結凍的天池（Lake Chon），橫跨北韓與中國邊界。
4. 嬌小迷人的李小姐是我們在白頭山秘密營地的導遊。

5. 非武裝地帶宏偉的建築。
6. 拜謁萬壽台大紀念碑（Mansudae statue）20公尺高的金日成雕像，是每位北韓觀光客必須履行的義務。
7. 平壤阿里郎萬人操（Arirang Mass Games）中，軍人表演的畫面。
8. 托尼與北韓旅行團成員興高采烈地合影。

沙烏地阿拉伯

1. 法沙拉塔（Faisaliah Tower），英國建築
   師諾曼·福斯特（Norman Foster）的
   作品，沙烏地阿拉伯的賓拉登集團（bin
   Laden group）興建。
2. 哈查士（Hejaz）地區重建的鐵路，位
   於沙烏地阿拉伯佩特拉城（Petra）的
   瑪甸沙勒（Madain Saleh）。
3. 瑪甸沙勒的會客室（Diwan）。
4. 托尼與他在納季蘭（Najran）的導遊薩
   伊德·朱曼（Saeed Jumaan）合影。

5. 阿馬斯馬克要塞（Qasr Al-Masmak）的一
   扇門上，還有著名的損壞矛頭深陷痕跡。
6. 市集（souq）正中央的納季蘭的仙境城堡。
7. 利雅德（Riyadh）的阿馬斯馬克要塞，大約
   建於西元1865年。
8. 利雅德國家博物館（National Museum）。

阿富汗

Tony
Wheeler's
Bad Lands

阿富汗

烏茲別克
UZBEKISTAN

塔吉克
TAJIKISTAN

中國
CHINA

土庫曼
TURKMENISTAN

瑪薩沙耶夫
巴爾赫 Balkh ○ Mazar-i Sharif

○ Faizadad 法札巴德

○ Kunduz 昆杜斯

Samangan ○ Salang Tunnel 撒朗隧道
Panjshir Valley 潘杰希爾峽谷

班德·伊·阿密爾湖
Band-i-Amir

Bamiyan 巴米揚
Ghorband 戈本

赫拉特 Herat ○
○ Jam 賈姆
KABUL ⭐ ○ Jalalabad 哈拉拉巴德
隆布爾

卻斯特夏里夫 Chisht-e-Sharif ○ ○ bey 歐比
Khyber Pass 開伯爾隘口

○ Ghazni 加茲尼

伊朗
IRAN

坎達哈 Kandahar ○

巴基斯坦
PAKISTAN

印度
INDIA

二話不說,我第一個巡禮的聖地就是雞街(Chicken Street)。在1960年代末、1970年代初的「嬉皮之路」(hippy trail)時期,雞街位於喀布爾市中心,也是西吉(Sigi)餐廳的所在地,天井處的大棋盤是這條街的主要景點之一。儘管沿路商家仍如多年前一般,販售著同樣的貨品;諸如骨董武器、地毯、寶石與喀什米爾手工藝品,但我對於這條重建後的嬉皮街,卻感到有點生疏。

繞過轉角,行經穆思塔法(Mustafa)旅店時我心想:「在2006年的雞街上,說不定你可以把自己打扮成最夯的阿富汗嬉皮。」1972年時,莫琳和我曾住過這家旅店,老闆是兩位年輕人和一位幼齒美眉(chick,嬉皮時代用語),他們三人一夥,把背包拎上肩便滾出家門,一分鐘也沒有浪費。他們穿著的垮褲與蓬鬆長罩衫(kaftan),活脫就像1960年代高喊「愛與和平」的嬉皮人物。當塔利班政權一撤離,這家旅店的老闆一刻也沒有耽擱,立刻就重新開張。

我穿過街道並閃進夏哈(Shah)書店,這是挪威作家奧斯娜・塞厄斯塔(Åsne Seierstad)的暢銷書《喀布爾書商》(*The Bookseller of Kabul*)真正的家。

闊別34年後,我又再度回到阿富汗。

這塊古老的土地常遭人劫掠,戰亂頻仍;自從上次造訪之後,用再尖刻的言辭,也無法道盡阿富汗這幾年所發生的混亂和慘況。那時這個國家還正享受歌舞昇平的最後數月時光,一年之後,和平

瓦解,查希爾國王(King Mohammed Zahir Shah)突然前往羅馬渡假,他的堂兄達烏德(Daoud Shah)趁機發動政變;國王一定覺得羅馬「永恆之城」的別名是真的,因為這次他的假期長達29年。直到2002年,國王高齡已屆87歲,才終於又回到了阿富汗。

在這段時期,蘇聯入侵、內戰、游擊隊狂熱、塔利班獨裁、恐怖戰爭等等,阿富汗可說是衝突不斷。當我收拾行李,在2006年準備前往阿富汗時,聯合國秘書長安南形容這個國家「有三分之一處於叛亂狀態」;自殺炸彈爆炸案持續增加,外籍承包商被綁架,警察和政府官員被謀殺,塔利班勢力再起,北約組織部隊傷亡人數也創下新高。

這時,和平與愛變成奢望,我們頭髮上也沒有花兒。

*　　*　　*　　*

地處亞洲與中東交界,阿富汗向來是多元種族與文化的融爐。為了冒險和探索未知,各地的旅人持續來到阿富汗。1972年我開著一輛老舊的英國迷你(English Mini)車從歐洲橫跨亞洲到達阿富汗,今天則是從杜拜搭乘卡姆航空公司(Kam Air)的737客機抵達,預計在阿富汗物流公司(Afghan Logistics)的客房過夜。這是一家由賈姆沙迪(Jamshady)兄弟所經營的運輸、旅遊和觀光公司,六兄弟看來都是事業有成的阿富汗商人,父親從事汽車買賣,這種生意在游擊隊暴動時期,或之後的塔利班政權統治時期,根本賺不了錢。

長子莫彬回憶道:「當時想賺錢的話,只能從軍或加入游擊隊;當我告訴父親我想當軍人時,他是這麼說的:『如果你想當強盜或殺人犯,那就去從軍;如果那不是你想做的事,就耐著性子等

一等，時局會轉變的』。」

莫彬因此離家外出工作，在德黑蘭當汽車技工，不過在塔利班時期，地毯業開始興起。

次子莫金回憶道：「有一陣子地毯生意很賺錢，我們雇用了八、九十名員工，主要是女人和小孩；我們把他們做好的地毯經由巴基斯坦出口。」我曾聽說很多掛著「巴基斯坦製」標籤的地毯，其實都來自阿富汗。掛上這些標籤的目的，只是讓地毯比較容易迴避塔利班政權對出口商品的控制。

「後來巴基斯坦人擋了這門生意，地毯生意又沒落了，所以我就去了伊朗，莫金則用我寄回去的錢學習英文。」莫彬說。

「美國人來了以後，莫金幫記者和非政府組織做口譯，我們很快就知道他們還需要交通工具。所以我離開德黑蘭前往杜拜，買下我們第一部陸虎（Land Cruiser），途經伊朗和阿富汗，把它開回喀布爾。公司一開始時以我們的姓命名，但有人說『賈姆沙迪』對外國人來說太難發音，所以我們就把公司名稱改成比較好記的『阿富汗物流』。」莫彬又說。

我打算住在他們的辦公室，這裡包括一間客房和他們用來停放各式汽車與越野車的院落，位於夏赫爾儂區（Shahr- e Naw），鄰近大使館區。這裡的街道出人意料地整潔，除了有些垃圾被掃到路邊隔欄之外，街道雖然斑駁，但還算打掃得很乾淨。莫彬和我前去喀布爾觀光，首先我們沿著雞街和花街而下，然後再前往河邊的市集。

這裡的行動電話通訊很好，但我的手機沒辦法在阿富汗國際漫遊。我向羅山（Roshan）公司買了新的晶片卡，因為莫彬說這家公司的電視廣告最讚，而且收訊也不錯；不過我的手機不能辨識羅山公

司的晶片卡，只好找人重新設定。

手機店裡幾位年輕的高手輪番上陣，把我的手機連上他們的電腦，上網搜尋適當的網站，希望可以下載軟體來更改手機設定。不幸的是，我的手機還是不能使用。儘管努力無效，他們看起來仍是聰明伶俐的科技高手。這條街網咖林立，混雜著數間手機店，喀布爾似乎已經距離中世紀那個古城很遙遠了。

試了第三家店仍然沒用之後，我決定「管他的呢！」於是花了45美元買了一隻新手機。

*　　*　　*　　*

隔天早上我和莫彬往西飛到了赫拉特(Herat)，這座城市算得上是阿富汗最美的古城之一，不過通往這座城市的公路要不是危機四伏(途經坎達哈，Kandahar)，就是不安全又很難走(經瑪薩沙耶夫Mazar-i Siharif或直接穿越中部，從巴米揚Bamiyan經由賈姆尖塔Minaret of Jam)。搭乘卡姆航空這段航程棒呆了，天空湛藍澄澈，山上還覆蓋著厚厚的白雪，景色真是美極了！阿富汗是內陸國，四周列國環繞：東邊和南邊是巴基斯坦；更遠的東方是中國，伊朗在西邊，北邊則是土庫曼斯坦、烏茲別克斯坦和塔吉克，這幾個全是前蘇聯的成員國，最大的「斯坦」則是波拉特(Borat)的哈薩克斯坦，位在更遠的北方。

赫拉特過去2500年來一直是殖民地，同時也是波斯知識與藝術的中心。近來這裡發生了幾次血腥屠殺，導致俄羅斯出兵阿富汗。在達烏德的堂弟滯留羅馬之後，他雖然有強人聲望，但仍無法證明自己是個有能力的統治者。1978年4月，達烏德在前共黨時期的一

場政變中被害，使得赫拉特立刻分裂為人民派(Khalq)和旗幟派(Parcham)兩個敵對派系。人民派採行激進的共產制度，以殘酷的手段統治，使得阿富汗人民開始武裝。不到一年以後，1979年3月，赫拉特的現代傳奇人物，一位阿富汗部隊上尉喀汗(Ismail Khan)發動叛變，暗殺了蘇聯顧問及其家屬。阿富汗共黨政府的因應之道是，用俄羅斯供應的炸彈清剿赫拉特，超過兩萬名赫拉特市民遇害。但是喀汗逃過了這場浩劫，到鄉下另組一支反抗軍，並深受赫拉特人的支持。不過這也是恐怖統治將臨的前兆，這次蘇聯試圖掌控原阿富汗客戶以外更多的人民，連人民派也分裂成好幾個對立陣營。

1979年12月，當時的蘇聯因為對阿富汗的混亂局勢感到惱怒，又擔心叛亂可能向外波及其他的中亞共和國，因此派兵進駐，但麻煩因此開始，一場持續10年以上、造成無數人員傷亡的戰事於焉展開。

我上次造訪阿富汗所看到的景物，至今都保存完善，例如藍色清真寺(Masjid-e-Jami)、拜卡利(Baiqari)失蹤的伊斯蘭學校四座歪斜尖塔，以及果哈夏德女王(Gowhar Shad)女王的穆撒拉(Musalla)建築群中更傾斜的尖塔；赫拉特甚至因為開放了原本禁止參觀的堡壘(Citadel，即The Ark)，比過去又更上一層樓。這座古要塞現在看起來淒冷空曠，從尖塔和瞭望台上，可以眺望整座城市的景色；在阿富汗西部的都會之中，若想讓一天有個美好的句點，非這裡的夕照莫屬。

這次來赫拉特，主要是因為我想繼續前往阿富汗的中部參觀賈姆尖塔，明天早晨我就會坐一台豐田貨卡車(Hilux)前往該地，這個安排真是太優了。在阿富汗的城市間行動，最適合的車子就是豐田

可樂娜(Corolla)。自從塔利班政權撤離後,阿富汗四處可見這種日本車,不過一旦離開城市前往郊區,你需要另一種更堅固的越野車。

美軍2001年主導的入侵阿富汗行動,明顯後果就是豐田貨卡車變成了塔利班交通工具的首選。回到塔利班總部,比較昂貴的豐田陸虎則是最佳選擇(賓拉登Osama bin Laden有一車隊的豐田陸虎)。不過,正如一名汽車行家說的,阿富汗就地方層級來說,就是由任何「蓄著大鬍子、提著槍、開著豐田貨卡車,看起來有些威嚴」的人所統治的。

到處可見的豐田貨卡車,使得日本豐田汽車公司急忙出面撇清,說他們跟塔利班政權沒有直接關係,但豐田汽車紐約發言人郝特(Wade Hoyt)則自豪地宣稱:「這代表塔利班也和其他汽車車主一樣,追求持久耐用和可靠的車種。」(參見2001年11月23日,約翰・柏恩斯John F Burns在《紐約時報》上發表的文章)。

在澳洲有一支很流行的豐田汽車電視廣告,廣告中故意戲謔地模仿一群提槍的大鬍子與蒙面長袍伙伴,一起空降到一輛豐田貨卡車旁邊,片尾車主則興高彩烈地躍下車子。這輛堅固的車子才剛在美國空軍轟炸中倖免於難,因為塔利班的目標快炸光了,所以連豐田貨卡車也成了美國空軍瞄準的目標。

後塔利班時期的阿富汗機車到處趴趴走,數量比汽車還多,其中大部分是中國製的日本名牌仿冒品。因為中國還沒有出現讓人眼紅的機車品牌,所以任何想得到的名字都被加到機車生產線上。例如Hondas就變成了Hond, Handa或Hondie。如果你想要比較本土味的機車,可以試試Pamir, Caspian或Great Kabul,或者你只喜歡豐田汽車,那麼可樂娜或陸虎都不錯。

雖然我很滿意我的豐田貨卡車，但前往賈姆尖塔的路還是很難走。前150公里經過歐比(Obey)和卻斯特夏里夫(Chisht-e-Sharif)路段的路況，對一輛普通汽車來說還好，沿途我們看到許多可樂娜，不過之後路況開始變糟，堅固的豐田貨卡車就變多了。偶爾儀表板的指針會飆到時速40公里，但15公里是比較常見的平均速度。這趟路程花了我們15小時，但一山還有一山高；當我們坐上一部載了16人的迷你巴士後，才知道他們已經走了17個小時，後座的乘客膝下還有幾隻山羊。

沿路景點很多，頭幾個小時我們看到一座寬闊又平坦的山谷中佈滿了村落，接著停留在傳統的阿富汗茶坊(chaikhana)吃早午餐，接著是一些被遺棄的客棧和一座毀壞的堡壘，在卻斯特夏里夫看見美麗的圓頂丘，最後是一連串嵌進峽谷和山谷角落的小村莊。

當我們抵達位於大尖塔下的旅館時，天已經黑了，所以隔天清晨我的第一眼，就是阿富汗第一個世界遺址所在地。自由女神像、艾菲爾鐵塔、泰姬瑪哈陵和雪梨歌劇院，每天都吸引數以千計的觀光客前往；賈姆尖塔則需等到5月底才會迎接一年當中的第一批遊客，而我是2006年造訪賈姆尖塔的第一位外國旅客！

賈姆尖塔隱藏在兩條河流的交會處、位於高聳的峽谷壁之下，看起來高大、完美而神秘。雖然賈姆尖塔的歷史可追溯到12世紀末，但因為地處偏遠，一直到1943年才有人發現它的存在；到1957年才開始有旅客造訪，並寫下相關的描述。直到最近，它的高度僅次於德里的古德卜尖塔(Qutb Minar)，除了它那仿如比薩斜塔的外觀外，賈姆尖塔還以保存完善著稱。但是為何這座塔會建在這裡，是否有什麼特別的目的呢？如果它只是一座尖塔，那清真寺在哪裡？如果它是一座凱旋塔，那為什麼會建在遠離人煙的地方？最新

的研究顯示，這裡可能是失落的古城菲陸寇（Firuzkoh）的所在地，當初成吉思汗率兵橫掃這個地區時，這座古城才遭到破壞。

我們花了一整天參觀這座尖塔附近的地區，爬上周圍的山丘，從上往下眺望，靠溜索跨越哈利陸河（Hari Rud），從另一頭俯視全景，最後再爬上尖塔內的迴旋梯。我們在迴旋梯頂端飲茶及欣賞美景，這些茶是司機阿山（Abdul Ghani Ahsan）貼心替我們扛上來的。就連我們攀爬的迴旋梯也很神秘。迴旋梯一共有兩個，分別朝順時針和逆時針方向旋繞，不過兩處階梯都隱沒在地平面之下。要爬上迴旋梯前，你得先爬過一個與頭齊高的洞口，未來這必定會是考古學家勘查的重點，目前Lonely Planet基金會正在協助賈姆尖塔的考古計畫。

* * * *

我們凌晨3點出發準備回赫拉特，我這才發現阿富汗傳統茶坊詭異的「自己動手來」風氣。從天亮以後，在我們開車經過每個村落時，莫彬都會探出車窗向沿路的商家和小販大喊：「有蛋嗎？」回答總是沒有，如果有的話，就會有一頓早餐了。就在清晨7點半，當我們離開賈姆尖塔60公里後，車子停在一間傳統的阿富汗茶坊前，莫彬要老闆：「拿麵包過來！再叫一個男孩去村子裡找蛋，不管花多少錢我都願意付。」

莫彬在茶坊裡一下就瞄到地上的一堆馬鈴薯，二話不說，他立刻要了刀子坐下來削馬鈴薯皮。這時煎鍋也出現了，但是煤氣筒的火太弱，所以莫彬跑到廚房，在炭火上直接煎蛋（蛋終於來了）。雖然茶坊裡到處都是蒼蠅，但這讓我想起澳洲內陸，反而有種家鄉的

感覺；15分鐘後，我們就在大啖炸馬鈴薯、煎蛋和水煮番茄了。

　　隔天我們究竟是怎麼飛回喀布爾的，至今仍是個謎。首先有謠言說飛機會在上午10點或11點起飛，但後來又延到下午3點。我們在下午1點半前往機場，坐在一間佈滿灰塵，蒼蠅亂飛的房間裡。等到2點45分時，有人坐在房內僅有的桌子和椅子上。我們待在這個房間的目的，好像是為了做初步的驗票工作，不過因為莫彬很熟悉整個程序，他一直坐在桌子旁邊，所以我們得以直接過關。

　　這麼做究竟有什麼好處，其實我也不是很清楚，因為我們現在坐在同一棟建築物外，雖然蒼蠅少了，但沙塵卻很多。不過先出來的確讓我們有椅子可坐，直到下午3點半，可以前往機場航站的信號指示燈才亮了。我們還雇了一位年輕人用手推車搬運行李，但是他的個子實在太矮了，即使沒放行李，這份工作對他來說還是相當吃力。莫彬決定自己推車，然後要這位年輕人把工錢拿去就學。

　　航站看起來灰撲撲，陰暗又沒有窗戶，站外唯一的一架飛機是西班牙空軍的大力士（Hercules）運輸機，不過現場還是有些飛行起降在進行，因為有兩隻燕子在航站的天花板上築巢，從幼鳥傳出吵鬧的吱喳聲，可以判斷有一隻燕子從航站入口或出口大門飛進來，在旋轉的天花板風扇葉片間有技巧地迴轉，然後把覓來的食物丟進幼鳥大開的喙中，再直接飛出去。如果有乘客剛好站在門口，燕子還會掃過他們的頭髮（頭巾或蒙面長袍）。

　　下午4點15分時，登機門，其實也只不過是一個用鐵絲圍住的狹長通道，突然湧現人潮。大約30秒後，大約十幾名女性乘客從某個隱藏地方現身，有人護送她們直接走到飛機跑道上。又過了30秒，從瑪薩沙耶夫飛來的卡姆航空班機降落了，於是我們開始通關，現場就像在喀布爾時一樣一片混亂。在喀布爾時，海關從我的

盥洗包中搜出了指甲刀和一把鑷子，結果全數沒收，但我的瑞士軍刀卻沒事。我原本打算把這三樣物品放在托運行李，只是這件行李根本沒有托運。這次我的瑞士軍刀還是沒被搜出來，但是電池不小心滾到地上，我趕緊把它撿回來放回袋子裡，結果這兩顆AA電池也被沒收。

下午4點45分，我們終於登機了。想要推擠到隊伍前面的人會發現自己白費力氣，因為隊伍的順序被顛倒過來，原本排在最後的人卻變成第一個登機的人，穿著蒙面長衫的人已經全部登機了。我這次又坐到了靠窗的位子，就如先前那趟從喀布爾飛往赫拉特的航程一樣，窗外的景色美極了。前20分鐘飛機完全照著我們前往賈姆尖塔的路線飛行，這段航程耗費的時間跟搭車差不多，根據我的全球定位系統(GPS)，飛機只朝尖塔北方移動了8公里。

坐在我旁邊的穆罕默德，有潛力成為阿富汗新一代的海報男孩。他自小離開阿富汗，以難民身分在巴基斯坦的奎達(Quetta)待了21年。3年前他重歸故里，在羅山電信公司(Roshan)當技師，也就是我的手機公司。穆罕默德同意我的觀點，也認為阿富汗和巴基斯坦的關係很敏感，但他像大多數人一樣，強調阿富汗人民欠巴基斯坦很多。在1980和1990年代，大批阿富汗難民為了躲避戰火而逃亡，還好鄰近的巴基斯坦和伊朗收容了他們。

1980年間，蘇聯部隊佔領阿富汗，但無法有效掌控鄉間地區。勇猛的伊斯蘭教聖戰士軍隊，即所謂的「死硬派」，在美國支持下零星武裝反抗蘇聯。美國方面則把阿富汗動亂視為削弱蘇聯在阿勢力的機會，當時雷根總統還稱許這些伊斯蘭教游擊隊為自由鬥士，連電影「第一滴血第3集」(Rambo III)中，都把他們塑造成英雄人物。

　　不過這群烏合之眾即使不打蘇聯，也同樣有能力彼此相爭。戈巴契夫(Mikhail Gorbachev)在1985年就任蘇聯共黨書記後，他的優先考量就是如何擺脫阿富汗。1989年2月，當最後一支蘇聯部隊撤離阿富汗以後，美國和其盟邦反而對阿富汗失去興趣，不想干涉其內政，也沒打算協助重建這個飽經戰火蹂躪的國家。美國中央情報局已達成當初「把蘇聯趕出阿富汗」的目標，現在這個國家已經被大家遺忘。後來蘇聯方面繼續支持納吉布拉(Najibullah)總統，(他曾是阿富汗情報機構Khad的頭子)，但因為缺乏蘇聯部隊的軍事援助，這個親共黨政府在游擊隊的進逼下逐漸失守，阿富汗人自此又開始逃難。

　　穆罕默德用流利的英文說：「我在巴基斯坦受教育，理當感謝他們提供的協助。」他繼續說道：「羅山電信公司到2003年才成立，但那時我們就已架設了500座通訊基地台，在28個中心提供完整的信號覆蓋，目前已擁有8拉克(lakh)名用戶。」一拉克就是指10萬，所以看得出他的英文是在南亞學的。

　　這架卡姆航空737客機之前可能在拉丁美洲服役過，因為我的座椅托盤後面寫著「我應該繫好安全帶」(Mantenga Abrochado el Cinturon)，還寫我可以在「座位底下」(Bajo su Asiento)找到「救生衣」(Chaleco Salvavidas)。但是，究竟救生衣在哪裡？

＊　　＊　　＊　　＊

　　喀布爾這幾年來已經見識過太多流血殺戮。俄羅斯留給喀布爾政府軍，以及美國供應游擊隊的大批武器，讓這兩個敵對陣營嚴重破壞市容。

值得注意的是，俄羅斯部隊撤離後，游擊隊並沒有立即佔領和接收喀布爾。這些游擊隊之前騷擾蘇聯部隊的戰術，並不代表他們有能力組織一場攻堅戰役來對抗政府軍。納吉布拉堅守喀布爾直到冷戰結束，長達3年之久。後來瑪蘇德(Ahmad Shah Massoud)和杜斯塔姆 (Abdul Rashid Dostum)合組「北方聯盟」，這個結合阿富汗不同派系的軍政同盟，於1992年4月拿下喀布爾，但這也沒有為喀布爾帶來和平。

黑克馬塔(Gulbuddin Hekmatyar)過去幾年來持續接受美軍的武器，再把這些武器經由巴基斯坦偷偷過渡給游擊隊，使他得以在喀布爾之外建立自己的勢力。當他用飛彈砲轟喀布爾時，「轟擊喀布爾」成了當時的口號。1994年杜斯塔姆變節並加入黑克馬塔陣營，聯手對抗前同志瑪蘇德，那一年喀布爾有10萬人遇害。

與此同時，阿富汗南方誕生了一個新興組織，亦即塔利班(Taliban)。"A talib"意指「一個學生」，"Taliban"是複數，意指很多學生。我記得是在1994年底，頭一次聽到「神學士」在坎達哈(Kandahar)附近興起，並往喀布爾前進。他們決心擊垮殘暴的游擊隊，以終止游擊隊間持續叛變，燒殺擄掠及姦淫百姓的惡性循環。

塔利班用最嚴格的標準解釋伊斯蘭律法(Islamic Sharia law)，阿富汗人民自由嚴重受限，連基本人權都遭到嚴重侵犯。女性不得外出工作，女孩也不准受教育和上大學，凡違背這些禁令者，一律會遭到處分。由於共產黨是鴉片的最大宗來源，也遭當局計畫性地剷除。

塔利班在1996年拿下喀布爾，納吉布拉總統因為不想跟著瑪蘇德的部隊撤退，被塔利班拖出聯合國大樓外，慘遭鞭打、去勢，最

後被槍殺，屍體還被掛在路燈桿上。塔利班也搗毀了喀布爾市立博物館內幾十座銅像和肖像，這個博物館曾有過輝煌的歷史，但在游擊隊佔領期間已被大肆洗劫。

＊　　＊　　＊　　＊

到2000年底，除了東北部被北方聯盟掌控之外，塔利班已經控制了阿富汗全境九成五的土地，不過仍然四面楚歌，危機四伏。一場嚴重的乾旱使得原本就短缺的糧食供應更加緊縮。不過塔利班政權似乎更關切如何施行宗教禁令，以及如何清剿北方聯盟殘餘的游擊隊勢力，阿富汗百姓對於糧食的需求，並不是他們的主要考量。塔利班政權或許認為，這個問題留給聯合國和其他非政府組織處理就行了，不過在塔利班政權統治下，這些人道組織在阿富汗的工作反而變得更加窒礙難行。

當國際社會(巴基斯坦除外)給予塔利班政權的援助越來越少以後，來自阿拉伯世界激進分子如蓋達組織(Al-Qaeda)的援助就顯得日益重要。賓拉登曾是出色的游擊隊組織者和資本家，他把資金、武器和穆斯林聖戰士從世界各地轉進阿富汗。

2001年1月聯合國安全理事會加強控制塔利班政權，並要求引渡賓拉登。巴基斯坦夾在是否同意聯合國制裁阿富汗，或是該協助阿富汗客戶(賓拉登)之間，進退維谷。此外，情勢也對塔利班政權不利。北方聯盟的強人領袖瑪蘇德已前往歐洲求援，同時間杜斯塔姆得到土耳其的援助，並率領他的烏茲別克同胞對抗塔利班。西部大城赫拉特有強人喀汗(還記得他嗎？)，他在伊朗的支持下成立了一個新基地。2001年4月，塔利班部隊裡鴿派的最後一支餘黨也消

失了，它的副軍頭因為癌症在喀拉蚩(Karachi)病逝。5月時塔利班對境內的人道工作者施加更多限制，似乎是模仿德國納粹的做法，印度人被要求配戴黃色識別證。

8月時，聯合國安理會秘書長安南對塔利班提出更多軟硬兼施的政策，他同時也明白指出，伊斯蘭教激進分子(其中絕大多數是阿拉伯人)在阿富汗境內的人數達到新高。塔利班部隊對北方聯盟發動夏季攻擊，在25000名士兵中，非阿富汗人多達10000人。這些傭兵以殘酷至極的手段對付阿富汗百姓，尤其是可憐的什葉派哈札拉人(Shiite Hazaras)。

此刻阿富汗人成為全世界人數最多的難民。乾旱的情形一直沒有改善，聯合國世界糧食計畫署必須餵飽550萬人，遠超過去年的380萬人。2001年8月，挪威貨櫃船坦帕號(Tampa)從一艘沈沒的印尼船隻上救起438名阿富汗難民，但是澳洲政府拒絕予以收容。

總之，到了2001年9月初，阿富汗已經混亂到了極點。9月9號瑪蘇德遭人暗殺，使當地情勢更加惡化，有人推測這起用詭雷式攝影機進行的自殺攻擊，其實是由蓋達組織策劃執行的，因為蓋達組織早知道震驚全球的911恐怖攻擊將在幾小時以後發生，遂趁機先把他們在塔利班的頭號敵人瑪蘇德除掉，以便在美國方面稍後採取報復行動時，取得阿富汗反對勢力的支持，接下來只要劫持4架飛機就行了。

　　　　*　　*　　*　　*

我從一場怪異的夢中醒來。夢中我在別人家裡過夜，沒注意到有扇門沒鎖好，結果就被搶了。正當我在跟人討論被搶這件事時，

防盜器突然鈴聲大作，只不過並不是常見的警鈴聲、響鈴或尖銳鳴聲，而是一個非常大的聲音，不斷重複著：「警報——警報——警報——」。這個聲音大到把我驚醒，同一時間剛好聽見附近尖塔傳來的宣禮員清晨祈禱通知，正在念誦禱文結尾的「眞主至大」(Allan Akbar)。

我立刻起床。今天早晨莫彬和我準備出發前往阿富汗中部的巴米揚河谷(Bamiyan Valley)，也就是哈札拉地區(Hazarajat)的中樞，什葉派哈札拉人的故鄉。

讓我一輩子後悔莫及的是，沒能在1972年那趟阿富汗之旅回程時造訪巴米揚。我的日記上寫著：「因爲交通費昂貴，來回票15美元；或是路程太辛苦，得凌晨3點搭當地公車走12小時，因此決定放棄。」從山壁佛龕向下俯瞰美麗谷地的那些巨大佛像，現在已經全部消失了；塔利班把這些大佛全毀了，連一尊在加茲尼省(Ghazni)的古臥佛，也在塔利班消滅偶像的狂熱下遭到破壞。

現在回想2001年3月這些巴米揚佛像被破壞的情況，好像在預示美國紐約6個月後即將發生的恐怖事件。儘管塔利班首領穆拉・奧馬爾(Mullah Omar)曾誓言保護這些佛像，但他後來改變主意，顯示賓拉登和阿拉伯基本教義派當時掌握實權。美國作家杜布蕾(Nancy Hatch Dupree)在她1970年出版的《阿富汗歷史指南》(*An Historical Guide to Afghanistan*)中(這本書至今仍是研究阿富汗的權威)這麼形容：「按照死硬派的說法是：『我們贏了，我們大局在握，我們才不鳥呢！』。」

對我來說，巴米揚佛像慘遭人爲破壞，爲宗教的不容異己提供了最佳見證：「我們的宗教才是唯一的正教，你們是異端；我們絕不會容忍你們的宗教，滾開！」憤怒的穆斯林(伊斯蘭教在發洩怒

氣這件事情上做得很成功）早在塔利班政權動手剷除這些佛像前，早就看它們不順眼了，數個世紀前，這些巴米揚佛像的臉早就被砍掉了。

不幸的是，伊斯蘭教並非唯一玩這種遊戲的宗教。很多宗教都喜歡玩這種把你的廟推倒，然後在原地蓋上我的廟的遊戲，尤其是在太平洋島國的基督教宣教士特別喜歡。一旦他們讓當地原住民停止再跳那些淫蕩的擺臀扭腰舞，強逼他們穿上老奶奶的衣服，好遮住原本的草裙和酥胸，這些基督教宣教士最愛的活動就是把波里尼西亞的廟宇夷為平地，再在上頭蓋教堂。基督教歷史上也發生了一次又一次破壞偶像的運動，像是16世紀歐洲的宗教改革運動，就是以破壞「雕刻偶像」為號召。

前往巴米揚的路就像從赫拉特到賈姆尖塔的路一樣崎嶇不平。1970年代這趟旅程花了6個半小時（據杜布蕾估算），今天卻花了我們11個小時。一路上有許多地方值得一看，綠色田地圍繞的小村莊，以及被城牆包圍的果園不時映入眼簾，景色跟前往賈姆尖塔的沿路很相似，有時也可看到要塞（kala）和古客棧。杜布蕾的旅行指南忠實記錄下這些古地標，但是今天則可看到蘇聯坦克車混雜其中，好像蘇聯部隊才剛把這些坦克車停到路邊，暫時離開一樣。坦克車一旦停在這裡，幾乎就不可能再移位了。途中我們在戈本（Ghorband）一家生意很好的茶坊休息並享用午餐，從樓上陽台的座位上，可看到兩台廢棄的坦克車就停在村落的正中央。

隔天清晨我凝視著巴米揚佛像空空的神龕，它似乎面露怨色地朝山谷向外眺望。不過這真的是一座美麗的山谷，除了已經消失的大佛之外，其實還有很多有趣的東西可看。在巴米揚的每件事物都讓我聯想起其他地方，山谷本身讓我想起北印度藏區的拉達克

(Ladakh)，這裡也有類似的層疊山丘與成排的白楊木，它們蔭蔽地沐浴在破曉和黃昏的暉光之中，只見一片綠意與灰褐色的土地形成對比，背景則是覆雪的山峰。這裡也讓人想起土耳其。山坡上散佈著洞穴，這些洞穴不只位於大佛的神龕四周，而是遍滿整座山谷，彷如安那托利亞高原（Anatolian area）上的歌樂美（Goreme）穴居人住處。當我們繼續前行到班德‧伊‧阿密爾湖（Band-i-Amir）時，我又想起西藏那路面高低起伏，一望無際沒有樹木，但遠方地平線上可看到山丘的景色。

這裡也跟西藏人的習慣一樣，地上到處都可看到分岔出去的道路。要追上一輛慢慢開的卡車不成問題，你只要在道路交叉口選擇走另一條叉路，約莫1公里以後兩條道路又會會合，而那輛卡車還在你後頭呢！此外，我偶而還想起衣索比亞，因為路上不時可看到蘇聯時期的坦克車被拋在路邊，就好像在非洲國家常見的景象。

1981年，巴米揚地區的哈札拉人（Hazara）率先出面對抗入侵的俄羅斯部隊，他們也成功地把俄羅斯人趕出哈札拉地區，不過哈札拉人一直沒有好日子過。在外表上他們看起來和阿富汗其他各族很不一樣，據說成吉思汗自1220年起大舉西征中亞，他們是當年追隨成吉思汗的蒙古後裔。此外哈札拉人也是阿富汗遜尼派（Sunni）伊斯蘭教徒中少數的什葉派（Shiite），因此他們經常遭人輕視，還被阿富汗其他派系歧視。卡勒德‧胡賽尼（Khaled Hosseini）的暢銷書《追風箏的孩子》（*The Kite Runner*），就是在談哈札拉人在阿富汗社會裡不幸的地位，特別是哈札拉人在塔利班政權下如何被虐待。1998年9月塔利班終於拿下巴米揚這個地區，但不到一年之內就失勢，2000年時塔利班再拿回巴米揚，為了加強控制，巴米揚的大佛全部被破壞，大批哈札拉人慘遭殺害。哈札拉人在塔利班眼中地位之

低，只比異教徒要好一點。

　　從巴米揚到美麗的班德‧伊‧阿密爾湖只要幾小時，路況也好多了。我們突然發現自己宛如置身美國西南部高聳尖峰和陡峭直下的峽谷，但因班德‧伊‧阿密爾湖那奇特的藍色湖水，使得這裡出現令人眼熟但又超現實的美國西南部景觀。許多作家急著宣稱這裡的湖光山色絕非筆墨可以形容，他們說得沒錯，真是如此。就如過去眾多的觀光客一樣，我被眼前令人無法置信的藍色美景，也就是班德‧伊‧阿密爾湖區的主湖班德‧伊‧海巴湖(Band-i-Haibat)，又稱驚嘆之閘(Dam of Awe)所震懾。這座湖泊有天然的水閘，過去幾年來沈積在湖床的硫磺已高達10公尺。當湖水漫過湖岸時，這個天然的水閘還會持續增高，這是一種澳洲說法，在澳洲英文中，水閘並不只是用來阻隔水的裝置，它還指水閘後面的水。

　　法蘭絲娃(François)和阿諾(Arnaud)一樣對這座湖泊美景感到驚艷，他們是法國來的機車騎士，兩人從歐洲經陸路來到阿富汗，準備繼續前往越南。很高興能看到一些旅客重新發現這個國家，另外還有一小團日本觀光客，脾氣不好的鈴木道子(Michiko Suzuki)小姐是他們的導遊。鈴木已經在阿富汗待了3年，她抱怨日本政府跟澳洲政府一樣，禁止國人前往阿富汗，這讓鈴木很生氣。她說：「我的名字被日本政府列入黑名單。」因為鈴本一直在為日本觀光客安排前往阿富汗的冒險行程，但是日本政府並不贊同。鈴木又說：「只有台灣旅客願意前來阿富汗，而且不會擔心安全問題。」

　　在回程往喀布爾的路上，交通比我們去程時繁忙許多，除了車子之外，路上還擠滿了山羊、綿羊、驢子、駱駝；另外還有不成比例的聯合國專車(白色的豐田陸虎)駛離喀布爾。一如以往，這些專車總是開得太快。

莫彬分析說：「這些車子不屬於他們，如果司機是車主，才不會這樣開車。」

讓人驚訝的是，有不少10歲左右的小孩在阿富汗開著迷你巴士和可樂娜到處跑，他們的個子還太小，連方向盤都搆不太到，卻載著比他們年長許多、鬍鬚灰白、戴著穆斯林頭巾的乘客。

從示巴隘口（Shibar Pass）下山以後，我們把車停下來照相，入鏡的是一輛停得特別好的坦克車。它的砲管把一部分的路擋住了，讓我吃驚的是，坦克車的指揮官突然從艙口冒出頭來，難道他在這台被遺棄的坦克車裡等了這麼多年？不過更可能的是，他是一位負責放牧驢子的人，利用驢子上山四處吃草的空檔，躲進坦克車裡打個盹。

在我們抵達被封鎖的喀布爾到瑪薩（Mazar）路段之前，在查里喀爾（Charikar）北邊有成排的洗車伕在等候。當你準備重新駛回柏油路面前，他們會替你用水管沖洗車身，索價60阿富汗尼（Afs），約合1.2美元含小費；每輛車似乎都停下來接受這項進入大城市前的洗車服務。

* * * *

我第三趟，也是最後一次的短程旅行，是從喀布爾出發，前往瑪薩沙耶夫。這是阿富汗北部的中樞城市，過去曾是蘇聯的一部分，和北邊的「斯坦」國家在邊界接壤。1972年時，我和莫琳開車從伊朗穿越阿富汗斯坦到赫拉特，往南迴轉到目前的禁區坎達哈，再朝北走到喀布爾，接著再往東行，穿過開伯爾隘口（Khyber Pass），然後進入巴基斯坦；在這之前，我從沒有到過瑪薩。

　　瑪薩今天或許沒有戰亂，但是當塔利班接管這個北方大城後，當地的情況就具體而微地反映出，整個阿富汗25年來明爭暗鬥和叛變不斷的光景。拉希德（Ahmed Rashid）在他的著作《神學士》（Taliban）中這麼形容：「這是一場血腥的叛變和反叛變，以及種族間互相屠殺的戲碼，即使按阿富汗的標準來看，都令人感到驚駭。」

　　1997年塔利班控制了南部重鎮坎達哈，西部大城赫拉特，以及最近才拿下的首都喀布爾。瑪蘇德被孤立，被趕回他在潘杰希爾峽谷（Panjshir Valley）的最後堡壘。如果塔利班能再拿下瑪薩沙耶夫，就等於掌控了阿富汗全境。但是這得擊敗殘酷的烏茲別克領導人杜斯塔姆，他是阿富汗強人中的強人。過去杜斯塔姆致力確保瑪薩不像阿富汗其他地方一樣遭受戰火影響，但是他也有一個罩門，那就是他的副司令，馬立克·帕拉旺（Malik Pahlawan）。

　　對阿富汗來說，打敗杜斯塔姆只要賄賂馬立克變節就行了。瑪薩距離烏茲別克斯坦邊界只有50公里遠，杜斯塔姆要逃過去很容易。不過曾和杜斯塔姆合作過的赫拉特指揮官喀汗就沒這麼好運了，他後來落入塔利班手中。不過馬立克很快就發現，他和塔利班的交易其實是塔利班全部接管，而不是他預期的權力分享。兩個星期後這項交易就失效了，因爲瑪薩的居民中包含大量的哈札拉人和烏茲別克人，什葉派的哈札拉人率先反抗塔利班接管瑪薩，殺掉塔利班入侵者和同伙的巴基斯坦人；馬立克遂趁機食言，否認他先前與塔利班達成的交易，並且加入攻擊塔利班的行列。

　　塔利班部隊中的倖存者往南逃逸，卻發現瑪蘇德早已利用機會逃出潘杰希爾峽谷，還把南部通往撒朗隧道（Salang Tunnel）的入口炸掉了。這個隧道是連接阿富汗南部和北部的隘口，驚惶的塔利班

部隊因而被困在北方。與此同時，哈札拉人也從巴米揚河谷的要塞中出兵反抗塔利班，塔利班打算直接拿下瑪薩，不料卻全面潰敗。

　　然而，有一支強悍的塔利班部隊仍然留守北方，不到4個月之後，他們重整旗鼓再次進攻瑪薩。這對杜斯塔姆和馬立克的烏茲別克支持者是個信號，在攻擊塔利班部隊的同時，他們開始互相攻擊，原本流亡土耳其的杜斯塔姆也重出江湖。除了對付他不值得信任的前同袍馬立克之外，杜斯塔姆現在的敵人不是塔利班，而是哈札拉人，因為他們在混亂時期已在瑪薩建立自己的勢力。

　　塔利班部隊第二次往南逃竄，途中哈札拉人不時偷襲他們，烏茲別克人則為「貨櫃裝運」這個詞下了新定義：塔利班戰俘被趕進放在沙漠裡的船運貨櫃中，在炎熱的陽光曝曬下，這些戰俘要不是窒息而死就是被高溫烤死，從他們焦黑的屍體上，很難辨別出真正的死因；結果，杜斯塔姆和喀汗成了今日阿富汗政權的兩大勢力。

＊　　＊　　＊　　＊

　　到瑪薩的路超過400公里，省時的方法是繞過喀布爾。到賈姆尖塔和巴米揚的路可能多沙多坑洞，車速慢又塞車，但是路況較佳的路有時反而更嚇人。在往瑪薩時，一路上都有車子駛離車道超車，他們似乎認定其他車子絕對會駛向路肩好讓他們超車。有時則是車速較快的車子想超過龜速車輛，旁邊還有別台車輛同時從內側車道超車，結果變成四台車並排在同一條單行道上。

　　阿富汗人在超車技巧上最明顯的特徵是「接近減速丘」策略。當一輛車因為遇到煩不勝煩的減速丘而放慢行駛速度時，另一輛想超車的車子也得跟著慢下來，由於反方向來車很可能也採用同樣的

手法，結果就是四台車佔住整條車道。這些減速丘或跳動路面只是為了要蓋住橫跨路面的俄羅斯坦克車車轍。

撒朗隧道總長4公里，於1950年底到1960年初在俄羅斯協助下完成。我們的車子以時速100公里快速穿越撒朗隧道，隧道北邊出口仍可見到積雪。後來我們停在杜夏克橋（Doshakh bridge）旁邊，從山上融化的雪水湧流過一片草地，草地上還看到一排茶坊等著迎接來往的旅客。不幸的是，此處快被成堆的飲料罐、塑膠袋和各種垃圾所淹沒；我什麼也沒說，但莫彬氣得跑下車去教訓那些茶坊老闆。

瑪薩有一個主要景點：阿里寺（Shrine of Hazrat Ali）。阿里（Ali）是先知穆罕默德（Prophet Mohammed）的女婿，也是什葉派和遜尼派伊斯蘭教徒大分裂的關鍵人物。什葉派相信阿里是穆罕默德的真正繼承人，遜尼派則不以為然。不過大致上雙方都同意阿里被埋在伊拉克的納杰夫（Najaf）。另一套說法是，阿里其實是被埋在阿富汗的瑪薩。無論如何，瑪薩都是個重要的地點，她在落日餘暉中看起來祥和而美麗，也是著名的白鴿棲息地。

旅遊指南上說，瑪薩的法哈旅館（Hotel Farhat）蘊含「舊蘇聯風情」。這裡到處都是超大家具，樓梯上層層疊疊的鬆垮地毯是一大特色，不過這似乎是阿富汗旅館自豪的典型設計。如果我想鋪床的話，在我房間的床上也有摺疊整齊的床單，還有兩個看起來像手提箱的貨櫃，上面鋪著毯子，以供天冷時使用。另外也有空調，看起來還堪用。我坐在床邊的椅子上，這是一個金屬箱，上面還有刻度盤，有一條排線迂迴繞出，另一條線則盤旋在房間的一頭，但不知通往哪裡？難道是心跳監聽器嗎？非也，這是空調專用的電子整流器。

我們在巴哈（Bahaar）餐廳用晚餐。這家餐廳自由運用來自卡費亞飯店和婚禮中心（Kefayar Hotel & Weeding Centre）拼錯字的行事曆來裝潢，大概是新人在婚禮結束後，可以認真去做一點除草（編按：Wedding錯拼為Weeding）之類的工作吧！我們回到旅館後已經很晚了，房客的鞋子凌亂地擺在旅館入口處，這是一個寧靜的夜晚。

隔天一早我們開車到鄰近的巴爾赫（Balkh），這是瑪薩地區另一處有名的景點。雖然今天它只是個小村莊，但兩千年前它可是偉大的佛教中心；當伊斯蘭傳布到這裡時，巴爾赫還被譽為「城市之母」。成吉思汗終結了這座城市的光輝歲月，等到馬可孛羅來到巴爾赫時，就只看到廢墟了，不過這裡高高的土牆還是綿延了10公里之遠。

古老的馬斯吉德諾拱巴（Masjid-e No Gombad）曾有九個圓頂，這座建築正等待考古學家進行勘查。那些用灰泥鑄造，造型繁複的柱子，曾經支撐著圓頂，但現在這些柱子沒入土裡，只有原本一半的高度，不知地表下藏有什麼東西？

現今巴爾赫城的圓形公園裡，有女詩人巴赫勒（Rabi'a Balkhi）的墓地，讓人不禁想起阿富汗斯坦沈默的另一半人口。巴赫勒的詩證明阿富汗女性也有聲音，即使在父權至上的阿富汗社會中，她的情詩仍然被流傳下來。巴赫勒和她的奴隸相戀，因而被囚禁在這裡。她在監獄中猛砍手腕自殺，還用自己的血在牢房牆上寫下最後一首詩。當我正準備到樹蔭下閒逛，順便查一下我的旅遊指南上是怎麼描述這起事件時，莫彬卻不讓我過去。

「別走那條路，那裡有女人。」莫彬用一種舊時的語氣說。他的表情讓我想起那些古老的航海地圖，角落上標示著「這裡有怪

獸」。不過確實有兩個女人坐在大樹下，我這才想起莫彬曾經好幾次把我刻意帶開，不讓我太靠近阿富汗女性。

＊　　＊　　＊　　＊

　　隔天清晨我們一大早就出發，往南到潘杰希爾峽谷做小型的朝聖之旅，這裡也是瑪蘇德的基地和最後隱居之處，不過在前往潘杰希爾峽谷之前，我們順道還去參訪了一個地點。這個世界上有這麼多奇妙的地方讓我們充滿期待，但其中只有少數能真正令我們眼睛為之一亮。雖然我們在行前做了許多功課，翻閱過很多照片，也看過不少在當地取景所拍攝的電影，讀過許多相關資訊，所以早就沒有任何意外的驚喜，因為我們知道自己將會看到什麼。

　　但是曾幾何時，我們還是會突然發現自己正在看著某個事先沒人預警的東西。這些東西並沒有被拿來當作書籍封面，也沒有出現在博物館牆壁上的古怪黑白照片裡，塔克特洛斯坦（Takht-e-Rustam）就是這樣一個地方。該地距離喀布爾到瑪薩路徑外的撒曼干（Samangan）只有幾公里遠，它是一座佛教建築，內部的洞穴寺院與石雕佛塔是它特有的景觀。這座佛塔真是棒得沒話說！我以為我對亞洲各地的佛塔已經很熟悉了，但我從未見過這座有兩千年之久的岩石圓頂寺的照片。這棟建築物堅固到連塔利班也破壞不了它，很明顯地它看起來和印度的阿旃陀（Ajanta）和埃洛拉（Ellora）石窟寺有些神似，同樣也是用大塊岩石切鑿而成。它看來也像衣索比亞的拉里貝拉（Lalibela）地下教堂，那裡也像這裡一樣，可以站在地平面上俯瞰腳下的奇觀。

　　我們又在美麗的杜夏克橋畔茶坊停下來用午餐，垃圾堆積的情

況還是未見改善。在撒朗隧道的另一頭，我們走上岔路，前往潘杰希爾峽谷去造訪瑪蘇德的墓地（一座施工中的大型陵墓）。瑪蘇德被尊稱為「阿富汗斯坦英雄」，又名「潘杰希爾之獅」，他牽制入侵的蘇聯部隊，一直到911事件發生前兩天被塔利班的自殺炸彈客暗殺為止，都還在保衛此地免於落入塔利班之手。

回到喀布爾那天晚上，晚餐時莫彬忙著看電視。莫彬有一些嗜好，頭一個是攝影。他老是把玩他那台小數位相機，拍了許多不錯的相片。因為大多數人都很喜歡拍照，莫彬會到田裡把農夫拖出來，要他擺上幾百個姿勢供拍照，好像莫彬是時尚攝影師，而倒楣的農夫是模特兒一樣。

再來是食物。莫彬老是這麼說：「我們得吃蔬菜。」一袋沙拉食材老是在我們車子後座滾來滾去，如果我們所到的茶坊無法提供合適的沙拉，莫彬就會提供這袋食材給他們，甚至自己準備上菜。

還有成吉思汗，莫彬不時就會提起他。成吉思汗老年時率軍，橫掃摧毀了阿富汗斯坦，在巴米揚河谷的「尖叫之城」（Shahr-e-Gholghola）就是他的傑作。當年成吉思汗的部隊屠殺該城所有的男人及婦孺，城中居民慘叫不已，因此而得名。

莫彬總是帶著一套阿富汗史書（兩冊），時常研究阿富汗的歷史。「如果我死後遇上成吉思汗，一定會宰了他。」這是莫彬談到成吉思汗時必定會說的話。

最後是印度連續劇。經過兩個星期的阿富汗之行，我開始受不了寶萊塢（Bollywood）的殺傷力。在我踏進的每間旅館大廳或是餐廳，裡頭的電視機總是鎖定印度頻道，要不是播放寶萊塢電影，就是寶萊塢連續劇或寶萊塢音樂錄影帶。這種音樂錄影帶多半是快節奏舞曲和撩人的性感舞步，不過總是點到為止，太淫蕩的部分要不

是快轉就是失焦。塔利班禁止音樂和舞蹈的結果，使得所有阿富汗人用超時工作來壓抑對這方面的需求。

莫彬解釋說：「沒有人想看巴基斯坦的節目，伊朗的節目還可以。」從市集裡眾多的錄音帶，就可看出人們對伊朗悲情歌手的熱情，不過伊朗的音樂錄影帶就沒這麼受歡迎了。全身包著黑色罩袍(chador)的伊朗女郎比不上身裹莎麗(sari)的印度女星，而且寶萊塢的舞技明顯更勝一籌。

「我的岳母是新娘」是從印度話翻譯成阿富汗語再翻譯成英文的印度連續劇，讓莫彬非常著迷。從我聽到這部戲主題曲播放的次數，以及不時在電視上看到劇中主角們用憂慮、憤怒、熱情、困惑的表情彼此互望，就知道這齣戲也吸引許多其他阿富汗人。在旅館裡，這齣經過阿富汗配音的印度連續劇，經常是晚餐時分眾人的焦點。

莫金分析說：「這齣戲非常對阿富汗人的胃口，因為在喀布爾人們關切著同樣的事情。例如劇中的妙齡女郎和丈夫爭執，抱怨他賺的錢不夠供她買珠寶。」

「如果我沒有足夠的珠寶就睡不著！」這位年輕少婦發牢騷。

當她丈夫開始迴避這個話題，她就把電話筒搶走，轉而向她媽媽抱怨。

她嘆著氣說：「公寓裡沒有空調，我還得自己動手做早餐，我怎能過這種生活？」

她媽媽聰明地回答：「去過妳想要的人生吧！」

莫彬說：「現在我們有4個電視頻道，猜猜看塔利班統治期間我們有幾個頻道？」

「連一個也沒有！」

＊　　＊　　＊　　＊

最後我還要去喀布爾一趟，到「地雷清除和阿富汗重建組織」（OMAR）設立的地雷博物館參觀。館內大部分的設施確實跟地雷和清除地雷有關，不過還包括了各式各樣的軍事裝備，以及殺傷力不大但看來十分駭人的武器。這些混合了簡明設計但用途醜惡的精巧武器，真是令人毛骨悚然的收藏。

難道不是那些時髦的義大利人打開那些小巧、一體組合的感壓式地雷，把小孩的腿炸掉了？俄羅斯地雷裡則裝了上千片生鏽的鐵屑「千人斬」，這件約7公斤的爆炸物看來笨重，一旦爆炸後周圍肯定無人倖免。還有一些更凶險的地雷，像是「跳雷」，這種地雷一被點燃，在爆炸前會往上跳約莫1公尺高，這樣的高度足夠把成年人大腿以下的部分炸掉，或是把小孩的頭從脖子上轟掉。

所以，我已經受夠了阿富汗這個國家了嗎？我們從瑪薩的旅館出來後，莫彬急忙低頭查看車子的輪罩拱。

我問他：「看看有沒有炸彈嗎？」

莫彬說：「我不確定這家旅館的安全設施夠不夠完備，雖然我覺得還好，但我總是告訴司機必須小心檢查車子。」

他當然不是指水箱和油箱。

「如果有人把炸彈放在車子底下，通常會在靠近油箱的地方。」

莫彬總是過分小心和防備，當我們過馬路時，他總是謹慎地走在我和來往的車輛之間。在這裡過馬路好像跟司機玩老鷹捉小雞一樣，既沒有人行道也沒有交通號誌；不過，我好像根本沒在阿富汗看過紅綠燈，莫彬也不放心我一個人在街上走。

雖然我很想跟莫彬說：「別緊張，我會照顧自己。」但我仍沒有說出口，因爲我很高興在有人替我提供庇護的情況下行動。

在喀布爾的最後一天，一向鎮靜的我面臨了很大的挑戰。

那天我順道去了一趟英國駐喀布爾大使館，與該地一位朋友碰面。經歷一回有趣的攀談後，我到使館的草坪上消磨時間，享受溫暖的陽光，按英國傳統享用下午茶，然後走回另一棟入境大樓遞出我的觀光簽證，拿回護照並打電話給莫彬。旅館距離這裡只有一、兩公里遠，而且莫彬說只要一接到我的來電，立刻就會趕來接我。

可是電話一直忙線中撥不出去，可能是接線出了問題。我只好坐下來等幾分鐘後再撥，但結果還是不行。5分鐘後當我還在試著撥電話時，我的使館朋友過來告訴我，外頭的街上出事了，現在大使館已經封閉。我們一起走回用餐區，再拿一杯茶，然後走回花園。

在大使館內可看到很多便衣人員，他們的神色說明了一切。使館內的陸虎是武裝車，這些安全人員中有人配備武器。慢慢地謠言傳開來，第一個傳聞就很接近事實：外頭發生了一場車禍，當事人是外國人與阿富汗人，可能阿富汗人死了，因此惹出麻煩。

其他消息也迅速傳開，據說是一輛美軍軍車衝撞一台以上的汽車，肇事的美國人面對憤怒的阿富汗群眾時，對群眾開了槍；或者其實根本沒有開火。阿富汗民眾之所以對這起車禍反應憤恨，後來又發生騷動，源於不久前在阿富汗南部的一次突襲查抄。當時很多塔利班壞蛋或是無辜的平民被捕；兩者都有可能，端看你用哪種角度來看。這時大使館的圍牆外突然傳出一陣槍響，證明我們所聽到的傳聞不是空穴來風。

電視新聞也開始播報這則消息：畫面是幾輛美國軍用車疾馳，

有憤怒的群眾在後面追著車子丟石頭，背景是一處公家機關，和一間餐廳（或是旅館？）遭到攻擊；一輛汽車著火，憤怒的群眾正朝著喀布爾市南區的議會大廈前進。使館區，也就是我目前所在的地方位於喀布爾市北區，不過記者接著又報導群眾正往北朝市中心移動，還一邊沿路打劫。最新的謠言說，德國大使館（就在我們隔壁）已經被攻擊了，美國大使館當然是他們的主要目標，不過軍方努力不讓抗議群眾接近該區。

我們一起用午餐，又聊了一陣子。我的使館朋友今天下午排好的約談沒有半個人出現，所以我不必擔心佔用他的時間。歐洲聯盟代表芭芭拉‧史戴波頓（Barbara Stapleton）也滯留在大使館內。她的電話也撥不出去，無法得知外頭發生了什麼事。1993年我們都曾造訪束埔寨，當時是波布（Pol Pot）下台後舉行的第一回選舉，因此我們聊了起來，回想那個記憶中可悲但又可愛的國家。

法蘭克‧札帕（Frank Zappa）是這麼定義一個國家的：「除非你有啤酒和一家航空公司，否則算不上是真正的國家；當然如果你有一支足球隊，或是一些核子武器會更好，但至少你得有啤酒。」我們都記得在倫敦老彩虹戲院舉辦過的幾次經典搖滾音樂會，由此可以看出我們的年紀。芭芭拉想起她曾參加過巴布‧馬利（Bob Marley）的一場音樂會，在現場久候的聽眾心情非常惡劣，直到這位來自西印度的牙買加藝人終於上台表演時，現場氣氛完全轉變，聽眾手挽手彷彿得到了救贖。

我們也談到了毒品。英國即將派遣更多部隊監督塔利班控制的赫爾曼德省（Helmand province），這是阿富汗鴉片的最大產地。塔利班統治期間的確有效遏止了鴉片生產，但是當塔利班失勢後，他們對鴉片的政策改弦易轍。鴉片交易的金錢不僅被用來支持塔利班

政權和散佈暴力，從罌粟田一直到紐約或倫敦毒癮者的血管之間，
這些錢也製造了嚴重的問題。當然有些鴉片也流入巴基斯坦這個古
老的俄羅斯中亞共和國及伊朗，這些國家都面臨日益嚴重的毒品和
犯罪問題，以及隨之而來的貪污及大屠殺。俄羅斯記者波洛維克
（Artyom Borovik）在《看不見的戰爭》（The Hidden War）一書中，詳
實記錄了在阿富汗發生的蘇聯戰爭。用來支持伊斯蘭教武裝分子的
錢不光來自美國中情局，許多西方癮君子購買鴉片，也不自覺地為
這場資本主義和共產主義大戰貢獻了資金。

　　有人告訴我們如果必要的話，可以留在大使館過夜，我們還開
玩笑說，在這種地方過夜得自備牙刷。不過外頭的情況可沒這麼輕
鬆，當芭芭拉終於撥通了電話，我們才聽說在芭芭拉辦公室對面的
國際關懷組織（Care International）辦事處遭到攻擊，而且還被縱火。
幾分鐘以後芭芭拉的電話又響了，不過不是她的司機撥的，因為他
還被困在警方設置的路障另一頭，這次是芭芭拉以前雇用的一名司
機打來，確認她是否安全。

　　透過新聞報導，我們對外頭的情況更瞭如指掌。有一輛美軍護
衛車撞上了好幾輛汽車，可能是場意外，也可能是機械故障。但這
都不是重點，因為無論如何，你都會感到愧疚，這起車禍最後造成
了11人死亡，還有其他人是因為被護衛車上的人、阿富汗軍方或是
警方開槍而受傷。這些現在也不重要了；好笑的是，一名美國大使
館發言人宣布，所有人員都已經被移往他們重兵部署的大使館內安
置。

　　再回到英國大使館來，我們還坐在花園裡。

　　儘管外頭一片混亂，我的大使館朋友還是認為，我們有理由對
阿富汗的未來抱持希望。因為卡爾扎伊總統（Karzai）已成功指派各

地軍閥，讓他們放棄過去的地盤，並重新安排他們出任一些聽起來很重要(也許真的很重要)的職位。卡爾扎伊說服杜斯塔姆離開瑪薩，也說服喀汗離開赫拉特。但是，喀汗可能為了能源部長的頭銜而放棄赫拉特嗎？結果是他真的去當能源部長了。

另一個被迫留在大使館的同伴沉思說：「人們擔心的是，這些人對阿富汗造成的破壞被忽略了。但他們確實是成功的軍閥，不只因為他們很殘酷，也因為他們是好的管理者，阿富汗非常需要優秀的管理人才。」

然後我的電話終於響了，莫彬說他正在路上準備來接我。之前我一直試圖聯絡莫彬和莫金，但都聯絡不上，我已經在大使館待了6小時之久。

10分鐘以後，我們的車子駛過安靜但還不算荒涼的街道，每處交叉口都可看見阿富汗軍警人員，但沒有看到聯合國人員。當車子接近旅館時，我們被要求調頭走，不過莫彬毫不在意地朝反方向沿著單行道的雞街開去，不久後就抵達旅館。令人意外的是，除了一輛已燒焦的汽車殘骸，只有少數商店、治安崗哨以及它的同袍，也就是大樓門口的安全哨前，散落了一些玻璃，此外沒有其他遭到破壞的跡象。大部分的商店都關門了，但旅館轉角的那間義大利餐廳波波拉諾(Popolano)看起來好像正準備開門營業。

隔天早上我才發現，昨天晚上發生在喀布爾的事件依然真相不明。我看了地方電視台(Toto電視台在城裡到處都看得到)的新聞，也瀏覽了CNN、BBC、英國衛報及墨爾本的Age等新聞網站，不過在澳洲的國際新聞版面都是東帝汶首府狄力(Dili)發生動亂的消息，阿富汗的喀布爾連一點邊都沾不上。

莫彬告訴我們的消息也許才是最正確的。

莫彬說:「那是一輛從紹馬里谷(Shomali Valley)開往喀布爾市區的軍用護衛車,他們車開得太快了(就像聯合國的專車一樣),在抵達喀布爾之前,這輛車就已經撞上一輛巴士和另一台車,這是一場連環車禍。」

問題的關鍵在於,衛報網站報導阿富汗人對美軍那種侵略性的開車法感到異常憤怒,美軍方面則辯護說這種開車法是「為了安全起見」。

我可以猜想得到這場車禍會發生在哪裡,我問道:「是不是在那條下山進城的路,有個雙車道在一個大圓環會合的地方?我們曾在那裡加油,很多計程車和巴士在那裡載客?」

莫彬回答:「沒錯!那輛護衛卡車輾過一輛計程車(我在電視上看到了那台被輾平的計程車),接著撞上一整排汽車,造成4人死亡和多人受傷。」

問題就在這裡。第一天傳出的消息說有7或8人死亡(之後死亡人數增加到11人),但是到底是1個人還是4個人在車禍現場喪生?其他死者是被驚慌的美軍槍殺(美國發言人宣稱,美軍只有朝人群上空開火),還是驚慌的阿富汗人槍殺的?這些問題一樣無關緊要,重要的是政府貪污又沒效率,收到的大筆國際援助金被濫用,多數資金到了維和部隊與非政府組織手上,阿富汗人民卻只分到一杯羹,在在都引發人民的憤怒。

美軍粗暴的開車方式當然沒有使情況好轉。我在回程的班機上遇到一名澳洲籍的聯合國工作人員庫克斯(Rodney Cocks),他說:「如果那些肇事的美軍在事發當時能跳下車來援助傷者,而不是拿槍對著民眾開火,事情也不致惡化到這個地步。」

＊　　＊　　＊　　＊

　　因爲被迫留在英國大使館，我因此沒有去造訪原本計畫的喀布
爾博物館。莫彬認爲我們那天打算去爬的瞭望台，暫時還不太安
全，也不適合前往。

　　在離開阿富汗之前的幾小時，我或許還有點時間去做個小小的
探訪，因此我準備去找鐵達尼號(Titanic)。電影「鐵達尼號」在
1997年發行，導演是詹姆士・卡麥隆(James Cameron)，由凱特・
溫斯蕾(Kate Winslet)和李奧納多・狄卡皮歐(Leonardo DiCaprio)領
銜主演。這是一部發生在冰山之間的旖旎羅曼史，全球各地都很賣
座，當然也包括阿富汗。當時塔利班掌權，這部電影想當然爾是被
禁了，但是錄影帶還是流傳出去，而且鐵達尼號電影變身成爲鐵達
尼號婚禮蛋糕，這是一種蛋糕和糖霜做成的甜點，從喀布爾的烘焙
店駛進阿富汗夏天的炙熱沙塵裡。

　　當我們去麵包店找這種鐵達尼蛋糕時，莫彬說：「阿富汗人很
認同這部電影，他們喜歡這個故事，年輕戀人追尋眞愛，不願接受
父母媒妁之言的安排。鐵達尼號上的人面臨災難，就像阿富汗人一
樣。他們看著鐵達尼號電影，想的卻是阿富汗。他們想要有個婚禮
蛋糕，象徵的不是只有眞愛，而是我們國家的種種問題。這部電影
讓我們了解，我們並非世界上唯一不快樂的民族。」

　　流行熱潮來了又去，鐵達尼號顯然已經駛離。我們找不到鐵達
尼號蛋糕。

　　有一家婚禮蛋糕店師傅說：「這種蛋糕現在不流行了，不過我
的相簿裡有一張鐵達尼號蛋糕的照片。」他從櫃子底下拉出了一本
散亂的相簿，但是裡面找不到鐵達尼號蛋糕的照片。

　　他說：「啊！那一定是在另一本相簿裡。」接著他又從另一個隱密處拉出一本磨損得更嚴重的相簿。

　　不過，這本相簿裡依然找不到鐵達尼號蛋糕的照片。究竟要到何時，阿富汗才能擺脫它鐵達尼號的命運，駛向沒有冰山的海域？

2

阿爾巴尼亞│ALBANIA│

Tony
Wheeler's
Bad Lands

阿爾巴尼亞

塞爾維亞
SERBIA & MONTENEGRO

亞得里亞海
ADRIATIC SEA

馬其頓
MACEDONIA

克魯亞 Kruja

都拉斯
Durrësi

✪ 地拉那
TIRANA

義大利
ITALY

亞德尼卡
Ardenica

阿波羅尼亞
Apollonia

培拉特
Berati

法兒瑞
Fieri

德培勒那
Tepelena

希臘
GREECE

加爾海灘
Jal Beach

吉諾卡斯特
Gjirokastra

希瑪拉
Himara

薩蘭達
Saranda

愛奧尼亞海
IONIAN SEA

布特林特
Butrint

從德蕾莎修女國際機場（Mother Teresa International Airport）出來，坐在車上走了約1公里後，我看到了第一個地下碉堡（bunker）。當然機場本身就夠令人好奇了，即使德蕾莎修女是全世界名聲最響亮的修女，而且是最知名的阿爾巴尼亞人，但有哪個國際機場是以修女的名字命名的？除了某些明信片有她的照片以外，在阿爾巴尼亞期間我沒有再看過任何德蕾莎修女的照片，倒是阿爾巴尼亞地下碉堡這種奇特的設施，在旅行該國途中隨處可見。

自1950年代起，阿爾巴尼亞就已經一心一意走上一條追隨史達林與毛澤東主義的道路，這條路最終帶領阿爾巴尼亞成為歐洲最孤立和最少人造訪的國家。隨著柏林圍牆倒塌，共產主義在東歐其他國家解體，阿爾巴尼亞的共產黨直到1991年2月，一群憤怒的暴民把恩維爾・霍察（Enver Hoxha）的巨大銅像從基座拖下來為止，一直都走得跌跌撞撞，就像被砍了頭的雞一樣。這座銅像設在阿爾巴尼亞首都地拉那（Tirana）的史坎德貝廣場（Sheshi Skënderbej），象徵著過去45年來，這個全球最古怪的政府終於下台。

從地下碉堡就可看出霍察的偏執狂，這是種不可能一下子就消失的建築物，不像柏林圍牆，這位阿爾及利亞偏執的獨裁者，希望他建設的東西能永垂不朽。地下碉堡的存在也顯示出阿爾巴尼亞是個「只關心自己」的自私國家，或許她對世界其他國家無害，但堅信外面的世界會對自己構成嚴重威脅。

你能想像在1950年代初期，霍察逐一檢視第一批約70萬個地下碉堡的情況嗎？後來這些地下碉堡遍佈在這蕞爾小國的每一個地方。

霍察質問這批地下碉堡的原始設計人：「你確定這些地下碉堡經得起坦克車的攻擊嗎？」

設計這些地下碉堡的工程師回答：「絕對沒問題！」

當霍察下令一輛坦克車進行實地測試，輾過這些碉堡，再用砲管轟炸時，工程師立刻躲進地下碉堡裡，後來他搖搖晃晃地爬出來，看來毫髮不傷，霍察就下令全國的混凝土製造商開始建造這種碉堡。霍察於1985年逝世，當時全阿爾巴尼亞每4人就有一個地下碉堡，全國每個戰略地點都佈滿了這種地下堡壘，從山區隘口到偏遠的海灘，庇護著通往機場的每個入口。阿爾巴尼亞建造這些地下碉堡消耗了大量混凝土，用量是法國在二次世界大戰前興建同樣沒用的馬其諾防線的3倍。

馬其諾防線無法阻止德軍入侵法國，但是霍察的地下碉堡從來沒有用來抵擋敵人的攻擊。畢竟，有誰會想攻擊阿爾巴尼亞呢？今天這些地下碉堡的數量一點也沒有減少，因為它們很難被破壞，阿爾巴尼亞人必須與這些地下碉堡共處。這種矮胖的小圓頂很難找到新的用途，很多碉堡只能容納幾個人擠在裡面，除了可用來當做堅固的狗屋之外，在今日沒有任何用處。有些阿爾巴尼亞農夫把它拿來當做動物的躲避所，海灘上的地下碉堡則經常被流砂填滿，看來最方便的用途可能是供情侶幽會。阿爾巴尼亞人經常在這些地下碉堡裡失去童貞，就跟美國人一度常在汽車後座失去童貞一樣。

＊　　＊　　＊　　＊

1小時以後，我站在過去霍察銅像的所在處，只是我的眼睛比他接近地面15公尺。在我左邊是國立歷史博物館，這座博物館前掛著巨幅的馬賽克壁畫，畫風看來有中國文化大革命的味道。我腦海中已浮現這樣的畫面：毛澤東站在正中央，率領著勞工、士兵和革命家，以及其他眾多歷史人物，邁向同樣光明的馬列主義未來。不過，這幅畫的主角是一名女性，儘管在她身後飄揚的阿爾巴尼亞國旗上的共產黨星星已經被除去，她還是高舉著步槍帶頭衝鋒陷陣。

廣場上右手邊是民族英雄史坎德貝(Skanderbeg)騎在馬上的銅像，銅像後面是艾坦貝清真寺(Et'hem Bey)和鐘塔(Clock Tower)。1967年霍察發起一項把阿爾巴尼亞改成無神論國家的運動，下令破壞境內所有的清真寺、教堂和修道院，不過這兩座建築物都倖免於難。在我正前方是文化王宮(Palace of Culture)，不過最有趣的景觀在我腳下。如果霍察的銅像還在的話，他就可以往下看資本主義今天在阿爾巴尼亞是如何大獲全勝：行人步行區四周充斥著各式各樣的玩具車、機車和其他兒童尺寸的交通工具，這些車是靠電力或汽油發動的，小朋友很高興地坐上這些小車，在屬於他們的遊樂場裡把車子開過來又開過去，這幾乎就是今天阿爾巴尼亞道路交通實況的縮影，只不過更加危險罷了。

霍察最著名的遺跡與我住的旅館很近。這個「金字塔」看起來是個廉價品，設計成紀念霍察的博物館，全用白瓷磚貼成。這座博物館在1988年霍察去世3年後開幕，是由他的建築師女兒普潤薇拉‧霍察(Pranvera Hoxha)所設計。在我結束這趟旅程前夕，又看到她的另一件作品，用來紀念另一位阿爾巴尼亞英雄。隨著阿爾巴尼亞共產黨統治終結，許多跟霍察有關的東西都被除去，這座霍察博物館也沒人要了。一座用巨型大理石雕成的霍察坐像已被切碎，

而博物館裡的收藏，根據日本《信步而行》旅行指南（Blue Guide）的介紹，館內主要陳設霍察生前碰過或用過的東西，不過這些收藏也被移走了。現在這座金字塔改名為國際文化中心，但是它讓人有迪斯可舞廳的感覺，小孩則把它當做遊樂場的溜滑梯。

「金字塔」這個字在現今的阿爾巴尼亞引起特別的共鳴。當共產主義因為一項全國性的金字塔銀行方案垮台後，資本主義狂飆，估計約有7成阿爾巴尼亞人賠光了他們的積蓄。這場金融騙局導致全國動盪不安，幾乎陷入內戰的局面，最後才終於劃下句點。這次事件使阿爾巴尼亞經濟跌至谷底，自2002年起才開始慢慢復甦。憤世嫉俗的人會說，破產以後還能再糟嗎？所以經濟當然會漸有起色，不過阿爾巴尼亞若想加入歐盟，還得等上好一陣子。

當天晚上我到地拉那的波洛庫（Blloku）區光顧一家又一家的酒吧，這些酒吧在1991年以前，是不對一般阿爾巴尼亞無產階級開放的，只專供霍察和其他阿爾巴尼亞共黨幹部的要人聚會。霍察的住所可能算是阿爾巴尼亞人中最豪華的，但若和其他險惡國家的領導人住處相比，霍察的家就只算是位於郊區的一間保守別墅而已。今天波洛庫區已成為地拉那的酒吧、餐館和咖啡廳聚集處，如果霍察還活著的話，他可能會直接穿越街道到佛陀酒吧（Buda Bar）點一杯雞尾酒。我繼續走到艾芬迪（Effendi）餐廳，這家餐廳標榜「鄂圖曼料理」（Ottoman cuisine），即使阿爾巴尼亞位於鄂圖曼帝國最偏遠的地帶，還是反映出土耳其鄂圖曼帝國對阿爾巴尼亞的深遠影響。

陪我一起吃晚餐的一位朋友名叫娜維拉·波帕（Nevila Popa），她為美國國際開發署（USAID）支持的企業開發與市場出口組織（EDEM）工作。幾星期以前，我與史考特·韋恩（Scott Wayne）一直在華盛頓特區活動，史考特是美國觀光業顧問和前Lonely Planet旅

行指南作者。Lonely Planet當時指派給他的任務，包括數度前往蘇丹這個今日看來可算是惡名昭彰的國家。當我告訴史考特我準備造訪阿爾巴尼亞時，他就幫我和EDEM聯絡，這個機構也是他的客戶之一。

娜維拉曾在密西根州大湍流市（Grand Rapids, Michigan）的一家旅館工作，她是第一個讓我知道何謂典型的阿爾巴尼亞人：也就是曾出國一段時間後回國、滿腔熱忱、擁有多項技能，還能說一口流利的英文。晚餐同伴還包括克里頓（Kliton Gërxhani）和阿曼（Armand Ferra），這兩個年輕人都曾出國一陣子，回到阿爾巴尼亞後，投身於架設網站、代訂旅館、提供諮詢，和在阿爾巴尼亞組團旅行等工作。

地拉那是個比我預期中更明亮、活躍也更秩序并然的城市。街上的坑洞沒有我想像中那麼大，甚至在我回旅館的路上，街上的照明狀況好到不該把這裡視爲邪惡的國度。我對於當地有這麼多人會說英文，而且說得這麼好也感到十分訝異。

克里頓（或是東尼，他要我這麼稱呼他）解釋說：「阿爾巴尼亞是個小國，我們必須會說其他語言。」

阿曼附和：「我們的確也具有語言天賦。」

不過，阿爾巴尼亞語並不好講，光是阿爾巴尼亞這個國家的名字——Shqipëria就很難發音。

＊　　＊　　＊　　＊

就如沒有任何一場革命，是利比亞軍頭格達費（Gaddafi）不想支持的，霍察也無法不跟任何一個共產主義流派鬧翻。他先追隨歐洲

式的共產主義，雖然是法國式的(以柬埔寨的波布和越南的胡志明為代表)，但不一會兒就捨棄了，塞爾維亞式共產主義也淪落同樣的命運。狄托(Tito)或許擅於把分裂的巴爾幹半島國家整合起來，但他的共產黨招牌，很快就從馬列主義的正紅旗變淡為修正主義的粉紅色。

史達林(Joseph Stalin)比較合霍察的胃口，在史達林方針的指導下，阿爾巴尼亞有很長一段時間一直安於極左派史達林主義的路線，直到赫魯雪夫(Khrushchev)提出修正主義後，霍察被迫——喂！注意聽，是被迫——放棄蘇聯路線，改走更嚴謹的毛澤東主義路線，毛派路線最好的例子是文化大革命。接著是一段不幸的歲月，毛主席進行了一趟很遠的長征，然後在你還沒能察覺時，中國共產黨也走上修正主義的道路了。

在《兩個友人》(Two Friendly People)一書(其中收錄了霍察針對阿爾巴尼亞和希臘雙邊關係的演講)中，霍察明白表示：

「這不是真的，阿爾巴尼亞並沒有與中國『分家』，真相是中國修正主義和資本主義領導人從事反阿爾巴尼亞的活動，而且片面違背兩國在經濟合作方面的協議。中國之所以會這麼做，是因為我們試圖說服他們，中國正逐步採取反革命外交政策，越來越朝錯誤的方向靠攏，甚至和美國帝國主義結盟。」

不過，這有什麼好說的？可憐的阿爾巴尼亞人之前早就聽霍察說過：「我們抨擊赫魯雪夫修正主義的背叛行為。」

外面的世界真是無法無天，只剩下阿爾巴尼亞這個小國忠於馬列主義的基本教義。霍察嘆著氣說：「我們還以為南斯拉夫和蘇聯，以及之後的中國是我們的朋友。」

這些國家到底做了什麼？他們「變成叛徒、馬列主義的修正

派，妨礙和破壞我們的經濟。」

當蘇聯和中國迷了路，阿爾巴尼亞可是不停警告他們；但是阿爾巴尼亞這個小國也別無他法，只能放棄他們，任由這些誤入歧途的強權面對自己的命運，堅持繼續走正確的道路。所以，當毛主席的遺體被施打防腐劑，停放在天安門廣場供民眾瞻仰，以及史達林的遺體擺在莫斯科紅場供人憑弔時，霍察決心領導阿爾巴尼亞繼續走向孤獨的道路。北韓和古巴也堅守眞正的共產主義，不過兩國都沒有能力對阿爾巴尼亞這個貧窮的歐洲小國伸出援手。阿爾巴尼亞和中國在1978年斷交，接下來7年霍察讓阿爾巴尼亞變得比之前更孤立、更貧窮。霍察退回他在地拉那的別墅，糧食的配給變得更加嚴苛。

娜維拉說：「那時我父親因爲胃不好需要喝牛奶，但我們得在凌晨三點半起床去排隊，等他們從6點開始發放牛奶。」

霍察於1985年過世，拉米茲・阿利雅（Ramiz Alia）繼任，施政上稍微向右靠攏，但其實沒有多大改變。不過1989年局勢整個扭轉，柏林圍牆倒塌、鐵幕鏽蝕、蘇聯垮台；不到兩年之後，阿爾巴尼亞也擺脫了過去的苦日子。1991年2月21日，令人不可置信的事發生了。一群憤怒的暴民把位於地拉那市中心的霍察銅像拉下來拖走，切碎後溶化。很快地，在阿爾巴尼亞境內再也看不到任何有關霍察的銅像、肖像和題字，就連霍察位於烈士墓地（Martyrs' Cemetery）的墳墓也不能倖免。他的墓地原本受阿爾巴尼亞之母（Mother Albania）雕像的庇護，結果霍察的屍體被挖掘出來，移葬到比較普通的地方。

不過，根據我從博物館匿名人士得到的情報指出，有些霍察的銅像還是被保留下來，等到有一天，當民眾的怒氣止息後，還是會

有一座霍察的銅像重新被拖出來展示，以紀念那個瘋狂又可怕的年
代。

*　　*　　*　　*

　　跟著亞賀（Artur Haxhi）上車，我和娜維拉一起往南到培拉特
（Berati），它的意思是「博物館市」。這個名字保護了這座城市裡
的教堂和清真寺，不致受到霍察這位無神論者的影響。這些教堂和
清真寺座落在設防的山頂，俯視著底下的新市鎮（雖然仍是鄂圖曼
時期的風格）。14世紀堡壘的城牆，建立於西元前4世紀，在堡壘內
有蜿蜒的鵝卵石街道，通往古老的石屋和教堂。

　　設在聖母安息教會（Church of the Dormition of St Mary）內的奧
努夫里博物館（Onufri Museum），是這個堡壘的主要景點，聖母安
息（Dormition）在東正教中，就等於羅馬天主教的聖母升天。奧努夫
里是宗教肖像畫藝術大師，這座老教堂擺滿了他的肖像，其他畫家
作品及許多宗教藝術品。你可能會說「感謝主」，沒有讓霍察毀掉
這裡的收藏，因為這些作品真的是曠世巨作。教堂本身就是個奇
觀，古老的詩班台、金色光輝映照教堂各處、鴕鳥蛋做成的吊燈，
在在都使這裡看起來更具異國風情。

　　我們已經和馬丁‧赫辛格（Martin Heusinger）碰過面，他是個熱
心的德裔阿爾巴尼亞人，和他的阿爾巴尼亞妻子恩可勒達（Enkeleda
Olldashi）開了一家旅行社，專門推銷培拉特這個城市。一個美國人
也加入我們的行列，一起遊覽該地蜿蜒的街道，沿路參觀大約十幾
座教堂和數座清真寺遺跡，再爬上堡壘的城牆，往下俯瞰依附在下
面山坡的聖米迦勒小禮拜堂（Chapel of St Michael），再往下走到麥

哲倫區(Mangalem quarter)午餐。

在布佳利餐廳(Bujari Restaurant)，我豪爽地拿起六個人的帳單去付錢，因為我的阿爾巴尼亞遊伴已經招待我太多咖啡和餐點，因此深覺這次無論如何該由我付帳。我們享用了份量充足的大碗湯、幾盤烤麵包、幾碗非常新鮮的沙拉、幾碟杏仁和起士做成的開胃菜，又點了更多千層麵、好幾瓶特佩里納(Tepelena)礦泉水、還有幾碗新鮮櫻桃、幾片蜂蜜蛋糕。我們這餐總共花了1000列克(lek)，相當於11美元，小費也包括在內。

用過午餐後，我們爬上堡壘下方狹窄的街道，那些精緻的老房子讓培拉特享有「千窗之城」的名號。一位祖母與她的女兒和孫子，祖孫三代從一間房子中探頭出來看我們，並問我們從哪裡來。不過馬丁讓他們嚇呆了，因為他看起來是個外國人，卻操著一口流利的阿爾巴尼亞語。

興高采烈的老太太宣稱：「阿爾巴尼亞人真是太棒了，因為他們具有這麼多獨特的特質。」

娜維拉反問：「如果我們真是這麼了不起，為什麼阿爾巴尼亞處處比不上其他國家？」

典型的答案是：「因為我們受共產黨統治了50年。」我已經明白，這是一個萬用詞，可用來解答阿爾巴尼亞的所有問題。

恩可勒達又問：「為什麼沒有人喜歡我們？」

這些可憐的阿爾巴尼亞人好像總是站錯邊，鄰近國家一有問題就怪罪他們；但我漸漸明白，這是因為阿爾巴尼亞活在過去的歷史中，或至少落後10年。

接著我們漫步經過七拱石橋到葛利卡區(Gorica quarter)，但是天空烏雲密布，下起了傾盆大雨。於是馬丁叫船送我們回旅館，我

藉此午寐了一會兒。1小時後我起身，從頂樓外望，景觀實在太美了，這時天空已萬里無雲，遠處覆雪的重山，爲培拉特被尖塔鑲嵌的天際線提供了絕佳的背景。

娜維拉、亞賀和我接著又到麥哲倫區開逛，學巴爾幹半島人傍晚散步的習慣，繞著市中心走。阿爾巴尼亞人稱散步叫"xhiro"，在義大利則稱爲"passeggiata"，不過後來因爲天候不佳，我們只得縮短行程。我很高興當地人還承襲這種習慣；記得在1970年代初期，我曾在南斯拉夫看過當地人做過相同的儀式。當我們走回旅館吃晚餐時，我注意到一件很妙的事：鉛頂清眞寺（Leaden Mosque，因爲它圓頂覆蓋著鉛）竟然和密西西比酒吧（Misisipi Bar）共用同一個院子，該處靠近市區巴士轉運站furgons。

*　　*　　*　　*

從培拉特繼續往南走時，我們經過了一家巨大的鋼鐵鑄造廠。這家工廠最初是中國建的，後來土耳其一度想要重建，不過今天這間工廠幾乎已經廢棄了。我們再往南行，看到一間阿爾巴尼亞共黨統治時期最大的石油精煉廠，可想而知煉油廠四周都佈滿了各式各樣的地下碉堡。

1980年代初期，阿爾巴尼亞因爲中國共產黨修正原本的馬列主義路線，因而否認中共，但來自中共方面的資助也從此斷絕，因而面臨嚴重的饑荒。不過今天阿爾巴尼亞境內卻有過多的酒吧、咖啡廳和餐館，在每個頗具規模的城鎮主要街道上，都可看到這些商店。在公路或比較偏僻的小路上，每隔幾公里也可找到這些店家，密集的程度跟路邊車禍死傷人數統計板一樣常見。這些酒吧、咖啡

廳和餐館通常很吸引人，它們看來整齊又乾淨，即使設在路邊也都會有遮陽傘（這是當我在記筆記時，碧瑞兒Biria Stela提供的情報）和遮蔭樹，菜色通常比較樸實、份量充足而且很新鮮。

娜維拉說：「當然新鮮，我們的食物都是有機食物，因為農夫負擔不起施加農藥和肥料的費用。」

就連廁所（通常是蹲式的）都很乾淨，可能為了方便英語使用者，廁所外還會標示B和G字母；雖然它指的是"Burra"和"Gra"，但一開始我以為是"Boys"和"Girls"。

娜維拉接到奧榮（Auron Tare）打來的電話（相較於共黨統治時期，只有菁英分子才能使用電話，現代的阿爾巴尼亞手機通訊就顯得太好了）。奧榮說他在我們後面約10分鐘的路程，也是往南到吉諾卡斯特（Gjirokastra）和布特林特（Butrinti），所以我們停下來等他。當奧榮現身時，我們馬上知道他來頭不小，因為他在介紹自己的資歷時，彷彿在列舉維基百科（Wikipedia）條目。奧榮說他是一名「阿爾巴尼亞記者、歷史學家和旅行探險家」，擔任「阿爾巴尼亞國家信託基金會（Albanian National Trust Foundation）負責人」，接著又談到他是布特林特國家公園的創辦人，如何找回在後共黨時期失竊的藝術品，以及在為英國獨立電視台（ITN）工作期間，他曾採訪科索伏（Kosovo）戰爭和印尼海嘯發生後的新聞等等，他甚至還為阿爾巴尼亞國家籃球隊出賽。

我離開娜維拉和我們謹慎小心的司機，轉而和奧榮一起坐他的陸虎去旅行。奧榮開起車來比較有阿爾巴尼亞人的活力。一路行來，我注意到幾乎每個轉角就有至少一個或最多一排的車禍傷亡記錄板，上面記錄許多交通事故死亡人數，死因包括車主的賓士車撞上護欄、掉下懸崖、沉入河裡，或和來車迎面相撞等等。因為這種

記錄板實在太多了，不禁讓我懷疑：會不會有些車禍發生原因是因為車子撞上這些記錄板而導致人員傷亡的。有些轉彎處的車禍傷亡記錄板密集豎成一排，連護欄都不用架設了。

阿爾巴尼亞人的開車歷史並不長。在共黨統治期間，如果你不是為政府工作或是霍察的朋友，必須申請特別許可才能擁有一部車，而且這種許可定有配額。共產黨統治阿爾巴尼亞45年間，總共也只發了2張。車輛禁令解除後，很快就有大批汽車湧入。阿爾巴尼亞人開起車來，像是在玩世界街頭賽車電玩一樣；車子毀損的速度也一樣驚人，短短15年間報廢的車輛塞滿許多廢車廠。但從路上那些掛著駕訓班（autoshkolle）字樣的車子數量來看，未來還會有更多阿爾巴尼亞人準備駛上危機四伏的公路。

賓士車在阿爾巴尼亞多得不像話，很多人猜測這是因為阿爾巴尼亞獨立以後的頭幾年，許多歐洲各地失竊的賓士車都被轉手賣到這裡，不過奧榮對這種說法嗤之以鼻。

他質問：「如果這種說法成立，那請問那些賓士車是怎麼運過來的？如果真有這麼多賓士車經由義大利船運到阿爾巴尼亞來，那怎麼沒人注意船運公司並展開調查？」

這種開贓車的說法可能使阿爾巴尼亞人感覺受辱；但英國作家羅勃・卡瓦（Robert Carver）在他1990年中期出版的遊記《受詛咒的山區》（*The Accursed Mountains*）中，對阿爾巴尼亞的描述卻更令人生氣。卡瓦遊遍阿爾巴尼亞後確信：他在途中所遇到的每個人，都想詐騙他、偷他東西、搶他東西，甚至想殺害他。卡瓦因為一頓三人晚餐付了30美元（他在書中好幾次提到他們只點了魚）而感到憤憤不平，整本書中都瀰漫著這種情緒。

奧榮聲明：「當時的阿爾巴尼亞不像卡瓦描述的那樣，現在的

阿爾巴尼亞更不像。卡瓦造訪吉諾卡斯特時，覺得人們一直在跟蹤他，打算強暴他，這真是荒謬！」

我馬上翻閱卡瓦的書，有關吉諾卡斯特這一章。卡瓦在頭幾行文字中宣稱「第一個想殺我和搶劫財物的情況」發生在城堡，接著他潛回過夜的地方把鬍子刮掉，讓自己看起來比較不像外國人。儘管人們不斷靠近他、拔出刀子、手也伸出來準備扒他的東西，但卡瓦從來沒有真正受害。事實上很少有人能符合卡瓦的標準，就拿我隔天去參觀的布特林特希臘遺址來說好了，卡瓦批評英國考古學家在當地「豎立了醜陋又大而無當的招牌，讓人有格格不入的感覺」，更糟的是還有一群「步履蹣跚，來自美國中西部的老人家，每個都包在顏色鮮明的法蘭絨嬰兒服裡」，把當地的景觀破壞殆盡。

很快我們就經過特佩里納(Tepelena)，也就是阿里·帕夏(Ali Pasha)的出生地。帕夏要不是阿爾巴尼亞的民族英雄，就是「一個殘忍嗜血的暴君」，對他的看法可說是見仁見智(又是引自維基百科)。此地有一個路邊車禍傷亡記錄板，用來紀念阿爾巴尼亞總統阿爾弗雷德·莫伊休(Alfred Moisiu)的兒子。2004年他的越野車因為路面打滑而墜落河裡。我白天的背包裡有一瓶特佩里納礦泉水，上面寫著「這是阿爾巴尼亞國家足球隊的推薦飲用水」(阿爾巴尼亞文是Uji i Skuadres Kombetare Shqiptare te Futbollit)。另外一行字還寫著這種水是「來自特佩里納樹林的湧泉」。我之所以會帶這個牌子的水，是因為奧榮的兄弟伊格利(Igli Tare)是阿爾巴尼亞足球明星，他在全世界最頂尖的足球隊之一──義大利甲組聯賽的拉齊奧隊(Rome Serie A team SS Lazio)踢球。

*　　*　　*　　*

　　我一眼就愛上吉諾卡斯特，因為它有螺旋狀，像雲霄飛車跑道的巷道，以及黑漆漆又充滿壓迫感的石頭建築。另一座更黑、更陰森的城堡則在上方俯瞰著整座城市。在舊城之下還有一座比較現代化的共黨時期城市，不過我們一點興趣也沒有。

　　不幸的是，在舊城有很多精巧的石頭建築物都因年久失修而崩解了。我們參觀了一處鄂圖曼時期偉大的建築物，老房子雖然寬敞、通風，但是會漏水，要住在裡面可能還得花錢加強照明，設置暖氣和進行維修，所以屋主沒有住在這裡。改住在老建築前方另一間現代化的房舍裡。吉諾卡斯特需要一些有錢的西方豪宅重建者和準作家進駐，重建這些宏偉的老建築，並寫本像是《我在吉諾卡斯特的歲月》(*My Year in Gjirokastra*)或是《吉諾卡斯特艷陽下》(*Under the Gjirokastra Sun*)之類的著作，暢談他們的在地生活經驗。

　　吉諾卡斯特是伊斯邁‧卡達雷(Ismail Kadare)的故鄉，他肯定是阿爾巴尼亞最知名的作家，也是首次國際布克獎(inaugural international Booker prize)2005年的得主。另一個吉諾卡斯特不太引以為傲的公民是霍察，他的出生地現在建了一座博物館，做為民族誌用途；不過這座博物館並沒有提及它和霍察的關係，博物館在1916年曾被焚燬，當時霍察這位未來的獨裁者只有8歲大。

　　在我們遊覽吉諾卡斯特之前，雖曾花了很長的時間飽餐一頓，但在遊完吉諾卡斯特以後，肚皮還有空間享用另一頓豐盛的晚餐。娜維拉在晚餐時，大談霍察統治下的阿爾巴尼亞曾發生的諸多荒謬情事。她說：「大學時我想修經濟學，但是他們說我必須學物理。

一年後我妹妹也上大學，她對經濟沒興趣，他們卻要她讀經濟學。」她接著又說：「事實上，我們對外面的世界一無所知，對生活逆來順受，現在回顧過往，才發現當時我們的忍耐度也太大了吧！」

阿爾巴尼亞有自己的情報機構，相當於前蘇聯的國家安全局（KGB）或東德的國家安全部（Stasi）。每三個阿爾巴尼亞人中，就有一個人要不是曾被秘密警察問訊，就是曾被關在霍察的某個集中營。地拉那的國家歷史博物館裡有很大一區，就是用來展示霍察統治時期的恐怖生活，還包括一間勞改營囚室，你還可以進去試試房間的大小。秘密警察的線民又名「80列克人」（80 lek men），這些人負責監視他們的鄰居，以領取80列克的月薪。

隔天我們繼續南下到薩蘭達（Saranda）附近的海岸，再往南到布特林特（Butrinti）。奧榮對於那些位於布特林特小小國家公園裡的羅馬遺跡頗感自豪。遺址上有一座小型要塞，裡面有一座全新的博物館。薩蘭達是阿爾巴尼亞最負盛名的海灘渡假勝地之一，部分原因是因為它鄰近科孚島（Corfu）。在共黨統治時期，到希臘科孚島渡假的遊客，晚上喜歡坐在海灘咖啡廳，啜飲希臘烏佐酒（ouzo），然後遠眺對岸愛奧尼亞海（Ionian Sea）上來回梭巡的探照燈，心中猜想到底那邊黑暗中正在進行什麼不法的勾當。現在來自科孚島的一日遊遊客，是阿爾巴尼亞最主要的國際觀光客來源。

薩蘭達這座城市過去曾受鄂圖曼帝國、義大利及共產黨統治的影響，但不幸的是，現在這座城市被許多廉價又邋遢的開發案所破壞。非法開發在阿爾巴尼亞非常嚴重。當共產黨甫垮台，阿爾巴尼亞轉向資本主義開放的過渡時期，什麼建築物都可以興建，完全不需申請任何執照或許可，有些屋主因此被迫拆除他們的建築。在地

拉那有一座公園過去曾佈滿了這類非法違建，改建成公園以後，有一家餐廳因為位於公園正中央，像個小島一樣，因此被取名為「台灣」。

此外，薩蘭達的市中心還有一處有名的考古遺址，那是一座長方形教堂(basilica)的地基，該教堂過去曾被當成猶太會堂，雖然目前現址遭到非法開發案的威脅，但是遺址還是保存得很完整。

南部的濱海公路已經從海岸線退後了好幾公里——感覺上不只好幾公里，因為司機亞賀以誇張又過度謹慎的態度開車。這樣的速度從地拉那經培拉特開往吉諾卡斯特的路段時還尚可接受，但是當車子駛入附近的延伸路段時，時速15到20公里就讓人很受不了。這簡直就像我們坐的是無法剎車，底盤又低的汽車，而不是這輛又大又堅固的四輪傳動車。一個月以後我將到阿富汗旅行，這種開車速度或許在當地就比較適合。

最後我們終於停下來，在希馬拉(Himara)過夜。我的旅遊指南指出，因為有些不錯的沙灘和希臘咖啡店，希馬拉「極有潛力成為渡假勝地」，不過書中也警告「你可能會在鏽蝕的廢棄車輛間漫步，而且海浪沖上岸的都是垃圾，也許這並不是你想要的海灘風景」。阿爾巴尼亞人對西方消費主義的餘毒——過多的塑膠包裝還沒有太大的警覺心，但至少他們很努力地去適應。很多阿爾巴尼亞人花許多時間為國家的髒亂道歉；但我真想安慰他們，我看過更糟的地方。比方說利比亞，情況絕對比他們嚴重許多。

在我們找另一家餐廳享用豐盛的阿爾巴尼亞大餐前，我們繼續沿著海岸走，來到希馬拉一座頹圮的城堡，從那裡俯瞰希馬拉的舊城和海岬，海岬北方是一座現代港口。接著我們駛離了主要道路繼續往南走，這次往山區前進，目的地是加爾海灘(Jal Beach)。這是

一個白沙遍布、美麗的小海灣，但也逃不過醜陋非法建築物的魔掌。有人說，阿爾巴尼亞擁有地中海沿岸最純淨的海岸，不過這可能快要走入歷史了。有些風格別具的地下碉堡正捍衛著海灣，事實上希馬拉海灘沿岸有許多地下碉堡，只是裡面都填滿了風沙。

回到希馬拉的旅館後，我坐在馬桶上。看得出這間浴室是由水管工人而非建築師所設計的，因爲你可以用蓮蓬頭同時沖洗馬桶和我下巴現在靠著的洗手檯。阿爾巴尼亞人顯然對建築學不感興趣，雖然這裡有些美侖美奐的建築物，像吉諾卡斯特石屋，但這些建築物都已年華老去。只有兩個字可以用來形容霍察統治時期的建築風格——醜陋。事實上，有九成九的建築物似乎都出自同樣單調的畫板，蓋房子的人只是不斷把一塊水泥板搭在另一塊上頭，直到用盡力氣或金錢爲止；有些房屋最上層的鋼筋還裸露在外頭，要等工匠恢復力氣(或找到其他財源)後，再決定是否要再加蓋幾塊水泥板。

*　　*　　*　　*

駛離海岸後的路段是上坡路，蜿蜒地通往羅洛葛拉佳隘口(Llogaraja Pass)，海岸線在我們腳底下，山頂卻是白雪皚皚。從另一頭下山後，我們很快回到平地，駛過法兒瑞(Fieri)到阿波羅尼亞(Apollonia)，繼續前往其他著名的羅馬遺跡參觀。阿波羅尼亞沒有布特林特那麼有名，而且這裡需要更多垃圾桶；最好嚴厲警告那些在市集周圍草坪亂丟塑膠袋、飲料瓶和礦泉水空瓶的人。

沿著山坡上去有不少遺跡，也有很好的視野可以眺望四周的鄉村景觀；不過不知道爲什麼，我們卻看到更多霍察時期的地下碉堡遍佈在山坡地上。或許他們是因爲再也找不到其他戰略地點來設置

這些防衛碉堡，所以乾脆把碉堡設在這裡，以防有侵略者想破壞這裡的古蹟吧！

再往北走，我們沿著古老的安納西亞大道(Via Egnatia)前進。這條古羅馬大道從海岸線上的都拉斯(Durrësi)開始，穿過巴爾幹半島，然後到達希臘的賽薩羅尼奇(Thessaloniki)，再繼續通往君士坦丁堡(Constantinople)。車子開到這裡時，我們也肚子餓了，於是就駛離這條通往亞德尼卡(Ardenica)的道路，改道去吃午餐。

亞德尼卡山矗立在平原上，山頂上有一間視野絕佳的餐廳，這裡也是亞德尼卡修道院的所在地。在我所看過的旅遊指南上，都沒有介紹過這座修道院，其實真的應該把它列入景點之一。

就像在培拉特的博物館教堂一樣，這座修道院裡的教堂像個鍍金珠寶盒。1967年阿爾巴尼亞宗教戰爭時，因為當時的主教說服前來拆毀教堂的人員(這些人聽起來像是中國文化大革命負責破壞文物的紅衛兵)這座修道院的歷史重要性，因此需要加以保護。主教提到史坎德貝和這座修道院的淵源——這位15世紀的民族英雄可能是在這座修道院接受加冕，甚至可能在這裡完婚；就連共產黨也都尊敬史坎德貝，因此修道院得以逃過這一劫，這點我隔天會再強調。

都拉斯是我們返回地拉那的最後一站，她是阿爾巴尼亞的古都、主要港埠與第二大城，也是我此次造訪阿爾巴尼亞期間，看過最懂得回收使用地下碉堡的城市。當你在濱海的邦克里(Bunkeri)餐廳時，一點也不會覺得自己在地下碉堡用餐；即使大型的地下碉堡也沒有大到可以用來當餐廳，但以喝點餐前飲料的小酒吧而言，這裡還挺舒適的，只要記得不要太快從座位上站起來，免得頭部撞到可以防坦克的水泥屋頂。

　　城內也有一座極好的考古博物館、一段拜占庭時期的城牆，和一個頹圮但引人注目的羅馬競技場；還有一座保存完好的殉難者紀念碑，獻給所有在二次世界大戰期間因反抗德軍而喪生的阿爾巴尼亞人。我們得擠過圍籬的一道裂縫，才能進去細看這道紀念碑，不過沒機會進去查看佐格一世(King Zog)的舊王宮，這個地點現在受軍方管轄。

　　佐格一世是個人物，人們不是愛他就是恨他；的確，有個這樣的名字一定不凡。佐格本名叫做阿默德‧佐格里(Ahmed Zogilli)，後來他把自己的姓改成佐古(Zogu，在阿爾巴尼亞語中是鷹的意思)，然後變成總理，再成為總統，最後決定當國王。佐格國王在1928年加冕，接下來10年期間，他致力使阿爾巴尼亞從原本極度落後的景況逐步現代化。由於他早期曾任軍閥，自然樹立了不少敵人：佐格一世一共躲過55次暗殺計畫，因為想要殺他的人太多了，有幾次佐格甚至自己掏槍反擊可能的暗殺者，全國步槍協會(The National Rifle Association)一定很愛他。

　　不幸的是，因為佐格一世推動阿爾巴尼亞現代化的計畫經常受到義大利的資助，使得阿爾巴尼亞很快就因欠墨索里尼(Mussolini)的法西斯政權太多，實際上已成為義大利的殖民地。1939年4月墨索里尼決定接管阿爾巴尼亞，佐格一世因而逃亡到英國，開始了他生命中最後22年的流亡生涯。佐格一世帶著他結縭才388天的妻子——潔洛丁女王(Queen Geraldine)，以及阿爾巴尼亞國庫中大多數的黃金(用來支付他待在倫敦麗池飯店Ritz Hotel的費用)一起出走。潔洛丁是一名匈牙利貴族與美國外交官妻子所生下的女兒，當她嫁給佐格一世時只有22歲。她家境並不富裕，婚前有段時間在布達佩斯的國家博物館賣明信片，直到佐格一世遍尋歐洲適合婚配的

對象時，因爲看到潔洛丁的照片（潔洛丁17歲時在匈牙利參加一場
社交舞會，拍下這張照片）後驚爲天人，邀請她到地拉那，10天後
他們就訂婚了。兩人金碧輝煌的婚禮收到來自歐洲各國的禮物，其
中包括希特勒致贈的一輛加強馬力的鮮紅色賓士車。

　　潔洛丁女王一直陪著佐格一世流亡到英國、埃及和法國，直到
佐格一世在法國逝世爲止。之後潔洛丁輾轉到了西班牙和南非，最
終她回到了阿爾巴尼亞，但隨即在2002年過世，享年87歲。兩人所
生的兒子雷卡・佐格（Leka Zog），（佐格一世於1939年出亡阿爾巴
尼亞時他才剛出生3天）一直企圖恢復阿爾巴尼亞君主體制，不過沒
有成功。

　　　　　　　　*　　*　　*　　*

　　從地拉那開始，道路呈之字型上升到克魯亞（Kruja）山區，這是
流行的一日遊路線，也是我在阿爾巴尼亞的最後一站行程。地拉那
的舊城堡史坎德貝博物館樹立著，或許它是全阿爾巴尼亞維護得最
好的建築，也是霍察時期的重要地標，因爲這棟建物是由霍察的女
兒和她丈夫設計的。阿爾巴尼亞的民族英雄很快就變成一個大家熟
知的景觀，特別是史坎德貝在地拉那市中心廣場的騎馬像。

　　回到15世紀，卡斯泰利奧迪（Kastrioti）是阿爾巴尼亞王儲之
子，他被鄂圖曼土耳其帝國扣押爲人質，並因此改信伊斯蘭教，也
被亞歷山大大帝（Alexander the Great）命名爲伊斯坎德（Iskander）。
當他被拔擢出任鄂圖曼的大公（或省長）後，他再把自己先前承繼的
名字加上這個頭銜，成爲史坎德貝。1443年土耳其被匈牙利軍隊擊
敗，史坎德貝認爲這是一個徵兆，因而捨棄了鄂圖曼帝國和伊斯蘭

教，重回阿爾巴尼亞並且驅除了佔領軍。

史坎德貝據守位於克魯亞的要塞，1450年、1466年和1467年他曾被圍攻3次，一直到死前都抵抗著鄂圖曼的勢力。1468年史坎德貝過世，阿爾巴尼亞的防禦能力開始減弱。10年後鄂圖曼軍隊再次圍攻阿爾巴尼亞，這次他們成功了，從此阿爾巴尼亞落入鄂圖曼的勢力範圍，這種情勢一直維持到鄂圖曼帝國在第一次世界大戰後瓦解為止。

阿爾巴尼亞人很尊敬史坎德貝，史坎德貝博物館裡也陳列了許多有關史坎德貝和土耳其軍隊交戰的繪畫和立體模型，以及一些相關文獻，記載史坎德貝這個名字如何頻繁地出現在歐洲各地的雕像和廣場上。

離開克魯亞返回地拉那的交通狀況實在很嚇人。地拉那是個混合著道路施工和橋樑的城市，不過這些工程進展都比不上交通工具增加的速度。那天晚上到旋轉的天塔酒吧（Skytower Bar）前，我還逛了幾家在伯洛庫（Blokku）的酒吧和餐廳。天塔酒吧慢慢旋轉了40分鐘，景觀視野不錯，可以看到整個地拉那市在我腳下；此外，一瓶紅酒不到3美元，味道還不賴。

其實阿爾巴尼亞還算是個不錯的國家，我在這個險惡國家做了一趟短程旅行，阿爾巴尼亞之所以會被列入黑名單，是因為她曾經決意斬斷所有與外面世界的關連，但現在她卻發狂地想要重返國際社會。

3

緬甸

BURMA ⟨MYANMAR⟩

Tony
Wheeler's
Bad Lands

緬甸

中國
CHINA

尼泊爾
NEPAL

不丹
BHUTAN

印度
INDIA

孟加拉
BANGLADESH

印度
INDIA

中國
CHINA

楊達波
Yandabo

眉謬 (彬烏倫)
Maymyo
(Pyin U Lwin)

曼德勒 Mandalay

越南
VIETNAM

格具
Pakokku

蒲甘 Pagan(Bagan)

東坡 Taunggyi

廟吁 Mrauk U

彬馬那
PYINMANA

茵萊湖
Inle Lake

寮國
LAOS

孟加拉灣
Bay of Bengal

普羅米 (卑謬)Prome(Pyay)

瑞洞
Shwedaung

白古 (巴格)
Pegu(Bago)

泰國
THAILAND

仰光
Rangoon
(Yangon)

馬達班灣
Gulf og Martaban

柬埔寨
CAMBODIA

安達曼海
ANDAMAN SEA

暹邏灣
Gulf of Thailand

一名軍事獨裁者下令：「我們將宣布舉行大選。」

他接著說：「我們必須給緬甸軍隊（Tatmadaw）一個政黨名稱，我認為『國家法律暨秩序重建委員會（State Law & Order Reform Council）』聽起來不錯。」但他有所不知的是，這個名稱的英文縮寫SLORC聽起來一點也不好。

「等我們當選以後，我將擔任總統，然後這個國家將重新變得秩序井然。」

這是個簡單明瞭的計畫。蘇貌將軍（General Saw Maung）總結說，25年來的軍事統治將使軍隊大權牢牢在握，在親民主示威中喪生的幾千名學生很快就會被人遺忘。至於經濟問題；沒錯，民主可能有利於經濟發展，但是緬甸軍隊對緬甸經濟做出的貢獻再好不過了。

緬甸原本號稱亞洲穀倉，但在軍政府統治下不停走下坡，到了今天緬甸變成亞洲的窮國，同時間緬甸的主要對手泰國則穩定地向前衝刺。今天泰國人均收入已達緬甸的10倍，當緬甸有一個觀光客到訪時，泰國可能已經有了100個觀光客。

然而，緬甸軍政府依然篤定將在選舉中獲勝。畢竟，國家經營的英文日報《緬甸新光明報》（*New Light of Myanmar*，前《勞工日報》*Working People's Daily*）每期都刊載許多感人的故事，像是緬甸人民多麼愛戴軍方，以及緬甸軍隊為國為民做出多少貢獻等等。這

些報導都圖文並茂，比方某位軍方將領宣布一項新建設、為一條剛完工的道路剪綵、接受學童如雷的掌聲歡迎，或是專心聆聽一些重大的科學發現簡報等等。緬甸軍方愛護人民，人民也愛戴軍方——只有幾千名學生例外，不過現在他們都死了，還有誰會贏得大選？

　　沒錯，我們沒忘記翁山蘇姬(Aung San Suu Kyi)和她那上不了檯面的緬甸全國民主聯盟(National League for Democracy, NLD)，但她從一開始就不具公職候選人資格。翁山蘇姬的父親，也就是偉大的柏格由翁山(Bogyoke Aung San)，早就細心地在憲法上添加了一項條款，禁止婚嫁外國人的緬甸公民擔任政府高層職位，翁山蘇姬不但長年旅居海外，還嫁給一名英國學者。

　　無論如何，在這種情況之下，反對黨總是不堪一擊，因為緬甸軍方除了無法掌控所有的媒體之外，其他方面都很團結，所以對選舉自然勝券在握。

　　這樣的情勢使得蘇貌將軍、國家法律暨秩序重建委員會及緬甸軍方，根本沒打算採取要求重新計票或是威脅不把票投給他們的選民等手段，來操縱1990年的選舉。辛巴威的穆加貝(Mugabe)倒是可以教教他們如何舉行一場有效率的選舉。事實上，緬甸25年來舉行的首次選舉現在看來似乎相當公平和公開，以致於選舉結果竟然是緬甸全國民主聯盟大獲全勝，國家法律暨秩序重建委員會輸得慘兮兮，緬甸全國民主聯盟在485個國會議席中拿下了392席。

　　蘇貌將軍宣布：「我先解釋一下，我們將舉行大選是什麼意思。現在選舉已經結束，我們首先必須修憲，接下來我們會做決定，是否勝選者就可以接管政權。」

　　在緬甸什麼都很慢，選舉結束20年後的今天，新憲法的修訂工作還在進行；然而，對敗選的緬甸軍方來說，倒是有個重要的好

處：他們因而可以輕易鎖定那些謀反，不愛國又不愛軍方的特定人
士。目前至少有392個明顯目標──也就是那392位當選的緬甸全國
民主聯盟成員，把他們關一陣子是個很好的主意。

　　不管是"Burma"或是軍方重新命名的"Myanmar"，今天緬甸仍
然屹立不搖。大多數緬甸全國民主聯盟成員已經獲釋，有些人是簽
署了未來不再從政同意書後才被釋放，結束所受的再教育；有些成
員仍在獄中受苦，翁山蘇姬自從選舉結束後，也好幾次被軟禁在家
中。雖然緬甸的經濟情況已經好轉──過去空空如也的商店現在堆
滿消費用品，緬甸也開始出口稻米，但是可以肯定的是，緬甸不是
亞洲小龍之一。

＊　　＊　　＊　　＊

　　一輛新加坡計程車把我們從仰光（Rangoon，今名為Yangon）搖
搖欲墜的機場迅速載往市區。在仰光街頭到處可見現代汽車及交通
阻塞的情況，顯示這個國家已經和過去大不相同。1970年代，當我
頭一次造訪緬甸這個孤立國家時，整個仰光看不到幾台現代汽車，
多數是英國殖民時期生鏽又破舊的老爺車；但今天在仰光，連計程
車都像剛從展示區開出的新車──雖然從車牌可以看出這些車之前
來自東京、曼谷或新加坡，但有個東西沒變，那就是方向盤都在錯
的那一邊。

　　這都要怪罪尼溫（Ne Win），很多緬甸的問題都是尼溫一手造成
的。

　　在二次世界大戰期間，當尼溫還叫秀貌（Shu Maung）的時候，
他是「三十同志」（Thirty Comrades）的成員。這個組織是由一群年

輕、有理想的民族主義成員所組成，由翁山蘇姬的父親所領導。柏格由翁山悄悄投向日本，希望尋求援助，好趕走英國殖民統治者。在日本介入戰爭的情況下，他們凱旋返回仰光，日本也宣布緬甸的殖民統治已經結束，邪惡的英軍已被擊潰，緬甸從此是個獨立的國家了。柏格由翁山和秀貌成為緬甸軍方的領導人——軍隊名稱從緬甸獨立軍（Burmese Independence Army, BIA）改成緬甸防衛軍（Burma Defence Army, BDA），再改成緬甸國家軍（Burma National Army, BNA）。不只緬甸軍方改名，連秀貌都把自己改名為尼溫，意思是「明亮如太陽」。

雖然柏格由翁山很快就回到日本，獲得日本政府頒授功勳之章（Order of the Rising Sun），但他也開始懷疑向日本靠攏是否為明智之舉。柏格由翁山推論，如果說英國人把緬甸人當作牛馬一般看待，那麼日本人就是「把我們當狗看」；比較起來，做牛做馬可能還好一點。

而且，這場戰爭並沒有事先料想中順利，英軍和他們的印度盟軍雖然被日軍趕出緬甸，但之後他們又回過頭來開始向仰光前進。他們發動了一場想像的「從敵人後方」進攻戰役，並且空降了一組一組的特種部隊（Chindits）游擊隊員。不是每個緬甸人都歡迎日本軍隊，在中央平原說緬甸語的緬族（Bamar）一開始就支持日本，但緬甸是個多元的國家；在緬甸還有其他種族，像是在西部信奉伊斯蘭教的若開族（Rakhaing），居住在今天緬甸和孟加拉的交界地帶，南方還有孟族（Mons），居在不同時期作為緬甸和泰國之間的緩衝區，也曾和緬甸爭奪蒲甘王國（kingdom of Bagan）。

在緬甸的東方和東北方沿山區往上，在泰、寮和中國交界處仍有許多山區部落，其中有很多部落與泰國和印度支那少數民族有

關，包括克倫族(Karen)在內。克倫族人大多是佛教徒，就像其他多數緬甸人一樣，不過其中有一小群很有影響力的基督徒。因為不相信緬甸人的忠誠度，英國人始終沒有把緬甸人納入英軍，不像印度的印度人就加入英軍作戰。不過英國人相信克倫族，這次也有很多前克倫族士兵和英國游擊隊合作。柏格由翁山、尼溫和他們的緬甸同袍很快就發現，他們是在為日本打一場代理戰爭。緬甸軍隊和其他不願接受日本統治團體間的手戰，使緬甸人彼此憎恨，日軍離去後，緬甸幾十年間都陷於癱瘓狀態。

隨著英軍和他們的印度盟軍越來越逼進仰光，柏格由翁山和緬甸國家軍隊很快就換邊站。

英軍總司令陸軍中將威廉・史林(William Slim)有次開玩笑說：「得了吧！翁山！因為你看到我們快贏了，所以才來投靠。」

柏格由翁山反駁說：「這不是比你們輸了，才來投靠你們好多了嗎？」

所以當原子彈投向廣島和長崎，二次大戰就快結束之際，柏格由翁山和他的伙伴再次掌權，領導獨立的緬甸。緬甸在1948年1月4日上午4點20分這個幸運時刻，正式宣告獨立。直到今天，緬甸人若不求問占星家或算命仙就不做決定；半夜可能是宣布獨立的良辰吉時，但對柏格由翁山來說還是太遲了。1947年7月柏格由翁山遭政治對手暗殺，身後留下三名子女，他的女兒翁山蘇姬當時才剛滿兩歲。

獨立後的緬甸不太像個統一國家，比較像是一個嗡嗡叫的大黃蜂窩，有時候政府公權力在仰光之外鞭長莫及。當然，緬甸還是會舉行選舉，但是民主進展不多。1958年，獨立10週年紀念後不久，緬甸的經濟跌到谷底，政治情勢陷入絕境，總理優努(U Nu)只好喊

「暫停」。尼溫當時仍是緬甸軍方的領導人,他成立了看管軍政府,設法重建緬甸的法律和秩序;要是不這麼做的話,緬甸不是陷於停擺,就是得施行宵禁,接連發生的暴動會對緬甸帶來嚴重的破壞。

1960年軍隊重回軍營,重新舉行大選。優努再次獲選為總理,緬甸也再次陷入混亂。1962年尼溫再度執政,這次是永久的,因為優努被關入監獄。尼溫宣布全國現在步上「緬甸社會主義之路」,或許他是想以謀略取勝緬甸共產黨。緬甸共產黨是主要的叛亂組織之一,受到中共毛派的大力支持,不過「緬甸社會主義之路」後來證明根本是每況愈下。

緬甸經濟自二次世界大戰期間遭到破壞以來,一直處於低迷狀態,從未真正復甦。控制緬甸零售業的中國和印度商人被趕出緬甸,大額鈔票也被「妖魔化」。他們的說法是,如果你富有到可以握有大筆現金,那麼為了國家好處著想,你根本不該這麼富有。緬甸根本不讓外國投資人進入,導致不久後只能到黑市才能買到想要的東西。

就像周遭車陣中的每部車子一樣,我們搭乘的機場計程車方向盤位置與行車方向根本不合。在1970年以前,緬甸的車子都是靠左行駛,像英國和鄰近緬甸親西方國家(印度和孟加拉)和親東方國家(泰國和寮國)一樣。不過之後規定突然改了,緬甸的車子得靠右行駛,這完全講不通;首先,緬甸這個國家根本就與世隔絕,緬甸人開車要靠哪邊走,一點都沒有關係;第二,如果緬甸政府開放與泰國邊界(這是最有可能的地方),兩國汽車的方向盤位置是相反的;第三,緬甸境內幾乎所有汽車都來自靠左行駛的國家,要不是英國人留下來的車,就是日本進口車。

所以，為什麼緬甸政府要做這項不合理的改變呢？這得追溯到尼溫對占星術和算命的迷信。當尼溫問他最信賴的占星師，該如何改善緬甸嚴峻的經濟情況時，這位占卜者對緬甸的經濟問題顯然比尼溫了解更多，所以他想盡辦法該如何婉轉、有禮地告訴尼溫，是他那些瘋狂的經濟政策拖垮了國家經濟，放寬他的左派路線才是解決之道。

因此占星師禮貌地建議：「往右走就對了。」

於是尼溫馬上下令，緬甸的司機改成靠右行駛。

*　　*　　*　　*

我在潘西(Pansea)旅館的游泳池畔，啜飲著一杯緬甸製曼德勒啤酒(Mandalay Beer)。很難相信這是個在邪惡軍事專制統治下，幾乎要破產的國家。這間時髦的法資旅館，搭建在殖民時期的柚木別墅上，裡面曾住過一家英國原木工廠的雇工，別墅是供他們到城裡出差時過夜用的。與早年我頭幾次到緬甸旅行時所待的地方相比，這裡真是豪華多了。

那時我還是一個抱持理想主義的年輕背包客，和妻子莫琳在這個地區四處遊走。1978年我們來到仰光，搭了一輛引擎逆火的老漢伯車(Humber)到YMCA投宿。

前往市區的半路上，我們遇到一個交通號誌。當然之前我們完全沒碰過交通阻塞，所以車速一直很快。一路上我們經過的街道都非常空曠，偶而會遇到幾輛老舊又過度擁擠的巴士，這些巴士是二次世界大戰期間的產物。車上載著幾十名緬甸人，有些乘客還不穩地攀在車子兩側。不管男人或女人，緬甸人多半穿著優雅、看起來

像紗龍(sarong)的筒裙(longyi)——至少這點沒有改變,緬甸人還不
時興穿牛仔褲。

當那些1970年代末期的交通號誌變成綠燈後,一陣刺耳的嘎吱
聲傳來,代表我們這輛「英國老爺車」(Britmobile)可能暫時跑不動
了。這就是為什麼這輛車在機場發動後會開那麼快,原來這台噪音
很大的破舊老爺車根本沒有離合器。司機原本打算一路不停地從機
場航站開到我們的目的地,但沒料到這個紅綠燈從中作梗,所以我
們只好下車幫司機推車,但這次車子卻怎麼樣也發不動。最後我們
只得放棄這輛拋錨的老爺車,換搭另一輛幾乎同樣老舊的奧斯汀
(Austin)。

YMCA跟我們搭的計程車一樣年久失修。當晚我們根本不能
睡,因為紗窗有很多破洞,蚊子不停地飛進房間,我們忙著捏死蚊
子都來不及了,一邊暗自祈禱行前施打的防治瘧疾藥有效。這次我
們有為期7天的簽證,跟幾年前只有24小時的簽證相比,是很大的
進步。所以6天之後我們再度回到仰光,但這次不住YMCA了,改
住比較舒適的海濱飯店(Strand Hotel)。這家飯店建於1901年,當時
是阿曼尼亞‧沙奇士(Armenian Sarkies)兄弟在亞洲蓋的三大飯店之
一。到了1970年晚期,這三家飯店都已太過老舊,急待重新翻修。
在仰光,所謂的「老舊」程度與新加坡的萊佛士飯店(Raffles)或檳
城(Penang)E&O飯店是很不同的。

1990年初,海濱飯店經歷過一次大幅整修,由荷蘭和印尼混血
的飯店行家艾德里安‧澤查(Adrian Zecha)贊助,他是阿曼集團
(Aman)超豪華連鎖渡假旅館的創辦人。但是海濱飯店在1970年代
仍然很破敗,飯店外頭停著一排老舊的奇維士(Chevies)骨董車,看
起來也很陳舊,但情況比它們英國的同型車要好多了。

　　如果偷偷塞給司機一把美鈔的話，其中一輛車就會一路載你到仰光東北方80公里處的白古（Pegu）。想要到比這更遠的地方的話，可能會惹上麻煩。在海濱飯店的接待處，陳設了一個玻璃做的失物招領箱，裡面擺著根本不會有人去認領的物品，像是老式仕女手套；一隻像是灰姑娘所穿的高跟鞋；還有一頂發霉的禮帽，應該是半個世紀前，一些英國官員不要的配件。

　　我們位於二樓的房間很幸運地沒有蚊子，但是水壓不夠。傍晚時，飯店大廳跟仰光其他地方一樣，逃不過大批老鼠的騷擾。我們一直圍坐著聊天，討論有關緬甸、旅行和其他重要的話題。跟我們在一起的有一個年輕的荷蘭人、一對墨西哥夫婦(20年過去了，我還沒遇過到墨西哥以外地區旅行的墨西哥人)，和其他形形色色的旅客。酒吧在晚上10點關門，開放時間供應的飲料，沒有比曼德勒啤酒以及另外一種稀奇的無色烈酒"tinle"更好的了。這種"tinle"可以與其他飲料混合，像是添加通寧水（tonic），如果緬甸找得到可樂的話，和可樂混著喝應該也不錯。

　　酒吧關門後不成問題，因為飯店前檯有一個冰箱，裡面放滿了一罐罐冰涼的曼德勒啤酒，供深夜聚會人士享用。有問題的是晚上10點過後，不光是酒吧關門而已，老鼠也出來狂歡。很快鼠群就會在飯店大廳上跑來跑去，從這張沙發跳到桌椅上，偶而還會抄捷徑，直接從你的大腿跳過去，害得我們荷蘭朋友不得不把腳抽到椅子上，嚇得驚聲怪叫。

　　25年後，海濱飯店已經不可同日而語。失物招領箱不見了，換成一家珠寶店，店裡接受美國運通卡、大來卡（Diners Club）以及威士卡（Visa），讓人輕易就刷下四位數以上（美金）的金額。酒吧現在全天開放，任何人只要想待在那裡，要待多久隨你高興。至於老鼠

呢，……在仰光街頭還是可以看到牠們的蹤影，但是在海濱飯店，
門都沒有！

*　　　*　　　*　　　*

　　海濱飯店門前現在也看不到奇維士骨董車了。過去在仰光市常
見的漢伯、喜臨門(Hillman)、奧斯汀和摩利士(Morris)等骨董車，
已被更現代、可靠的豐田(Toyota)、日產(Nissan)和馬自達(Mazda)
等日本車取代，這些車也可以開到白古。

　　如果想到「內陸」(up country)旅行的話，加油還是會有問題；
不過你若願意付出一定數額的美金(現在不必像以前那樣偷偷摸摸
了)，你仍然可以開車到緬甸境內任何地方，不過只限於受中央政
府控制，不包括叛亂團體佔領區。

　　我們的司機吳佐乃鳥(U Zaw Naing Oo)曾任職於韓國現代集團
(Hyundai jaebeol)營建部門，當時他們在緬甸進行一項主要的水壩
工程。就如同我遇到的每個緬甸人一樣，他很有禮貌(說一口流利
的英文)、能幹(知道所有的捷徑和最好吃的路邊麵攤)，而且很好
溝通。駛離仰光不久，我們在陶克陽聯邦戰地公墓(Taukkyan
Commonwealth War Cemetery)暫時停車，在這片維護極佳的公墓
裡，有成排的小墓碑，象徵著超過6000名英國和印度士兵，他們在
一場打得最久、而且或許是最不為人所知的陸戰中和日軍交火，把
日軍趕出緬甸，最後在此處安息。

　　聯軍從未在別的地方，和日軍交戰如此之久。聯軍在太平洋戰
爭時，大多是由美國空軍轟炸機，從30000英尺高空投擲數千公噸
的炸彈，空襲日本各大城市，一直到兩顆原子彈投在長崎和廣島

後，這場戰爭才迅速終結。其他陸戰多半為時短暫又很疾猛，特別是兩軍殘暴的交戰。美軍在索羅門群島（Solomon Islands）的瓜達卡納爾（Guadalcanal），花了6個月的時間才擺脫日軍，但對沖繩的痛苦攻擊只持續了82天。之後日軍在1942年3月攻下仰光，接管3年後，突然在1945年4月撤退。

　　更往北走，在瑞洞（Shwedaung）這個小鎮上豎著一個標語，上面用過時的英文寫著：瑞耶門塔（Shwemyetman Paya）距此道路約1弗隆（長度單位）之遠。歷經220碼的小徑之旅後，我們最後到了「金邊眼鏡塔」（Paya of the Golden Spectacles）。佛教中所有的聖諦與八正道教義，似乎都強烈建立在高人一等的佛像上。有許多佛像都被宣稱是最大、最長、最高或鍍金最多的佛像，但從來沒有人捲尺實地丈量一下這座有名的大坐佛。置於微笑佛陀鼻樑上的，是一副巨大的金邊眼鏡。塔內提供的導覽手冊指出，原本這座佛像是「沒有眼鏡的」，而且不太清楚佛像是什麼時候戴上第一副眼鏡。比較確定的是在1886年時，佛像的眼鏡被偷了，那時最後一任曼德勒的緬甸國王才剛被推翻，被英國人用船遣送到印度，會發生類似偷佛像眼鏡這種不敬的事件，也就不足為奇。

　　佛像現在戴的這副眼鏡是在殖民時期，一名駐守在普羅米（Prome）的英國軍官捐贈的，希望能醫好他妻子的眼疾，當然她的疾病後來痊癒了。這副看來又大又時髦的圓形眼鏡，每兩個星期會被拿下來沖洗和清潔，是項需要9名僧侶合作的浩大工程。另一副備用眼鏡則放在一個玻璃陳列櫃裡，以防原本那副眼鏡萬一掉落時可以替換。

　　再往北走時，我們在普羅米過夜。普羅米最近改名為卑謬（Pyay），過去幾次我到緬甸時，普羅米一直禁止外人入內；到了

險惡之旅
Tony Wheeler's Bad Lands

1983年，有謠言說，即使你的觀光簽證只有7天期限，只要在仰光租輛車子，就能前往某些禁地。因此，抵達仰光那晚，我就丟銅板決定是要隔天一大早搭火車去曼德勒，或是找個人好雇用他的車。我在市中心的觀光局外徘徊，想看看他們早上什麼時候開門，當我都還來不及問：「喂！可以把你的豐田貨卡車租給我嗎？」，就已經有位緬甸紳士主動趨前，我們講好租用他的車子一星期。

我們在翌日拂曉前出發，並由我原本的聯絡人充當嚮導，他會說英語，加上司機和他的助理，一行共4人。在我們乘坐的小型貨車後面放著一堆5加侖的油桶，因為離開我們的住處後，需要特別許可證才能買油。後座另一件重要裝備是一大塊防水帆布。當我們通過檢查哨時，我會躺在貨車後座，躲在帆布下方。到普羅米的第一天，我進城和出城都藏在帆布底下，但是一進入普羅米之後，就可隨意漫遊瑞山洞塔（Shwesandaw Paya），眺望遠方那些巨佛佛像，看著祂們正從山頂寶塔的高度，穿越樹叢凝視著我們。

這次待在普羅米雖然觀光客不多，但沒有發生問題。我們越過市區到古城泰依克得亞廢墟（Thayekhittaya），緬甸有許多這種被遺忘的地點，只有那些非常有名的遺址像是蒲甘（Bagan）或廟呀（Mrauk U），才會引起觀光客的興趣。我們在頹圮的廢墟中閒逛，走過零星散佈其間的村落，當我們走回遺址博物館旁的停車場時，夕陽正要西下。就在我們正要駛回主要幹道時，我看到一列由男人和男孩所組成的隊伍，正要走出村外；他們肩上都扛著一根長杆，尾端還懸掛著吊燈。

「他們在做什麼？要往哪裡去？」我們問司機。

司機答：「他們要去殺老鼠。稻田裡多半有很多老鼠，他們會在田裡把燈點亮，好吸引老鼠過來。當老鼠跑出來後，他們就會把

老鼠宰了，這樣通常會持續一個晚上。」

　　隔天早上，我們發現另一對來旅館屋頂吃早餐的西方人。理查・佛瑞斯特(Richard Forrest)是澳洲籍導遊，曾帶過許多冒險旅行團前往緬甸各地，直到緬甸有人抵制他，要他結束旅行社的緬甸業務為止。

　　理查說：「事實上，我現在做的事跟他們撤退以前做的完全一樣，想去的旅客單獨來找我而不透過旅行社，也許人數沒有那麼多，但卻總是同樣類型的人。有趣的是，我回到澳洲，要求旅客決定是否要取消緬甸行程，結果全是看旅客之前有沒有到過緬甸而定。先前曾造訪緬甸並在當地結交朋友的旅客，多半不會想要放棄；但如果從來沒到過緬甸的，很容易就會打消念頭。」

　　「我現在還在繼續帶團，是因為我認為緬甸總有一天會對外開放。現在緬甸有很多地方陸續開放了，我正在花時間察看那些新地點，才剛從撣邦(Shan states)旅行回來。」查理說。

　　我們繼續往北走。這裡的路很狹窄，但不像我熟悉的印度或第三世界國家那樣，有很多坑洞或過度擁擠。午餐時間我們停在一個小村落享用麵食，這裡也是卡車休息站。我晃進路邊一個有遮棚的市集，欣賞裡頭堆得老高的蔬菜和水果。如果說緬甸的經濟已經快要完蛋了，農夫看起來倒似乎混得不錯。這邊的菜市場如果與古巴的市場相比，古巴的情況要悲慘多了；若我們在北韓看到菜市場，恐怕還會覺得太陽從西邊出來吧！

　　　　　　　　＊　　＊　　＊　　＊

　　我們這趟北上的旅程經由茵萊湖(Inle Lake)到曼德勒，從那裡

再搭一艘改裝的老舊伊洛瓦底渡船(Irrawaddy ferryboat)下到蒲甘。

茵萊湖是個優美如畫的地方,並以湖泊上的「用腳划船人」(leg-rower)而著稱。他們站在平板船上,看起來類似英國牛津劍橋的撐船人(punter),不過是把一隻腳勾在船槳上,用腳划船。我頭一次到茵萊湖時,緬甸政府還不情願把這個地方開放給私人企業,強調觀光客必須住在距離湖區25公里外,由政府經營的東枝(Taunggyi)旅館,但我設法留在吳翁貌(U Ohn Maung)位於良瑞鎮(Nyaungshwe)的先進客房,就位在茵萊湖畔。

「我們還沒有取得營業執照,如果有政府官員經過此地,我們會把客人趕到院子的另一邊,再用曬衣繩把筒裙一件件掛起來,這樣他們就看不見了。」吳翁貌說。

25年過後,1990年吳翁貌在翁山蘇姬的全國民主聯盟旗下被選入議會,之後又匆匆被軍政府關進監獄。出獄後,吳翁貌不光是全力經營茵萊湖畔的旅館,還進行好幾項計畫,投注心力改善湖區周邊村民的生活。良瑞鎮現在到處可見旅館、餐廳、旅行社和網咖,這些計畫已經擴大到湖區之外,而吳翁貌位於湖畔的華麗茵萊公主渡假村(Inle Princess Resort),是其中價位最高的。晚餐室和酒吧還設有引人注目的上升天花板,這是依照景棟(Kengtung)一棟木造寺廟而建的。

我們穿梭茵萊湖面好幾趟,沿著蜿蜒的河流上溯到英丁(Indein)。在西岸有崩塌的老舊神龕,也順道去了跳貓廟(Nga Hpe Chaung, Jumping Cat Monastery)。顯然和尚也受不了太多靜坐冥想,偶而會把時間用來訓練寺裡的13隻家貓跳圓環。我注意到這些貓兒得到的獎賞是一把偉嘉貓糧(Whiskas),而且還是法國製的,這些貓真是講究。

南下的終點是一個名叫喬東(Kyauk Taung)的村落，全村幾乎都以製陶為生。村裡到處可見各種尺寸成排、堆疊的陶器，從花瓶到大型儲水壺都有。那些大水壺真的很漂亮，令整個村子也變得美不勝收。一想到將來有一天，四通八達的水路、水管和水龍頭可能會運到這裡，就不禁感到難過，因為人們將不再使用陶製水壺儲水，這裡也將會跟著改變。

茵萊湖周圍很多房子其實都建在湖面上，用高蹺做支柱。我們上次來茵萊湖時，曾看過他們計畫搭一座長橋，好把這些湄東(Maing Thauk)的「水上浮村」(floating village)連接起來。這座橋也可供小朋友走路去上學，老人家也不用等待船隻，就可直接到村裡的健康中心。這是吳翁貌的另一項計畫，當時我和莫琳也同意資助造橋用的建材。這次我們將走上這座300公尺長的橋樑，而這座橋已經迎接了第一個新生兒，因為一名孕婦來不及趕到健康中心，就在橋上生產。

吳翁貌帶我們去看他的另一項計畫：一個村裡的孤兒院；越過這個地點他還想蓋一家真正的醫院。這個村裡有一間森林修道院，還模糊地留著英國城堡(Steadman)和一處老式英國公墓遺跡。

我們繼續往北到曼德勒，一路上的交通狀況都很差。雖然路況變好了，但交通狀況這幾年是每況愈下。在我上次來訪後不久，小鬍子兄弟兩重逢了，現在我忙著和他們聯繫；這兩兄弟和堂兄是民俗丑角藝人(a-nyeint pwe)，常表演融合了舞蹈、音樂、笑話和鬧劇的緬甸民俗戲劇。1996年時，這三兄弟因為講笑話而惹上了麻煩。緬甸軍方統治者一點也開不起玩笑，這三兄弟在表演時嘲弄軍方將領後，結果哥哥和堂哥，吳帕帕雷(U Par Par Lay)和吳路昭(U Lu Zaw)被抓去勞改7年；弟弟吳路貌(U Lu Maw)繼續養家，和他的妻

子一起表演給外國觀光客看。

吳路貌委屈地說：「我們不能再表演了，所以我們只做『示範』。」他笑了，用手勢強調「示範」這兩個字。

吳路貌指向第39街說：「那裡曾是曼德勒的百老匯。」它看起來可能比不上百老匯，但是對觀光客來說，它肯定是曼德勒的一大吸引力。

隔天，我們坐上RV Pandaw宏偉的八節巡航艦，這是一艘柚木和銅製的英國傳奇，順勢前進到伊洛瓦底江（Ayeyarwady River）。1920年伊洛瓦底江艦隊公司（Irrawaddy Flotilla Company, IFC）的蘇格蘭藉「神奇小艦隊」（fabulous flotilla），是當時全世界最大的私人艦隊。1942年隨著日軍湧入緬甸，公司所屬的65艘艦艇都被破壞。1990年代末期，另一名蘇格蘭人保羅‧史卓臣（Paul Strachan）恢復了伊洛瓦底江艦隊公司的招牌，並接管了RV Pandaw巡航艦。

這艘46公尺長的船艦是1947年在格拉斯哥（Glasgow）仿照戰前艦隊所設計的，船隻的蒸汽機引擎與船尾槳輪設計都一模一樣。這艘船真的從蘇格蘭航行到緬甸，她的兩側為適應航程用木板封閉起來，使她看來更經得起風浪。要在只有一公尺出水道的開放海域航行這樣一艘船，需要特別高超的技巧。將近半世紀以來，這艘船艦航行於緬甸水域，定期運載各種乘客和貨物。

該公司的老式暹羅級蒸汽船（Siam Class steamers）可以乘載4200名甲板乘客，以及40名特艙乘客。這種蒸汽船100公尺長，直到最近，現代政府船隻的下游航行速度才首度超過她們上游的航速！駕駛這些動力河船的船長因而具有重要的地位。這可以從下列事件看出來：曼德勒有一家商店曾掛招牌宣稱，他們是「緬甸國王、緬甸女王和蒸汽船船長的絲綢布商」。

　　伊洛瓦底江艦隊公司的新老闆把老舊Pandaw巡航艦拆了，重建成現代的豪華遊輪，16個船艙都有獨立的浴室與空調，不過略有一絲復古的感覺，現代的柴油動力螺旋推進器也取代了古老的蒸汽引擎和船尾槳輪。當你懶洋洋地躺在房間外面的藤製扶手椅上，或到酒吧點一杯琴湯尼時，會讓人忍不住哼起那首古老的吉卜林歌謠（Kipling ditty）：

> 當你回到曼德勒
> 那些老艦艇的停靠處
> 會聽到船隻的槳聲
> 從仰光到曼德勒

　　當這艘宏偉的大船駛過古都實皆（Sagaing），從曼德勒南方的阿瓦橋（Ava Bridge）底下經過時，我們正在享用午餐。那天傍晚夕陽西沈時，我們在上層甲板上伴著夕陽小酌一番，晚餐過後則停泊在敏木（Myinmu）鎮附近過夜。

　　隔天清晨，我們的巡航艦天還沒亮就出航了，早餐時就到了楊達波村（Yandabo）。當初就是在此處河岸的一棵樹下，簽署了楊達波條約，才停止第一次英緬戰爭（1824-1826），結果緬甸政府把若開（Arakan），阿薩姆（Assam），曼尼普耳（Manipur），丹那沙林（Tenasserim）割讓給英國，並且允許英國居民在阿瓦經商。楊達波村與外界沒有公路網連繫，只能靠河流對外交通。村裡幾乎每個人都從事製陶業，在乾季時可看到工廠外排列著幾千個不同階段的陶器，這些陶器從河流上游和下游出貨，有些甚至出口到國外。伊洛瓦底江艦隊公司也贊助楊達波村的學校重建和教育工作。

　　在兩岸間以及上下游之前有船隻穩定航行，有時候船隻靠近時，船上的頭槳手會用紅白相間的長杆子來測量河流深度。在我們的巡航艦上也總有一名引水人，雖然沿河的淺灘和沙洲不斷移位，但他們每人都有自己負責的一段河道距離，不時就可看見河船停靠在河邊的一些小村莊，放下一名引水人並讓另一名引水人上船。

　　那天下午稍晚，我們的巡航艦停靠在木各具(Pakokku)，這是一個繁忙的外省小鎮，在蒲甘北部25公里處。一隊包租的三輪車把我們載去參觀鎮裡五顏六色的小市場、織地毯工廠和一處方頭雪茄製造商。一路上有一群神情開心，騎著腳踏車的女人跟著我們，不停向我們兜售她們的地毯和其他手工藝品。

　　我設法在梅亞塔納旅社(Mya Yatanar Inn)下車，過去多年來，這裡一直是背包客搭乘當地渡船抵達蒲甘後，最喜愛的過夜地點。「這裡是老人經營的老地方。」老闆烏提桑(U Tint San)和豆瑪瑪(Daw Mya Mya)解釋道。雖然這家旅社的設備簡陋，但似乎並不影響各地旅客對她的評價，他們留下的讚美填滿了好幾本筆記本。

＊　　＊　　＊　　＊

　　那天晚上我們的巡航艦只往木各具南方走了幾公里，隔天早上我們用完早餐後才到蒲甘。在我第一次與第二次造訪期間，蒲甘在1975年7月發生了毀滅性的大地震，之後的5到10年間才陸續展開許多重建工作。不過一直到了1990年中期，新一波翻修及改建的狂熱才真正開始，其中很多工程讓那些早就參與當地重建工程的考古學家很不爽。兩相對照之下，這波新世紀的重建工作屬於「百無禁忌」的那種，每座佛塔尖頂都得貼上金箔葉，如同電影侏羅紀公園

裡的恐龍，可以從單細胞再複製一般，這些高聳的佛塔也是萬丈高樓平地起，從一、兩塊磚頭地基開始重新建造。

我們乘著高空熱氣球飄過這片巨大工地的上空。「熱氣球遊蒲甘」（Ballons over Bagan）是欽歐瑪・溫（Khin Omar Win）和她澳洲籍丈夫合開的公司。欽歐瑪跟翁山蘇姬一樣，是因一位病重的女性家長而回到緬甸。翁山蘇姬是在母親過世後決定留在緬甸，欽歐瑪則是在祖母過世後選擇留在緬甸。

欽歐瑪於1975年約5歲時離開緬甸，差不多就在我首度造訪緬甸之後，當時她父親還是個醫學院的學生。緬甸籍的聯合國秘書長烏譚（U Thant）於1974年過世。尼溫很不情願地同意讓烏譚的遺體運回緬甸安葬，隨後引發一連串的悲劇。要是換成在別的國家，這種事幾乎都以喜劇收場；但不知何故，尼溫決定讓這位備受尊崇的老政治家悄然下葬。此舉激怒了緬甸學生和僧侶聯盟，他們截走了烏譚的棺木，自行舉辦喪禮，並且把他埋在具有高度政治意涵的大學學生會（Students' Union）裡面。

1962年當尼溫以暴力接管政權時，曾把這棟學生會建築炸掉，當時在建築內的學生一併罹難。緬甸軍方為了烏譚事件又再次進入大學校園，把烏譚的棺木搶回來，再重新安葬遺體，可憐的烏譚死後竟比生前發揮更大的政治影響力。隨後發生的暴動中，據說有16人（官方數據）到幾百人（或許比較接近事實）因而喪生，欽歐瑪一家人就是在這時出發前往英國。

欽歐瑪到了新家之後，仍和緬甸保持聯繫，也曾返國幾次拜訪親友。當欽歐瑪18歲時，她回到緬甸探望病重的祖母，在緬甸待了6個月後才回去英格蘭。欽歐瑪在英格蘭唸大學，同時開始參與緬甸活躍分子的相關活動。唸完大學後欽歐瑪再度回到緬甸，這次她

決定留下來,還遇見了一個為Premier石油公司工作的澳洲人布雷特‧梅爾勒(Brett Melzer),兩人不久後結婚。

我問她:「喔,所以你嫁給了帝國主義的邪惡勢力?」

她回答:「是的。」當然,這是唯一可能的答案。

之後兩人共同展開他們的熱氣球事業,實際上她的立場從過去的「抵制緬甸的活躍分子」,變成自行創業的旅遊業活動。

「我當然可以離開,住在西方國家,找一份輕鬆的工作。但是我決定留在這裡,從緬甸內部去改善緬甸。」欽歐瑪說。

一開始她花了一些時間籌備公司,而且不時得面對一些質疑,像是「女人應不應該飛過比最高寶塔更高的地方?」欽歐瑪這樣回答:「女人搭乘飛機來到蒲甘機場時,就已經飛過那些寶塔了。」當熱氣球的駕駛是女性時,這種有關佛教禮儀的問題變得特別重要。

又有人問:「那鞋子呢?當你飛過那些寶塔需要脫鞋嗎?」欽歐瑪回答說:「有一名重要的高僧搭乘熱氣球試飛,我們很仔細地觀察他的雙腳,他腳上一直穿著拖鞋。」

當我們的熱氣球飄過蒲甘古城上空,看到許多金光閃閃的佛塔尖頂,這是那一波重建工程的明證。沒有其他佛塔像達瑪斯伽塔(Dhammayazika Paya)那樣享有如此奢侈的待遇。這座所費不貲的重建物跟原本的建築一點關係也沒有。

之後導覽該景點的導遊吳吞奈瑞(U Tun Naing Shwe)表示:「這一點也不奇怪,因為達瑪斯伽塔是欽紐(Khin Nyunt)在擔任總理時推動的工程。」

吳吞奈瑞笑著說:「現在緬甸軍方最高將領丹瑞(Than Shwe),已經把他踢下台了,達瑪斯伽塔不可能再受到以前那樣的

重視。」他說：「他們藉著重建或翻修寶塔來贏得美名，因爲他們之前造了太多業，得多積點功德才行。」這就是爲什麼蒲甘的寶塔都被裝飾得這樣俗麗。

他緊接著又說：「這眞是浪費民脂民膏。考古學家對他們的行爲很憤慨，這麼多寶塔和寺廟都從地基開始重建，但他們根本不清楚原本的建築物是什麼樣子；不然就是蓋得像這座寶塔，鍍了一大堆金子，卻跟原來的建築一點關係也沒有。」

的確，這座佛塔所費不貲，一點也不讓人驚訝。當欽紐總理決定直接把金箔鋪在大理石板上時，當地高僧也只得跟著把錢捐出來共襄盛舉。

吳吞奈瑞抱怨：「報紙上只看得到軍人和寶塔的消息。」

一點也沒錯，《緬甸新光明報》每期都花半個頭版，報導有關某位將領爲某座寶塔(或醫院、學校、科技機構、碾米機)揭幕的消息；照片中常見軍方將領視察列隊的僧侶(或護士、小學生、工程師或農夫)。如果下級將軍被放在第一頁，那麼上級的將軍就被放到第二頁，直到所有將領和他們相關的消息都報導完了以後，你已經看完半份報紙。報導內容多半包括幾個簡單重點，如人民的熱忱、緬甸軍隊多仁慈，以及他們最重要的工作：打擊國家敵人，也就是打擊不認同軍方領導及多年來認爲他們治國無方的人。

比起捐錢和花費時間翻修一座古老的寺廟，還有更多事情更急迫。我們搭乘熱氣球時，看到許多重建工程在進行，不過乘客當中有三名德國整形醫師，和他們的國際整容(Interplast)團隊隊長。這個義診團每年都會來緬甸開辦外科手術研習營，其中很多人專做唇顎裂手術，這在西方是一種幼兒早期可治癒的疾病，但在第三世界國家卻是個嚴重的問題。

吳昂紐(U Aung Nyunt)是蒲甘餐廳老闆，他在義診團來訪時負責接待這些醫師。「這些患有唇顎裂的小孩通常被鎖起來或藏起來，與世隔絕。一旦接受手術治療後，他們可以走出來，加入其他孩童，變成這個世界的一部分，他們的人生因此會徹底改觀。」他說。

義診團另一項常見的手術是治療年輕燒燙傷患者。緬甸就如許多第三世界國家一樣，很多小孩在廚房不幸被爐火燒傷。扭曲的傷口不僅讓他們生活備加困難，也讓他們與世隔絕，但義診團能夠改變這一切。

吳吞奈瑞問道：「所以他們為什麼不捐錢給這樣的機構？」他自己給了答案：「因為一座佛塔鍍金的政績，比治好一位兔唇小孩更容易被大家看見。」

* * * *

我們這次造訪蒲甘碰上許多有趣的巧合。吳老毛(U Hlau Maung)司機兼導遊，帶著我們逛遍廢墟，令我們印象深刻。當他得知我們對那些主要景點早已知之甚詳後，更以專家的身分，帶我們到一些罕為人知的寺廟，而且總是知道要去找誰拿鑰匙開門。

下午行程快結束時，我問他：「你是怎麼走上這一行的？」

「我小時候家裡很窮，所以他們送我到一間寺廟去，因為在那裡我可以就學，也有飯可吃；但是我討厭住在廟裡，逮到機會後就跑走了，找了份汽車司機的工作，開始載遊客參觀廢墟，並且跟他們練習說英文。」

「以色列觀光客總是問我許多問題，他們對於我的英文學習有

很大的幫助，因為他們，讓我不得不加強我的英文。奇怪的是，當我回答旅客問題時，我也開始對佛教相關的問題感興趣，這是過去我當和尚時根本不關心的，所以我開始回去寺廟學習更多的事情。」

他接著說：「然後有一本旅遊指南推薦我的名字。」一邊伸手到迷你巴士的手套盒裡，取出一本破舊的書，這本書竟然是我寫的緬甸旅遊指南！我們雙方都感到很不可思議，我是因為看到他的名字出現在書上，他則是發現我竟是該書的作者。

「我的名字出現在書上以後，人們開始來找我當他們的導遊，最後我到仰光去學習如何成為一名正式的導遊。」

今天他的小汽車已經搖身一變，成為一輛有空調設備的迷你巴士，但他仍然善盡本分並樂於傳授他的智慧。當看到其他人也年輕有為時，他也同樣感到欣喜。隔天早上他在我們旅館外說，他力爭上游的故事大家都知道，也成為其他年輕小汽車司機學習的榜樣。現在他們也學他加強英文，希望有一天能成為導遊。像吳老毛這樣的人無論如何都會成功，我們的書只是助他一臂之力；他體會到我們伸出的援手並心存感激。那天他又把我們介紹給一位做得不錯的小汽車司機吳貌貌(U Maung Maung)，他也是與年輕旅者接觸後，才得以接受教育，後來也小有成就。今天他擁有4家漆器工坊，雇用了70名員工，產品還外銷到歐洲和北美洲。

＊　　＊　　＊　　＊

自從二次世界大戰以來，緬甸所經歷的種種混亂令人咋舌。專制軍政府壓迫冷靜又很能忍耐的人民，邊界區又紛爭不斷，若以這

種方法描述當前的局勢,就未免太簡化緬甸這個國家。因此,接下
來我拿另一個令人頭痛的現代混亂國家來與緬甸做比較。

1990年晚期,我到黎巴嫩做了一次短程旅行。這是一個才剛從
內戰17年中解脫的國家。在抵達貝魯特(Beirut)之前,我還以為已
經找到幾句話可大略形容這個國家到底發生什麼事:以色列人拿下
約旦河西岸,大批巴勒斯坦人從約旦湧入黎巴嫩,使得原本基督徒
和伊斯蘭教徒之間的微妙平衡瓦解,結果便是永無止盡的內戰,直
到大家打得筋疲力竭為止。

一個星期過去了,我才發現我對黎巴嫩所知極其有限,之前的
簡單認知全部徹底瓦解。事實上黎巴嫩的問題絕對不只是基督徒和
伊斯蘭教徒而已,還有幾十個基督教和伊斯蘭教民兵組織和基督教
黎巴嫩軍(Christian Lebanese Army);接著是巴勒斯坦解放組織
(Palestine Liberation Organization)和其他各式各樣的伊斯蘭教組
織,包括哈瑪斯(Hamas)和伊朗支持的真主黨(Hezbollah),以及敘
利亞軍隊和以色列人,還有代理的黎巴嫩部隊,有段時期甚至還有
美國海軍陸戰隊。

所以,這絕對不只是一方對抗另一方的問題而已。

艾德加‧歐巴隆斯(Edgar O'Ballance)在他有趣的《黎巴嫩內戰
1975-92》(*Civil War in Lebanon, 1975-92*)一書中,逐年詳實記錄了
這段戰事:「在不同時期……幾十個武裝團體彼此交戰……」,在
痛打伊斯蘭教徒的同時,基督教民兵組織彼此之間也任意互相攻
擊,每個伊斯蘭教團體又和其他伊斯蘭教團體爭執,沒有人和以色
列人處得來。

有一度一項脆弱的停火協議也瓦解了,因為「黎巴嫩勢力」
(Lebanese Forces)這個游擊隊和黎巴嫩政府軍的小隊爆發衝突。雙

方交火的原因是「一場發生在滑雪升降坡的插隊事件所引發的混亂扭打」，兩個團體的軍人滑雪者都「向所屬部隊請求武力協助」，很快地，火箭推進的榴彈槍就再次環繞著轟炸線（Green Line）部署。中美洲國家或許有足球戰爭，但是有人聽過滑雪上坡吊車槍戰嗎？

　　拿走滑雪升降椅，再把時間表從17年延長到50年，緬甸的故事有著同樣眾多的曲折變化，早在英國交還主權之前，這個國家就已經分崩離析了。在國家徹底崩潰之前，新政府早就立即接管（從大英國協撤離總是他們的第一個動作），有段時間新政府被命名為「6英里仰光政府」（Six-Mile Rangoon government），因為政府的主權只及於首都以外6英里的範圍。

　　有兩場而不是一場共產黨叛亂發生。緬甸共產黨（Communist Party of Burma）的紅旗派和白旗派，還有人民義務組織（PVO，People's Volunteer Organisation）和翁山的私人軍隊；這支軍隊在翁山死後決定自己向前衝，不再支持中央政府；再加上其他地方性的少數民族團體，從佛教的孟族（Mons）到伊斯蘭教的羅興亞族（Rohingya）；有一陣子克倫人（Karen, or Kayin），這個人數最多的非緬甸種族，支持中央政府，但情況旋即惡化。當克倫人成功橫掃緬甸共產黨的控制區域後，即使緬甸人長久以來一直試圖弭平共產黨叛變，克倫人卻激起緬甸人的不滿。

　　似乎這麼多緬甸團體和萬花筒般的少數族群還不夠看，中國國民黨（Chinese Kuomintang）被毛澤東的共產黨員一步步逼出中國大陸，也在1949年底出現在緬甸。殘餘的國民黨在北部撣邦和克欽（Kachin）設立據點。這些國民黨員接受美國中央情報局（CIA）援助，配備大量武器，很快就證明他們比10年前的日軍更難纏。不

過，緬甸部隊抵達以後就把他們趕走了，因為相較之下這些國民黨
員更不受歡迎。

不久撣邦又發生了一場叛亂，這場混亂從二次大戰結束，一直
到今天都呈現來回拉鋸的態勢。殘酷的戰役像是1970年代的「四斷
計畫」（Four Cuts），這項計畫是師法英國在1950年代馬來西亞緊急
狀態期間採取的「新農村策略」（New Villages），以及美國在越南
施行的「集中營政策」（Strategic Hamlets policy），把更多的鄉村地
區納入中央管理。不過這只是暫時性的，無可奈何地，總是有其他
因素介入使情勢整個逆轉。

值得注意的是，緬甸步向社會主義之路把整個國家推向破產邊
緣，還資助邊界地帶得以對抗中央政府。尼溫規劃不當的經濟政策
曾兩度走火，當緬甸經濟跌到谷底，印度和中國貿易商被趕出緬
甸，結果從米、肥皂、藥品一直到車子零件都從貨架上消失，黑市
很快就控制了所有的貨品交易市場。他們用來源固定的走私紅寶
石、柚木和鴉片付帳，這些走私貨品多半經由叛軍控制的邊界地帶
運出緬甸，並在沿途支付運費和稅賦。但是當黑市貨品又流回緬甸
時，叛軍會再要求更多的關稅和運費，這筆新收入讓邊界地帶的叛
軍有錢購買武器和中央政府抗衡。

在1988年爆發民主示威以前，緬甸人民已經忍受25年尼溫不切
實際的社會主義路線，真的是受夠了。社會主義對緬甸人來說，等
同於政府貪污和經濟低能。「民主」可能是示威人士的一句戰鬥口
號，但是對緬甸人民而言，是因軍政府無能處理經濟問題，才迫使
他們走上街頭。緬甸的示威抗議已被軍政府用傳統暴行和殘酷手法
加以鎮壓，隨後舉行的大選結果也不了了之，不過經濟方面緬甸倒
是有些進展。

一名旅館主人說：「現在的日子還是苦，但是在社會主義時期日子更難過。」

我的司機兼導遊吳巴莫(U Ba Maw)同意這種說法。不過他也警告我：「不要以爲尼溫接管以前緬甸的情況有多好。在1962年之前，緬甸處於一片混亂，這就是爲什麼尼溫得以接掌政權。」

我很清楚這點。尼溫於1962年執掌政權以前，西方的緬甸活躍團體爲甫獨立的緬甸塑造出活力、有秩序的民主國家形象。

緬甸的社會主義已經完全被丟到垃圾桶，比後毛澤東時期的中國來得更徹底。但如果只是摒棄無節制的經濟管理不當，並不能解決所有的問題。無視1990年的選舉結果，繼續強迫人民從事勞役，以及不善待各個邊界地區和境內眾多少數民族，使緬甸成爲一個被遺棄的國家。聯合國已指控緬甸的軍事獨裁統治，因有計畫地侵犯人權，構成「違反人道主義的罪行」。西方人權團體則鼓吹拒絕前往緬甸投資和觀光，試圖藉此向緬甸軍政府施壓。

任何前往緬甸投資的西方企業經常會發現，有示威人士出現在年度股東大會(AGMs)或是用「要求解釋」的電子郵件塞爆他們的公司信箱。因此，緬甸的投資案日益稀少，在排隊等候國際援助的名單上，緬甸也被擠到很後面。有一陣子似乎有了點起色，但大部分時間緬甸的經濟都很低迷；1990年代末期的亞洲金融風暴(Asian meltdown)顯然也沒有多大助益。

光是吳巴莫敢如此公開直言緬甸過去與現在的缺失，就已經顯示過去我從緬甸活躍團體那裡聽說人民害怕談論政治的事情，並非全然屬實。我發現只要一點小小的敦促，緬甸人就會談論他們對政府的看法，以及他們有多痛恨政府。有時候我根本不需開口，像吳敏瑞(U Myint Swe)這樣的人，根本等不到小貨車車門關上，就開

始大肆抨擊政府，像是政府經營的旅館有多爛、職員有多無聊、多冷漠，以及他如何避免帶旅客到任何政府經營的機構等等。

「這一點也不讓人驚訝，」吳敏瑞說，「這些公家機關職員領的薪水實在太微薄了。即使這樣，政府還欺蒙他們；比方說，假如一位觀光客用美金付帳，服務費收10%，政府用很差的官方匯率把這筆錢換成緬甸幣(kyat)後，才把錢轉給職員。」

對於寄望未來是否改變，他也同樣感到悲觀。

「那些政府官員是罪犯，他們犯的罪罄竹難書，因此他們擔心萬一有一天新政府上台，他們將會受到審判，為過去的罪行付出代價。」

我從很多人口中聽到類似的分析。有一位與我同住一家旅館的旅客說：「那些軍方將領看到印尼蘇哈托(Soeharto)總統和他家人的下場感到很害怕。當米洛塞維奇(Milosevic)被逮捕和送去受審時，真是把他們嚇壞了，因為如果連他都得接受審判，那緬甸軍方將領為什麼不該受審？」

*　　*　　*　　*

同時流通兩種貨幣總是會讓人搞不清楚，但很多惡名昭彰的國家都喜歡這麼做。當然，很多國家的人民，不管是好國還是壞國，都會覺得手中握有第二種貨幣還滿方便的。當你自己的貨幣失效時，把手上的現金換成其他更穩定的貨幣，不失為一個好主意。許多國家的人民傾向保留持有最低數額的現鈔，也不會把錢存到銀行。他們盡可能地把所有的錢都換成美鈔藏在床底下，不管他們的政府是如何形容美國這個大撒旦，因為美國或許是邪惡的化身，但

是美元卻很好用。

對許多土耳其人來說，德國馬克（Deutschmark）一向有這樣的功能。土耳其人在德意志祖國工作了一段時間後，都會把賺到的馬克帶回家。當歐元首次引進時，很多人懷疑當德國馬克消失後，土耳其人會把藏在床底下的馬克換成美元或歐元。在其他地方，黃金則是保值的貨幣。印度婦女熱愛黃金做成的首飾，絕大部分是因為與印度貨幣盧比（rupee）相比，這是把現金留在身邊最可靠的媒介。多年來，杜拜的走私中心位置讓它日進斗金，從這裡出發的獨桅三角帆船把大批金條運往次大陸。

即使擁有穩定可靠的強勢貨幣國家，通常也會接受第二種貨幣。在世界各國當中，今日大家最熟知的匯率就是美元。有段時間緬甸把同時使用兩種貨幣的做法更推進一步，同時有三種貨幣流通。只要抵達緬甸一出海關，在前往提領行李途中，你會被擋在一個銀行櫃檯前，要求繳交美金200元以兌換同樣面額的外匯券（Foreign Exchange Certificates, FECs），這是一種看似獨佔的貨幣（或許他們使用同款式印刷機）。那些鼓吹抵制緬甸觀光業的人宣稱，這種強迫性交易只是愚弄觀光客的第一步，以便讓那個惡劣的政府維持下去，付200美元只是讓你進入這個國家。的確，這張愚蠢的外匯券只是拿到緬甸幣kyat（唸成chat）前的中繼站，很快你就可以用兌換美金相同的匯率，把你的外匯券換成緬甸幣。

那麼，為什麼要多這麼一道沒有意義的手續呢？這可把我難倒了，就像其他有關緬甸種種稀奇古怪的事一樣，沒用的外匯券是一個謎，最後還是被我扔了。

　　　　*　　　*　　　*　　　*

「他們不必為仰光改名。」我在勃生(Pathein，舊名為Bassein)遇到一位正在學習冶金術的學生吳丁貌烏(U Tin Maung Oo)。他說："Rangoon"就很好了，沒有必要改成"Yangon"，都是那些工程系學生搞的。」

在世上大多數地方，工程系學生以堅決反對政治著稱，當其他科系同學正在架設路障時，工程師可能會被發現正在建造酒吧。不過在仰光可不是這樣，仰光的工程師以特別暴躁聞名，總是準備在每場示威中衝鋒陷陣，他們的學院仰光理工學院(Rangoon Institute Of Technology)則有一個不幸的縮寫RIOT(意即暴動)。

緬甸軍政府主掌改名事務的將領下令說：「把仰光的名字改掉，我不在乎你們怎麼改，但我不想再聽到任何來自RIOT學校學生暴動的消息。」

把"Rangoon"改成"Yangon"，"RIOT"就變成了"YIOT"，這可能會讓那些將領感到高興，但是走遍整個緬甸(現在她的官方名稱是"Myanmar")，我一直對改名這件事感到很困惑。曼德勒幸好還是維持舊名，但其他每個地方的地名幾乎都改了，連國家的名字也換新了。有趣的是，改名這個做法是緬甸軍政府少數獲得一般民眾支持的政策。

吳丁貌烏接著說：「稱呼緬甸為"Burma"就好像把英國稱為英格蘭一樣。沒錯，英格蘭佔了英國很大一部分，就好像"Burma"也是"Myanmar"很大的一部分一樣。可是，來自蘇格蘭或威爾斯的人，沒有人想被稱為英格蘭人。我們可能會叫來自"Myanmar"的人為緬甸人"Burmese"，但是真正的緬甸人指的是來自中央平原那些說"Burmese"的人，我們稱他們為"Bamar"。"Myanmar"這個國家包括了許多不是"Bamar"的人，像是撣人(Shan)、克倫人(Karen)、孟

人（Mon）或是若開人（Rakhaing）。」

"Myanmar"這個名字在緬甸境內已經被接受，但是在緬甸之外卻是另一回事。我不指望緬甸行動團體（Burma Action Group）會改稱爲"Myanmar Action Group"；而且從他們的觀點，使用"Myanmar"這個字好像貼上了支持緬甸軍政府的標誌。

我對"Myanmar"這個字沒什麼意見，但我很高興曼德勒還是維持它的舊稱"Mandalay"，不過其他更改過的地名好像就失去了一種特別的味道。對我來說，"Prome"聽起來比"Pyay"好聽，"Pegu"聽起來比"Bago"好聽，"Pagan"聽起來比"Bagan"好聽。1970年代我到緬甸旅行時，曾上到眉謬"Maymyo"（實際上是"May-town"，爲紀念英國上校May），待在時間彷彿暫停的英國統治時期遺跡康達克雷格（Candacraig），那是那趟旅行的重點。現在這個城市改名爲彬烏倫（Pyin U Lwin），雖然只是恢復殖民時期之前的名字而已，但聽起來就是沒有那個味道。要是把雄偉的伊洛瓦底江（Irrawaddy River）改成"Ayeyarwady"，嗯……

*　　*　　*　　*

那是我們在緬甸的最後一晚，我們坐在湖畔小屋旁的草坪上（往下可通往茵萊湖），一起啜飲著冰啤酒和琴湯尼。我們的主人爲一家瑞士工程公司工作，他們接待過的流浪者（sundowner）包括比爾·凱茲（Bill Keats）在內，他是一名英國建築師。身爲緬甸境內唯一一位西方建築師，爲他帶來不少生意；旅館、大使館和辦公室都是他的代表作，但只有房子，特別是爲將軍和毒梟所蓋的房子，才是他眞正擅長的項目。

「他們喜歡仿英國殖民時期樣式的房間，不在乎會不會受到英國媒體的嚴厲批評，我也不介意拿他們的錢，我就是所謂緬甸國家法律暨秩序重建委員會(SLORC)御用的建築師。」他說。

我們的主人凝視著湖面上的夕陽說道：「這是個絕佳地點，在仰光叫得出名號的人，都住在這附近。」他指著一間俄羅斯出資、以色列建造的大飯店說：「那是茵萊湖飯店(Inya Lake Hotel)。」這間飯店剛完工時被看作是東南亞的笑話，但最近經過數次翻修後，已臻至極高的水準。

「再下去那裡是坤沙(Khun Sa)。」他繼續說道，那是撣邦毒王的住處。雖然美國中央情報局願意付100萬美元的酬金，懸賞這名毒王的項上人頭，但他已經用販賣海洛英所得的大筆財富，買下這個和平的退休養老地。

他指向一處與世隔絕的別墅接著說：「那裡是尼溫的別墅。」尼溫是已故的緬甸軍事獨裁者、失敗的經濟學家、占星迷和徹底的大壞蛋。

最後他指向湖的南端，眼光往下朝大學之道54號望去，「那裡是翁山蘇姬的家。」也是這位諾貝爾和平獎得主被軟禁的地方。

Tony
Wheeler's
Bad Lands

古巴

佛羅里達礁島群(美)
Florida Keys (US)
STRAITS OF FLORIDA
佛羅里達海峽

BAHAMAS
巴哈馬

GRAT BAHAMA BANK
大巴哈馬淺灘

哈瓦那
HAVANA
瓦拉德羅
Varadero
聖塔克拉拉
Santa Clara
Trinidad
干里達

卡達拉瓦卡
Guardalavaca

巴拉科阿
Baracoa

Playa Maria
la Gorda
帕亞馬利亞拉戈達

Camaguey
卡馬威

Hloguin
奧爾金

關塔那摩灣
Guantanamo

CARIBBEAN SEA
加勒比海

Santiago 聖地牙哥古巴
de Cuba

JAMAICA
牙買加

　　爲什麼美國人要對卡斯楚(Fidel Castro)這位可憐的老人和古巴人這麼壞？

　　看看卡斯楚爲古巴做了什麼：趕走了一個惡名昭彰的獨裁者(沒有人對他的前任巴蒂斯塔Batista有好評)；建立了一個安定的政府(古巴沒有持續發生革命，這種情況使得拉丁美洲陷入絕境)；努力投注資金到教育和醫療(古巴的嬰兒夭折率和文盲比例不僅在拉丁美洲居首，而且他們還離美國這麼近)；而且他也沒有中飽私囊，因爲他並不富有。如果卡斯楚曾被開除過，現在他不會像個好好先生一樣，退隱到一間可以遠眺太陽海岸(Costa del Sol)的別墅。所以到底是何種原因，讓他在美國，或至少在邁阿密這麼不受歡迎？

　　或者這麼問好了，爲什麼有這麼多古巴人這麼依賴邁阿密？

　　我飛往哈瓦那(Havana)之前，在倫敦遇到一位古巴專家，他是這麼分析的：「如果你在邁阿密沒有親戚，你就完蛋了。古巴就像1980年代的華沙(Warsaw)，就像回到團結工聯(Solidarity)時期，只不過是把場景移到熱帶就是了。」

　　當我走在古巴一條呈現極度對比的市區街道時，我想他只說對了一半。

　　貨架上滿是商品。

　　貨架上空空如也。

所有那些擺滿商品的商店，就像世界各地到處都看得到的7-
Eleven，裡面通常擺滿了各種飲料、糕點、速食、衛生紙、洗髮
精、牙膏等等。在古巴，要進入這種店消費需要入場券——可以兌
換的貝索（peso）——古巴的強勢貨幣，不可兌換的古巴貝索就沒這
麼好用了。

那些空空如也的商店只供當地人消費，很難在裡面看到太多東
西。店內從來沒有超過六種以上的商品，稀稀疏疏地散放在貨架
上；像是一些放在塑膠瓶裡的神秘液體，或是某種奇怪的內容物，
包在亮閃閃的紙裡，事實上根本沒有什麼可買的。

在商店外，總是有婦女客氣地問你：「有肥皂嗎？」她們總是
要肥皂。使用強勢貨幣的商店裡擺滿了肥皂，強勢貨幣流通的旅館
和渡假勝地裡，也有很多常見的免費小肥皂。這就像古巴其他地方
一樣，總是有兩個世界並存；一個是充裕的世界，另一個是短缺的
世界。

我從來沒看過像古巴這麼欠缺街頭小吃的國家。在古巴你完全
看不到小吃攤，沒有街頭市場，也沒有販賣機。有一天，當我走回
保存完好的美麗殖民城市千里達（Trinidad）後街，竟驚訝地發現走
道旁邊擺著幾箱番茄。這些食物放在街上的畫面實在太震撼了，甚
至讓我停下腳步，反射性地拿出我的照相機，完全沒意識到這景象
其實再普通不過了，不過就是一箱番茄而已。

*　　*　　*　　*

我和莫琳在里維耶拉飯店（Hotel Riviera）大廳遇到美國建築師
作家強納森·渥茲華斯（Jonathan Wordsworth）。他說：「自革命以

來，現在古巴的觀光客流量達到尖峰。」

他用手勢掃過整個大廳說：「古巴並不是只有大家熟知的西班牙殖民時期建築，還有很棒的建築，就像這裡。」

「這裡是由猶太黑手黨梅爾・藍斯基(Meyer Lansky)在1957年興建的，正好在革命發生前夕，之後就再也沒有人動過了。這地方簡直就是1950年代晚期的拉斯維加斯(Las Vegas)！你們看到行政樓層了嗎？哇，那是粉紅色的，全部都是粉紅色的，包括地毯、牆壁等，每件東西都是粉紅色的，現在我們不會這樣設計了。」

強納森可以合法造訪古巴。美國的政府官員、學術團體或記者有官方理由可以拜訪卡斯楚帝國，或者更正確的說，他們可以在古巴花錢。雖然美國和她的小鄰國古巴之間，有制裁、貿易禁運和奇怪的外交關係存在，但美國人要造訪古巴還是沒有問題的。當然，美國人無法直接飛到古巴，這趟從邁阿密到哈瓦那間的250公里旅行，對大多數美國觀光客而言，得北上繞道加拿大，或是迂迴經由南部的墨西哥才行。不過也有比較直接但秘密的飛行路線，取道巴哈馬的天堂島(Nassau)。表面上你只是飛到天堂島，但是飛機在那裡短暫停留一下之後，就繼續直飛到哈瓦那。當然，兩段航程的票是分開的；經由牙買加，你也可以玩同樣「愚弄美國政府的遊戲」。

美國觀光客喬(Joe)是第一個發現這種法律漏洞的遊客。當他抵達險惡的加勒比海後，卻發現自己不能花錢。如果有當地人可以照顧他，替他支付食宿和交通費，那就不成問題；但如果美國觀光客想在古巴這個敵國花他辛苦掙來的美金，在回到美國這塊自由之地時，就會因為觸法被罰款。

但是，美國政府怎會知道你在古巴花了美金？沒錯，當然不知

道。喬和珍這兩位美國旅客飛到多倫多，兩個星期後回到美國，兩人看來都曬黑了，也許這不是你在安大略省仲冬會有的膚色，但也不犯法啊。當然，如果喬和珍經由熱門管道——從墨西哥的渡假勝地坎宮(Cancun)飛往古巴，一天有數個航班往返——那難怪兩人會曬黑了。

根據美國官方統計，2002年有16萬美國公民合法造訪古巴——美國官方總是花很長時間處理他們的古巴觀光統計數據。雖然美國政府一直努力使這項統計人數減少，並且宣稱到古巴的觀光客數目已經下降，但是可以確定的是，很多美國人透過非官方途徑造訪哈瓦那，或許也在當地消費。理論上，這個觸犯法律的罪行可能導致25萬美元的罰鍰和10年刑期。當然沒有人曾經因為飛到古巴和買了一瓶可樂而入獄(可樂和其他熟悉的美國飲料，經由美國位在墨西哥的子公司運到古巴)，不過最近幾年來，美國旅客因為行為不檢而被罰款的比例持續上升。有一項估計(每件有關美國和古巴的事情，要不是估計就是猜測)說，美國總統布希任內對到訪古巴的遊客採取輕微的處罰，使得觀光客人數比先前多了4倍。

什麼情況下會被抓呢？美國聯邦調查局幹員無法藉由查核你的信用卡紀錄而讓你被抓包。由美國銀行發行的威士卡(Visa)與萬事達卡(Master Card)在古巴無法使用，而美國運通卡(American Express)不管是在哪裡發行的都不能使用。這並不表示古巴人不歡迎威士卡或萬事達卡，如果是澳洲、英國、法國、德國、加拿大或墨西哥所發行的信用卡就沒有問題，這樣不小心的美國人，除非他們有外國銀行戶頭，不然是不會留下犯罪證據刷卡單據的。

不過，揉成一團的古巴旅館帳單和餐廳收據就可能有問題，一盒包裝精美的古巴雪茄也一樣。有人說，甘迺迪總統決定對古巴禁

運以前，就已經屯積了許多古巴雪茄。當海關官員問你在加勒比海渡假期間，玩過和待過哪些地方，你沒有事先準備好要如何回答；或是過去10天天氣要不是陰沉沉的，就是下雪，你卻不知道是到哪裡把自己曬得一身黑，這樣也會出問題。

被逮到的美國人可能會接到一封正式信函，要求了解你在古巴花了多少美金使卡斯楚得利，接下來第二封信裡會有一張罰單，金額通常是7500美元。同樣常見的是，這張罰單可以討價還價，變成從700到2500美元不等。美國國會常有傳言說要廢止這類瘋狂的限制，但是主張制裁的人堅稱，這麼做是違憲的。真要說有什麼不同的話，布希總統對古巴的立場更強硬；畢竟，要是沒有佛羅里達州的話，布希也無法僥倖當上總統。

所以，如果你打算到古巴渡假，先想好你的說詞。當然你不是離開加拿大到比較暖和的地方，你的護照上也不會有戳記（古巴人對此很諒解）；因此，誰能說你是到哈瓦那的海堤公路（Malecon）閒逛？你身上沒有加拿大的信用卡單據，也沒有旅館或餐廳的收據，這是可以說得通的：你一直待在加拿大的好友家中，他們是你幾年前在西班牙遇到的一對夫婦，而你總是說要去拜訪他們。

事實上，對古巴裔美國人和出公差的美國人來說，你可以直接從邁阿密飛到古巴。美國航空（American Airlines）每週有好幾班班機，往返邁阿密和哈瓦那或邁阿密和古巴的聖地牙哥（Santiago de Cuba）。當然，這些飛機都以匿名的方式從邁阿密國際機場起飛，在出境大廳的螢幕上看不到他們的起飛記錄，也不會有廣播通知旅客飛機即將起飛，登機門也看不到班機號碼和飛行目的地。

不過在另外一邊，一切都很正常。在入境螢幕上看得到美國航空的班機號碼，飛機也會出現在入境通道上，甚至還可能有廣告海

報張貼在機場四周，鼓勵你「飛到美國」。

基本上，外國人飛到古巴可能所費不貲。沒有美國政府同意，你不可能買到一張從倫敦經邁阿密飛哈瓦那，再從哈瓦那飛回倫敦的機票。但如果你買的是從倫敦經邁阿密、坎宮到哈瓦那，再從哈瓦那飛回倫敦的機票呢？你又沒有在美國和古巴之間飛行，會有什麼問題呢？是這樣的，美國政府不喜歡古巴和美國出現在同一張機票上，你的機票如果是這樣開的話，當你在美國轉機時，機票就會被沒收。

即使是經過官方認可到古巴的美國遊客，一樣會受到在世界其他地方看來非常荒謬的種種限制。這些美國觀光客雖然可以在古巴花錢，但是並不表示他們可以花很多錢：每天的上限是167美元外加電話費，不過記者例外。只要錢是花在「額外的新聞工作」，就可以超過這個上限。順道一提，在哈瓦那是167美元，到了關塔那摩灣（Guantánamo Bay）每天的用錢上限就降到78美元。那些穿著橘衣的關塔那摩基地嫌犯待在古巴不用花錢，但他們可能並不想待在那裡那麼久。

*　　*　　*　　*

里維耶拉飯店（Hotel Riviera）最讓我感到好奇的，是它從1959年至今發生了什麼事。這家飯店在1957年12月10號開張，到革命前夕它只營運了12個月。接下來40年，它就這樣被冰封起來，與外界全然隔絕？還是曾有東歐和蘇聯的同志於1960、70和80年代，前來享受這裡營造的美國頹廢氣氛？那時古巴的觀光客主要來自東歐，西方旅客多年來很難拿到古巴簽證，但現在政策已日益開放，經過

仔細篩選的觀光團（很多來自加拿大）開始進入古巴。接著柏林圍牆倒塌、蘇聯解體，來自東歐的觀光客漸漸流失。然後是一段痛苦的空隙，也就是最糟的「特別時期」（special period, *perźodo especial*）那幾年。後來，西方旅客被古巴的陽光、沙灘（對有些人來說是性）和低廉的物價所吸引，開始大批湧進古巴。

這種頹廢的時髦建築並非哈瓦那所獨有。在1950年代經典的美國休閒勝地建築中，也看得到類似19世紀西班牙殖民時期的優美建築。這類建築物在其他地方多半已經消失，或因翻新而被拆毀。但是在哈瓦那，一切都在1959那年凍結了。歷經幾十年下來，哈瓦那的建築不免斑駁，但近幾年來許多資金挹注進哈瓦那，重新修繕這裡的老舊市區。目前哈瓦那大部分建築都已翻修，市容也越來越美麗。

不過，這與一般平民灰暗、年久失修的公寓街區形成強烈的對比。尤其是革命廣場（Plaza de la Revolución），那裡的建築物看來好似東柏林或華沙的斷垣殘壁，又像蘇聯風格的英雄紀念碑。

再來是車子。古巴的汽車來自三個時期，現在路上看來最多的汽車是最招搖的寶獅（Peugeot），以及平價型的現代（Hyundai）。若你在古巴租車，能租到的也就是這兩種。在1970和1980年代的俄羅斯拉達車（Lada）時代以前，約有20年的空窗期。這些車子在狹窄巷弄與金屬叮噹碰撞中，看起來都坑坑巴巴或有些刮傷。再往前20年，以美國車為主的1950年代，只有少數汽車是1958年後出廠的新車。顯而易見地，在美國採取嚴厲禁運之前的最後兩年，古巴出現一股購車熱潮，所以現在哈瓦那街頭可以同時看到1957年的Plymouth Furies、1956年的Oldsmobile Rocket 88s和1958年的 Chevy Bel Airs。

這不是很奇怪嗎？當今世上對美國汽車真正狂熱的人民——任何時候都要開著車去混酒吧的，竟然是敘利亞人和古巴人？為什麼這兩個在美國黑名單上名列前茅的國家，竟會這麼熱愛代表美國文化的美國車？

哈瓦那還有很多大型油罐車在路上跑，豪華大型房車則數量不多。哈瓦那的迷人之處在於，你可以隨時在街上散步，不用左顧右盼留心兩方的來車；若開車的話也隨時都能找到停車位。

此外，在古巴隨時都能聽得到音樂。美國娛樂集團博倫（Buena Vista Social Club）對此貢獻良多。只要在某個地方待上兩分鐘，你就會看到某個樂團出現在街頭，安置樂器準備展開一場搖擺的音樂盛會。古巴的音樂就是用來讓你扭動肩膀跳舞的，身體的其他部分可以維持不動，只讓肩膀隨著節奏搖擺。有一晚在黏巴達咖啡廳（Café Lambada），現場不只有八重奏樂團現場演奏，還有一對男女伴舞。男人臉上的小鬍子和他頭上戴的貝雷帽（beret），讓他看來似乎跟切‧格瓦拉（Che）和卡斯楚兄弟（Raul and Fidel）一起搞過革命，但他放在我們桌上的名片上卻寫著「騷莎舞曲作曲家」（maestro de Salsa）。

* * * *

我在哈瓦那挑了一家租車店，租了一輛全新又保養完善的現代汽車。莫琳和我一起開到島的最西端，然後做U字形迴轉，再一路開往島的最東邊。在古巴環島開車沒有問題，至少在白天情況大致還好；不過很快我就發現，如果在晚上開車，那就另當別論了。

此地路況一般來說還不錯，在這座狹長島嶼上，還有一半面積

以上設有分道高速公路（*autopista*），交通稱不上繁忙，駕駛人遵守行車秩序，外國人買汽油也不成問題，多數城市都至少有一座乾淨的現代加油站，用可兌換貝索就可買到汽油。古巴的貝索加油站只讓古巴人使用，看起來比較骯髒，而且汽油多半賣完了。

當然還是有某些問題，如果在開車這個話題上沒什麼值得好談的話，你會感到很失望的。若被卡車或巴士超車真的很討厭，因為他們使用劣等柴油，車子會排放大量黑煙，走在這種車後面，就好像在盟軍二次世界大戰護衛艦後面躲避一隊追逐的潛水艇一樣。因此，若超過他們的車，應該還蠻有趣的。

然而，古巴最大的問題在於路標，你能相信古巴沒有任何路標嗎？因為他們油漆完所有「社會主義或死亡」的告示板後，就把年度預算用完了，所以也沒有餘錢油漆路標。活在沒有西方廣告轟炸的世界是一回事，每次當你到了交叉路口，不知道該左轉、右轉或直走時，又是另外一回事。

離開哈瓦那後，我們預計很快就會穿過比那爾德里奧高速公路（Pinar del Rio Autopista），但卻一直找不到從哪裡上去，最後我們從一個看似農村巷道的地方下去後才找到路。

我們很快就發現，很多時候沒有路標不會有太大的問題。我們在古巴所行駛的四分之三路程中，車上總是載著一、兩名搭便車的乘客，而他們總會協助我們在每個交叉口正確無誤地轉彎。對一般古巴人來說，搭便車是從一地到另一地的方法，因為他們多半買不起車，而古巴也沒有足夠的巴士讓每個人搭乘，所以你只要站在路邊，伸出你的大拇指就行了。古巴甚至還有官方的搭便車站牌，還附有站台和階梯供搭便車的人登上卡車。我們一路上載過工程師、建築師和律師；年輕人、老婦人、夫婦，還有帶著孩子的媽媽等，

車子後座很少是空的。

*　　*　　*　　*

　　有一天我們停在瓦拉狄洛（Varadero），部分原因是因爲失去了遊興，不過最主要還是那天晚上我們無法再往前走了。我們打算開車從古巴島的西端開始，繞過哈瓦那，再往東邊去，但是古巴人不在乎路標，害得我們再度迷路，結果走到一條看起來很漂亮的高速公路時，卻發現走錯了。幸好我們隨即載了一對友善的年輕夫婦，他們是一對剛剛取得執業資格的律師，在交流道搭上我們的便車。他們向我們解釋哪裡走錯，引導我們從正確的交流道下高速公路，並建議我們到瓦拉狄洛過夜，還告知古巴巨型渡假村的所在地。

　　不過這次天色已經暗了，很快我們就發現自己開得很慢，而且很謹慎。在古巴很少有汽車能負擔夜間照明的費用，當你在夜晚超過一台冒著黑煙的卡車時，卻有可能發現那只是迎面而來的一台小牛車。我們發現即使在同一車道上行駛也危機重重。開車途中我們赫然發現在前面有輛沒有開燈的美國老爺車，它的駕駛正以龜速沿著公路邊緣行駛，想要藉著月光確定自己的方向，那輛車後面連個反射燈也沒有，所以我們根本看不見他。

　　終於我們抵達了海岸邊繁忙又明亮的布蘭卡大道（Via Blanca）。這條大道從哈瓦那通到托雷莫里諾斯（Torremolinos）一共綿延140公里，它是衝浪者的天堂，邁阿密海灘以及古巴的坎宮。瓦拉狄洛是加勒比海最大的渡假勝地，每三名外國觀光客中，就有一人會來到這裡，對大多數旅客而言，瓦拉狄洛是古巴一遊中必看的景點。

　　不過事實上，在瓦拉狄洛長達20公里的美麗海灘上，共有上萬個旅館房間，每間旅館都掛出他們巨大的招牌；我們也很快發現，甚至想穿過前門到接待櫃台都很困難。每家大型旅館的前門都設有一小隊警衛，當你經過時他們會特別留意你的手腕；他們並不是想知道現在幾點，或什麼時候才可以交班，而是每名客人都得在手腕上戴個塑膠手環，宛如住院的老年病患一樣。戴著手環可以證明你是旅館的客人，就能享用旅館提供的各項服務。

　　瓦拉狄洛是個包辦一切服務，完全不需使用現金的地方。一旦那些快樂的歐洲(或加拿大)觀光客事先繳交旅行費用後，就毫無後顧之憂了。從自助式早餐、傍晚時分的啤酒到午夜的古巴特級mojito雞尾酒，什麼都包了。唯一會想離開這個精心布置的小天堂，到外面去冒險的時間，就是哈瓦那一日遊。每個前往哈瓦那的當天往返旅行團，彼此之間也很容易辨識，因為團員都戴著不同顏色的塑膠手環以示區隔。

　　對古巴政府來說，這是管理觀光客最好的方式了，旅客完全被隔絕在一小塊孤立的地區，外來觀光客能接觸到的古巴平民，就只是一批經過仔細篩選的勞工。這些古巴勞工每天搭著巴士來上班，交班後又搭著巴士離開。經營旅遊事業的古巴商人也不用自己經手處理金錢，因為所有的企業都是國營的，或是古巴政府和外國企業合資。許多西班牙旅遊業者在瓦拉狄洛經營旅館，他們同時在太陽海岸(Costa del Sol)、布拉瓦海岸(Costa Brava)和白色海岸(Costa Blanca)也都有海灘旅館的業務。

　　在其他比較平價的觀光區，只要周圍做好完善限制，古巴政府也逐漸開放小型的私有企業經營旅館。只要不搶國營企業的生意，一般民宅經營的早餐民宿(Casas particulares)或家庭式小餐廳

(paladares)都可獲准開業。為了確保國營企業不受民營業者威脅，古巴政府嚴格規定這些民營旅社或餐館的招牌尺寸、店內座位（不能超過12個），甚至該出哪些菜都有所限制。在一間濱海餐廳裡，龍蝦和蝦子只能出現在國營餐廳的菜單上；還有牛肉也是，因為古巴政府擁有所有的牛隻。最重要的是，民營企業只可雇用自家的成員，在古巴你不希望你的同志替別人工作。克服這麼多限制後，一位辛勤工作的同志應該規劃，在扣掉該繳的稅、雜支和執照費以後，如何才能賺取微薄的利潤，這樣整個社會才能各得其所。

不過，這些放寬政策完全不適用瓦拉狄洛。瓦拉狄洛是古巴大型旅遊勝地，商業活動是政府特權，嚴格受到限制，所以在瓦拉狄洛看不到家庭式民宿或家庭式餐館。西班牙的美麗雅太陽集團(Sol Meliá)想要從海灘旅館營利沒什麼問題，但是對古巴本地人來說就幾乎不可能，就讓資本主義去污染西班牙人吧！古巴人可不行。美麗雅太陽集團是古巴最大的外國旅館業者，1996年當美國利用赫爾姆斯‧伯頓法(Helms-Burton legislation)試圖把外國公司趕出古巴時，美麗雅太陽集團決定乾脆放棄美國市場。他們把位於邁阿密和奧蘭多的旅館賣掉，專心經營在古巴的生意。

在瓦拉狄洛，經濟不是唯一讓人難受的事。

當我們享用自助式午餐時，餐盤上堆滿豐盛的食物；在酒吧裡暢飲各式飲料，或在浴室中打開另一塊香皂時，總是不禁會想到穿梭在早餐吧台間，補充食品的微笑女侍者；調mojito雞尾酒的微笑酒保，或是清理浴室的微笑清潔婦。這裡沒有一樣東西，可以讓他們享用，當他們結束一天的工作準備交班時，拿到的是古巴貝索，這種貨幣無法用來購買上述任何一種外國旅客大方使用的東西。他們下班後就搭乘巴士離開瓦拉狄洛回家，遠離那些外國觀光客，而

他們的貝索店裡，貨架總是空空如也。

*　　*　　*　　*

　　我們沿著共和國街(República)，做了一趟深具教育意味的瀏覽櫥窗之旅。這條主要購物街從火車站直到卡馬圭(Camagüey)市中心。卡馬圭是古巴第三大城，在眾多古巴貝索店之間，零星點綴著一些專為外國人開設，浮華又採光明亮的商店。這種店裡充斥著廉價品與劣質品，都是些俗麗又上不了檯面的貨色。

　　其中我最喜愛的是一間看來很糟的櫥窗，裡面擺設的模特兒穿著老舊又單調的衣服，看起來好像是二次世界大戰時回收的舊衣物。我對這間店深深著迷，還故意走到櫥窗前看了6次之多，看看店老闆有沒有什麼反應。在這個奇景的隔壁是古巴的二手衣買賣店，象徵著古巴過去社會主義年代的光輝歲月。這是不是個嚴重的問題呢？還是說，這種櫥窗展示只是針對古巴昔日社會主義的失敗而非榮耀，所做的一種微妙評價呢？

　　途經的古巴女人，每位都是一身古巴流行打扮：短、緊、低、高、延展；她們最喜歡萊卡(Lycra)材質，這一串的單詞總結了古巴的流行風潮，而且能塞進越多越好。在古巴沒有女人因為太胖、太寬或太圓而穿不下萊卡。一名造訪古巴的旅行作家說，古巴流行時尚的定義就是「積極進取的女性特質」(thrusting femininity)，每個古巴女人都有自己的風格，絕不是「白是今年的黑」那類的鬼扯蛋。

　　事實上，古巴處處皆饒富特色，即使是革命博物館(Museo de la Revolución)，也非常有特色。這座博物館收藏著巴蒂斯塔這個混

蛋,以及他的美國帝國主義傀儡政權的事蹟,但是對古巴人民來說。巴蒂斯塔可是個英雄。卡斯楚看來總是很有型,難道不是因爲他才開始有革命戰鬥工作服嗎?卡斯楚不是總有個專屬攝影師供他使喚,隨時拍下許多有品味的黑白相片,記錄從革命初始一直到光榮結束的經過?他(和其他幾乎每個革命家)不是總記得在革命的每個階段,保留靴子(襯衫和褲子)以便放在博物館內展示?幾年前我曾在巴黎一家鞋店,衝動地買下一雙義大利靴子,當時我認爲這雙靴子眞是時髦,後來才發現它就是經歷過古巴革命第一階段的卡斯楚1號靴,如果現在有人告訴我,到哪裡可以買到卡斯楚3號靴,我會毫不遲疑,立刻就去買一雙。

至於切‧格瓦拉(Che)……你能說什麼呢?他是個搖滾明星(巴弟‧哈利Buddy Holly和其他幾十名搖滾明星都在他之後)、電影明星(好像詹姆士‧狄恩James Dean)和猝逝的皇室名人(比如黛安娜王妃Princess Di)。趁著他的肖像還有能印在100萬件T恤上的號召力時,就快做吧。格瓦拉已經成了古巴的紀念品——格瓦拉T恤的數量是古巴其他紀念品的5倍之多。

其實,古巴的偶像是格瓦拉而非卡斯楚。卡斯楚(El Jefe,編按:卡斯楚另一不爲人知的暱稱)可能是沒有爭議的領導人,但他很少露面,所以沒有卡斯楚式的個人崇拜;然而,切‧格瓦拉那巨幅的霓虹燈肖像,英雄式地睥睨著哈瓦那革命廣場(Plaza de la Revolución),就連1959年因空難逝世的革命英雄希思費格(Camilo Cienfuegos),曝光率都比卡斯楚來得高。

切‧格瓦拉的信徒中,以來自聖塔克拉拉(Santa Clara)的人最爲狂熱,他們在格瓦拉博物館上,興建一個超人塔巨大雕像,以紀念格瓦拉的一生。格瓦拉於1967年在玻利維亞被捕,美國中情局下

令處死，他的遺體於1997年被運回古巴安葬。這座博物館展示了格
瓦拉的另一面：他在阿根廷的舒適童年，以及還是年輕醫學院學生
時，曾騎摩托車探險南美洲的經歷。格瓦拉在南美親歷當地悲慘的
貧窮生活，促使他後來成爲一名革命家。1954年格瓦拉在瓜地馬拉
目睹美國中情局如何支持入侵，推翻當地民選政府以成立高壓的軍
政府，使得瓜國衰敗了50年之久。

1958年12月29日格瓦拉在聖塔克拉拉被捕，使得巴蒂斯塔暴虐
的政權告終。格瓦拉的叛軍用推土機將鵝卵石堆高，阻斷進城的鐵
路線，使一列載有武器準備前往支援巴蒂斯塔部隊的火車脫軌。儘
管以寡擊眾，格瓦拉的游擊隊很快就打垮了兵員達3000人的駐軍。
12月31日深夜，巴蒂斯塔明白古巴第二大城聖地牙哥(Santiago de
Cuba)即將失守，在1959年元旦凌晨時分，帶著美金4000萬，搭機
飛往多明尼加共和國，這筆錢足夠他在佛朗哥(Franco)統治之下的
西班牙安度晚年，巴蒂斯塔死於1973年。

*　　*　　*　　*

我們在古巴的旅行時有規劃(不會有比跟歐洲觀光團擠在一間
渡假村更有規劃的行程了)，有時則非常隨興(我們到潛水天堂帕亞
拉戈達Playa La Gorda去水肺潛水。帕亞拉戈達正好位在古巴島西
端，因爲當時找不到房間，只好在當地待了一晚)。我們住過枯燥
無味的普通旅社，也入住過別致的舊殖民時期旅館和家庭式民宿。
其中有家民宿還讓我聯想到另一間風格特殊的英格蘭早餐民宿(bed-
and-breakfast)。在古巴期間，有一、兩次我們因爲完全找不到路標
而迷路，有一次是停下來向一些外國單車客(cyclists)問路後才找到

111

路。有時候則是很難找到地方用餐，不然就是在得知我們用餐處不准普通古巴人入內後，吃得很有罪惡感。

我在卡達拉瓦卡（Guardalavaca）又玩了一次水肺潛水。莫琳和我在那個地方用晚餐時起了一點爭執，原因有些荒謬，但是當我們停止彼此叫囂後，就沒什麼好吵的了。

我記得自己當時提議說：「我們兩個心情都不好，或許是因為我們都不喜歡古巴。」

不過莫琳不同意我的說法：「可是，哈瓦那很棒啊！那裡風景好，到處都可以聽到音樂，還有有關革命的事。」

我退了一步：「當然，革命是很有趣的歷史，但是在看完了6個革命博物館（天啊！有哪一場革命曾經被這麼詳細地記錄下來，這麼費心地拍照過？他們甚至保存了卡斯楚1957年到古巴時所搭的那艘船！）以後，革命就讓人感到索然無味了。在古巴走了1000公里後，沿路上看到的「社會主義或死亡」告示板讓人提不起勁，只想看點別的，不同的事物。」

我繼續說：「不過，其他的事物也同樣引不起我的興趣，其他的城市還好，但都很單調，至今我覺得最好的地方只有千里達，但那兒也只不過是瓜地馬拉的安提瓜（Antigua）的摻水版，不是維護得很好，不是那麼多彩多姿，也不是那麼有趣，總之什麼都略遜一籌。」

莫琳點頭：「沒錯，我同意你的看法。還有在哈瓦那和千里達之間的瓦拉狄洛，那些該死、全包式又讓無法當地人進去的渡假勝地。」

瓦拉狄洛也是個讓我受夠的地方。在這個標榜「光榮社會主義、革命奇蹟、愛麗絲夢遊仙境」的地方，勞工被警衛和金錢排除

在外，不得入內。

莫琳下了結論：「而且我恨透了他們讓客人戴的那種塑膠手環，使人看起來好像是難民或醫院裡的病患。」

*　　*　　*　　*

在我們前往聖地牙哥途中，還有最後一個景點：關塔那摩灣，美國人最愛把塔利班和蓋達組織(Al-Qaeda)成員關在這座基地裡，這塊古巴土地怎麼會變成美國敵人所有呢？

答案是，美國在1903年光明正大奪走了關塔那摩灣。

1898年美國與西班牙交戰之後，古巴叛軍為了從西班牙中獨立奮戰了好幾年，但美國決定不把古巴掌控權交給古巴叛軍。美國擊敗西班牙後，自行在古巴設立一個美軍佔領區，之後一直到1902年，美國才不情願地從這個佔領區撤退，條件是古巴必須同意普拉特修正案(Platt Amendment)，這是一條授權美國得以在古巴情勢不如其意時，隨時進行軍事干預的法案。1903年，美國對古巴當時的政權治理方式感到不滿，因此決定併吞位在關塔那摩灣口116平方公里的區域做為海軍基地，以便美軍能從那裡更密切地觀察古巴的情勢發展。

1934年羅斯福總統放下身段，把這條法案改成一項為期99年的租約，因此古巴可望於2033年收回關塔那摩灣的主權。只是，這項租約要終止，仍需美國和古巴雙方皆同意才行；而過去50年來，美國一向極不情願和古巴達成任何協議。

1959年古巴革命後，卡斯楚要求美國歸還關塔那摩灣；當然，美方拒絕了。於是，卡斯楚隨後也不接受美國付出的年度租金，一

年大約是4000美元。關塔那摩灣因而暫時用來作為保護出入巴拿馬運河的基地，但它今天主要的用途(除了方便美國監禁阿富汗人之外)，其實是當作卡斯楚的眼中釘。目前關塔那摩灣有大約7000名美軍人員駐守，以及整批來自中亞地區的囚犯，還有更大數目的難民也住在這裡。1992年有11000名海地偷渡客，因為試圖躲避海地崩潰的經濟而外流，結果都被安置在這裡。1994年底又多了30000名古巴人，他們是從古巴偷渡到邁阿密途中，被美國海岸防衛隊攔截後被遣送到這裡的。不過這些人中有大多數最後還是到了美國，這顯然使關塔那摩灣留下很多空間和設施，今後可以用來囚禁更多被捕的塔利班和蓋達組織成員。

從古巴境內並沒有辦法到達關塔那摩灣，不過現在仍有少數高齡古巴人每天跨越邊界到基地裡工作，他們自1950年以來就一直在為基地服務。不過這些人得十分小心，因為該基地被許多戰壕、圍籬和守望台包圍，還是西半球最大的佈雷地區，粗估有不下於75000枚地雷分佈在關塔那摩灣，足以粉碎卡斯楚任何想要片面取回這個基地的企圖。被囚禁在這裡的阿富汗人犯或許很習慣這種環境，因為阿富汗就是全世界佈雷最密集的國家之一。

雖然我們不能突然跑進關塔那摩灣，親自看看裡面的高爾夫球場、遊艇俱樂部、超級市場、電影院和古巴唯一一家麥當勞，但是古巴人同意讓我們從外面偷看一眼。於是我們請車上搭便車的乘客先在一個軍事檢查哨下車，然後把護照押在檢查哨裡，再往前開15公里到了一處320公尺高的觀景點Mirador de Malones，從這裡可以往下俯瞰整個關塔那摩灣基地。幸運的是，我們付的5元可兌換貝索入場費還包括一杯冷飲，因為就算用索費25分的投幣式望遠鏡來看，也實在沒什麼可看，關塔那摩灣基地在熱氣籠罩下，像海市蜃

樓般地在我們腳下搖晃，很難看清楚特定的地點。國際特赦組織
（Amnesty International）也無法從這裡的制高點，觀察被囚禁的蓋達
組織成員情況。

不過，國際特赦組織也沒有必要在這種條件下監測他們，因為
不管那些被囚禁的蓋達組織成員情況有多糟，也無法讓原本就惡名
昭彰的美國政府形象更爛。那麼，為何布希政府想在古巴建立美國
強制勞改營呢？原因有三：第一，美國法律在此地不適用；第二，
國際法在這裡不適用，第三，獨立觀察員不可能到此視察發生了什
麼事。不過，即便如此，古巴還是照樣會被列入劣國黑名單。

關塔那摩灣雖然在古巴島上，卻受美國管轄，而且也沒有比美
國好到哪裡去，算是在美國領土中名聲很差的地區。

回到主要幹道以後，先前搭便車的乘客還在等著我們，所以我
們將他們接上車後重新上路，走了約幾公里後把他們送達目的地。

*　　*　　*　　*

一台搖搖晃晃的雙引擎蘇聯安東諾夫運輸機（Antonov AN-
26），吱吱嘎嘎地把我們送回哈瓦那。在聖地牙哥機場候機室的時
候，我瞧見外面停放著一輛嶄新的加勒比海航空（Aerocaribbean
ATR-42）飛機，所以猜這次能夠很舒適地返回哈瓦那；但是半個小
時以後，那架飛機起飛去多明尼加共和國了，停機坪上只剩下一台
生鏽的俄羅斯老飛機。天色已經黑了，起飛時間整整延誤一小時才
開始登機。機上沒有閱讀燈，機艙照明又太暗，所以也無法看東
西，這時只有飛機奇怪的震動和噪音會讓你分心。

至少我有個位子可以坐，而且座位上還有安全帶。上次我搭乘

安東諾夫運輸機是1992年在柬埔寨，當時他們的國家航空還叫做Air
Kampuchea。當我們擠上飛機，大家忙著搶好座位後，還有兩、三
個人是站著的，所以他們只好坐在後來預備的藤椅上。我那時坐的
座位兩邊都有安全帶，但不幸的是兩邊的接頭是同樣的，所以根本
扣不起來。相較之下，這次搭乘的安東諾夫運輸機已經算是新機
了。不過這次航程，包括途中曾短暫停留在奧爾金(Holguin)，全程
都像在重複一種循環，飛機先加速直到開始搖晃和發出嘎吱聲後，
再滑行到一個比較平穩的速度，接著又開始加速，然後飛機又開始
搖晃，周而復始。

　　從哈瓦那的國內航站出來後，我們抓著行李走向灰暗的停車
場，把行李堆在一輛老雪佛萊(Chevy)的寬敞後座。這輛車子看來
尚可，但跑起來就不行了，才要開往停車場出口，車子前方就傳來
了刺耳的噪音，似乎是什麼重大的機械故障，所以我們只好改乘另
一輛俄羅斯車，一輛比落伍的安東諾夫運輸機還要老舊的莫斯科人
汽車(Moskvich)。和這輛生鏽的老爺車相比，安東諾夫運輸機該算
是現代工程的模範，而且維修得很好。老爺車上的車窗幾乎都破
了，車窗絞動器也不能用，車頂和車底都看得見裸露的金屬，熱氣
從引擎機室的空隙中灌入車內。

　　我們光是坐在後座，就已經讓司機和他的朋友超緊張，因為在
古巴只有光鮮的現代計程車可以載送外國人。那晚國內機場沒有載
外國人的計程車，所以我們只好搭上他的車，不過這是不合法的，
所以司機看起來很擔心。更慘的是，司機不知道我們的旅館在哪
裡，幸好我們已經摸熟了哈瓦那，告訴司機走法後，他讓我們在旅
館入口旁的轉角下車，之後就迅速開走了。

＊　　＊　　＊　　＊

　　在哈瓦那，還有最後一個地方一定要去朝聖一下，那就是海明威的舊居。在哈瓦那處處可見海明威，我在La Bodeguita del Medio的酒吧喝了一杯mojito雞尾酒，不管我的旅行指南作者如何不喜歡這個地方。事實上我已經愛上了mojito雞尾酒（眞好喝），在古巴旅館當中，眞的數不清在La Bodeguita喝過多少回。

　　海明威在La Bodeguita的牆壁上留下潦草的筆跡，宣稱這裡是喝mojito雞尾酒的好地方，但他比較喜歡到El Floridita餐廳喝代基里酒（dauquiris），因此我們也老實地尾隨到這家優雅的老式餐廳用晚膳。雖然店內裝潢很懷舊，但是帳單來的時候，可是很現代呢！待在古巴兩星期以後，我們已經學會仔細檢查定價，因爲古巴的觀光區都採行一個清楚的政策，那就是把菜單上的價格提高。像在這家店裡，一瓶可兌換貝索17元的酒，就要了我們可兌換貝索27元。雖然我通常不太計較這種小漲價（一餐可兌換貝索4元漲成可兌換貝索5元是我能接受的程度），但是這次好像漲太多了吧！

　　我們也去參觀了兩個世界旅館（Hotel Ambos Mundos），海明威通常住在511號房。他和他的第二任妻子寶琳・波菲佛（Pauline Pfeiffer）在1930年代，曾斷斷續續地在此住了6年。雖然電影「戰地鐘聲」（For Whom the Bell Tolls）的場景安排在這家老式的哈瓦那旅館，但眞正的故事卻是發生在芬卡拉維吉雅（Finca la Vigía），位於市區外，海明威於1939年將它買下，房子名稱意爲「瞭望山莊」（Watchtower Farm）。計程車司機飛快地把我們載到這裡來，一路上還跟我們解釋他每趟載人都得塡一大堆表格，這是古巴政府的政策，避免他撈錢撈太多。

　　當我要買入場券時，工作人員告訴我的頭一件事就是我不能進去，不過後來這變得無關緊要，因為這間房子出乎意料的小，而且窗戶很多，很容易就可以看到房子內部。更令人訝異的是，裡面的東西實在太多了，看起來好像海明威才剛出門喝幾瓶萊姆酒，5分鐘內就會回來一樣。書架上更是塞得滿滿的，雜誌架也是鼓鼓的，連衣服都還掛在衣櫃裡，他的皇家打字機（Royal typewriter）還好端端地擺在床邊的支架上（海明威是站著打字的）。

　　屋外的游泳池是空的，令人很難幻想艾娃‧嘉娜（Ava Gardner）在池畔的撩人風姿。海明威的漁船艾爾‧比拉號（El Pilar）也被展示出來，就像卡斯楚的老祖母號（Granma）一樣，卡斯楚就是搭乘這艘船回到古巴發動革命的。老祖母號被擺放在哈瓦那市中心的一個玻璃陳列室，與其他眾多革命軍火物品放在一起。海明威對古巴的革命一向保持緘默，不過有張很有名的照片，可看到革命家與作家在握手。那是一項年度釣魚比賽，海明威頒發獎盃給卡斯楚；不久後，海明威就離開古巴，再也沒有回來。一年後他在愛達荷州把槍管對準嘴巴，了結一生。

　　海明威和卡斯楚的船都讓人聯想到，死於船難對古巴人來說，並不是很罕見的事，他們在駛往佛羅里達州時，因船隻漏水而溺斃。不只是從古巴到邁阿密這段150公里航程中會有逃亡者喪命；2000年聖誕節前夕，有人在倫敦蓋特威機場（Gatwick Airport）附近田地發現一名古巴青少年的屍體。這名少年是當一架英國航空波音777客機，放下起落架準備降落時，從飛機上墜落致死的。這架飛機從哈瓦那起飛時，年輕人一直躲在飛機輪胎的隔室裡。他不是因為飛機著陸而喪生，在墜落英國田野之前，他早就因為好幾個小時長期處在低溫和缺氧的情況下而身亡。

　　這並非是個案。在聖誕節當天，同一架飛機準備起飛，預定飛越大西洋到墨西哥的坎宮，另外一具古巴青少年的屍體滾落下來掉到跑道上。凍死顯然不是17歲的艾柏圖（Alberto Vazquez）和16歲的麥可（Michael Fonseca）原本的計畫，事實上他們根本沒打算偷渡到歐洲。兩人原本的計畫儘管很冒險，但還不至於要了他們的命。他們爬過機場圍籬，躲藏在飛機跑道邊較高的草叢裡，等著美國航空飛往邁阿密的班機起飛。當飛機轉向準備起飛之際，兩人打算跑過去，爬上飛機的起落架隔室。這趟往邁阿密的短程飛行只要半小時，飛機不會攀升到正常的飛行高度。過程也許很不舒服，也許很冷，而且當然很愚蠢——當起落架放低時，他們可能會被收回去的機輪打到或墜落——但如果運氣好的話，他們就可以搭上飛機離開……要是他們沒有把這架波音噴射機當成另一架的話。

　　到邁阿密只需飛30分鐘，存活的機率遠大於飛到倫敦的9小時。飛機攀升到10000英尺，飛到比聖母峰（Mt Everest）還高的空中，人體根本不可能在這種嚴重缺氧，溫度低到攝氏零下50度的環境下存活。不過，偷渡客偶爾可靠著有勇無謀而成功逃亡。1996年，一名印度青少年從另一架從新德里（New Delhi）起飛，降落在希斯羅機場（Heathrow）的英國航空班機上掉下來，但是他兄弟卻熬過了這趟10小時的航程。2000年一名大溪地偷渡客成功逃到洛杉磯，他躲在一架法國航空747班機的起落架隔室裡。不過更常見的是，第三世界國家的偷渡客在逃亡途中就死了，屍體被發現時還對準著機場的跑道。上述兩名古巴青少年死亡的案例，是過去12個月來，古巴人逃往歐洲途中身亡的第三起案例。

＊　　＊　　＊　　＊

　　我和古巴還有另一次偶然的相遇。由於一路下來我提到有關古巴的每件事，要不是大好就是大壞，我很高興這次最後的相遇，對古巴來說是個好例子。2006年3月，我、莫琳和一支援助團隊在巴基斯坦查看當地地震後的情況。當我們從山區回到首都伊斯蘭馬巴德(Islamabad)時，我們遇上了一車隊的巴士，上面載滿了古巴人。

　　他們是古巴醫生和醫護人員，從喀什米爾(Kashmir)出發，過去數個月來一直留在地震災區治療傷患。這場大地震發生於2005年10月8日，造成73000人喪生，大部分地震災區有8成左右的建築物被毀，使得300萬人無家可歸。地震發生後不到一星期，第一支古巴救難隊就趕到現場。總計古巴這次共有2300名來自44家醫院的醫護人員參與救援工作，是這次救助巴基斯坦震災中的最大國際代表團。

　　毫無疑問地，古巴人在特別困難的工作條件下，完成了絕佳的救援工作，更別提發生在自由自在的古巴人和保守的巴基斯坦伊斯蘭教徒間必然會有的文化衝擊。

　　澳洲國際救難機構的馬克‧普瑞斯頓(Marc Preston)說：「喀什米爾人一開始對於男女牽手和裸露身體感到震驚，但古巴人很快就適應當地文化，寒冷的氣候也使他們必須穿上衣服。」

　　和古巴團隊一起前來的另一名美國籍古巴專家康納‧葛瑞(Conner Gorry)告訴我：「比較嚴重的是，伊斯蘭教徒嚴謹的態度甚至影響到醫療工作的進行。我看見很多丈夫禁止他們的妻子接受手術治療(有些還是不動手術就會死亡的患者)，或是違背醫生的命令，把妻子從加護病房裡帶走。不論受傷程度多麼嚴重，在緊急醫療分類下，以治療男人優先、兒童次之，女人最後；此外，當地宗教文化習俗禁止女人跟男人談論私人事情，因此女傷患在對男翻譯

說明自己的身體狀況時，只好說謊。」

　　「最讓我驚訝的是，古巴醫生和外科醫生有半數以上是女性（主要是顧慮當地的宗教禁令，不准男性看護照顧女性病患），他們在這麼不同的(以及寒冷的)環境下，治療了這麼多地震災民。」

　　好笑的是，前一個月卡崔娜颶風(Hurricane Katrina)襲擊美國紐奧良(New Orleans)，卡斯楚曾提議派遣同一支古巴醫療團前往救援，不過布希總統的回答是：「不，謝了！」

＊　＊　＊　＊

　　整體來說，我對古巴並不是特別有好感；當然，哈瓦那的確就像傳說中那樣瑰麗，音樂很棒、人民友善、旅遊也很便利，還有那麼多自革命以來達成的目標——高識字率與低嬰兒夭折率都令人欣羨，這在拉丁美洲尤其難得。古巴的識字率和嬰兒夭折率不只是第三世界國家中的佼佼者，並且已經達到第一世界的水準，如果和美國相比，古巴的嬰兒夭折率也很出色。不過古巴並沒有貧困的下層階級，只是也沒有超級富翁而已。

　　如果查看過去幾年來古巴嬰兒的夭折率，會發現一個有趣的現象：當巴蒂斯塔下達進軍令後，古巴的嬰兒夭折率就開始下降，此後就再也沒有增加過；只有當蘇聯解體、古巴經濟自由震盪那一陣子才短暫上升。說不定有些美國中情局幹員在觀察古巴的嬰兒夭折率上升時，高興得磨拳擦掌地說：「看吧，禁運果然奏效。」

　　接下來在巴拉科阿(Baracoa)和聖地牙哥時，我們對古巴的想法又被拉到另一個方向。

　　一天晚上，當我們漫步在巴拉科阿街頭時，不禁想到：「這豈

不是1950年代美國人的夢想嗎?」音樂、跳舞、在中央廣場上熱烈
討論的小團體,如果和發生在美國的校園屠殺、都會毒品及歹徒駕
車槍擊路人相比,這裡的一切都和美國是那麼不同。當然,這裡的
每件事物都有些衰敗和破損,但那是要得到好東西所必須付出的代
價。

我真的很喜歡聖地牙哥,那個傍晚我們待在優雅的老式旅館酒
吧裡,聽著樂團演奏,還買了一張他們的CD,輕鬆度過了一段美
好的時光。在旅館轉角處,我理了一個幾年來最便宜的頭髮。隔天
有兩個女人,一位是醫生、另一位是建築師,她們告訴我們一個關
於古巴負面的故事。

阿娜·莫拉諾(Ana Moreno)抱怨說:「在古巴什麼都短缺。」

米芮亞·奎柔(Mireya Quiroz)接著說:「根本就連貨都沒有。
你得花無數個小時,才能賺到一些可兌換貝索;但你必須賺到古巴
美金才能讓日子過下去。古巴沒有魚,因為魚都賣給觀光客。」

這就是我討厭的分法,讓我整個古巴經驗感到焦躁不已。古巴
人在他們糟糕的咖啡廳裡大排長龍,等著付貝索購買賣相極差的食
物,但隔壁我們這些觀光客卻坐在有空調和採光明亮的空間裡。雖
然我們(和其他有錢的古巴人)用古巴美金買的食物不是特別好,但
總是比他們能買的東西要好得多。

至於海灘呢,我寧可不要想到它,在古巴海灘渡假勝地這種
「我們和他們」的區隔,真是讓我不舒服。付古巴美金的歐洲和加
拿大觀光客在圍籬這一邊,古巴人則被完全隔離在另一邊;到頭
來,這變成古巴讓我最受不了的地方。明亮的燈光、空調和堆滿的
貨架,這是給那些付古巴美金的人使用的;昏暗和1950年代的東歐
氛圍,則留給剩下的其他人。

　　這要怪誰呢？美國可能要負擔部分的責任，她是唯一一個眞正把古巴看成很壞的國家。沒錯，古巴是共產國家，但中國也是，美國卻對中國友好。越南也是共產國家，而且他們還打贏了越戰，但越南現在已經從黑名單上除名了。雖然古巴是個軍事獨裁政權，但沒有人規定你必須是民主國家才能得到美國的青睞。很難想像那些更不民主的國家，像是沙烏地阿拉伯和拉丁美洲很多令人厭惡的專制政權，他們不但和美國關係友好，甚至還獲得美國金援和軍事協助。是因爲恐怖主義嗎？這從來都不是古巴的政策，古巴部隊在安哥拉或索馬利亞替蘇聯打代理戰爭的時代早就過去了。

　　而且，就是因爲美國的政策才使得卡斯楚得以持續掌權。古巴人或許會懷疑政府，但他們絕對不想讓布希告訴他們如何治理古巴。如果布希和卡斯楚交往，卡斯楚可能馬上就會因此而下台。

　　總之，很難搞清楚爲什麼美國政府如此怨恨古巴，但是美國的憎恨到底有沒有用呢？有許多歐洲、亞洲和拉丁美洲的企業正準備且願意和古巴做生意。當人們有能力開現代和寶獅汽車時，沒有人會想念雪佛萊和福特。還有許多西班牙旅館集團準備到古巴海灘興建飯店，不少歐洲和加拿大觀光客也準備到古巴渡假。在哈瓦那或許還看不到麥當勞，但是如果你想喝可口可樂的話，它的墨西哥工廠如果要在古巴設個轉運站也絕對不成問題。

　　古巴目前所面臨的困境，有四分之一也許可以怪罪美國那些愚昧的政策，但剩下的四分之三呢？這可都要算在卡斯楚頭上。

Tony
Wheeler's
Bad Lands

伊朗

土耳其
TURKEY

亞塞拜然
(AZERBAIJAN)

裏海
CASPIAN
SEA

土庫曼
TURKMENISTAN

大不里士
Tabriz

伊拉克
IRAQ

德黑蘭 TEHRAN

庫姆 Qom

喀山 Kashan

阿比雅內 Abyaneh

伊斯法罕 Esfahan

亞茲德 Yazd

阿富汗
AFGHANISTAN

波塞波里斯 Persepolis

設拉子 Shiraz

科威特
KUWAIT

沙烏地阿拉伯
SAUDI
ARABIA

波斯灣
THE GULF

巴基斯坦
PAKISTAN

阿拉伯海
ARABIAN SEA

一輛培康牌汽車(Paykan)突然轉到路邊，車內的大塊頭紳士從駕駛座上彈起來，怒氣沖沖地穿越人行道朝我這邊走來，彷彿鐵達尼號(Titanic)即將撞上冰山。

當時我身處伊朗，以為自己就要被搶劫了。

阿瑪‧普沙耶迪(Ahmad Pourseyedi)抓著我的手臂宣布：「我是導遊，我會說英語！來吧，我們要去費恩皇家花園(Fin Gardens)。」

沒什麼好商量的，因為我半小時前才剛到喀山(Kashan)，正準備出門去吃晚餐，只能延後12小時再去參觀。隔天早上我跟著阿瑪走，事實上我成了阿瑪家中的成員之一。喀山的傳統建築很美，有一天一定會因此而出名，售票員是這麼預期的；不，他是這樣大力推薦的，並且把家庭折扣票賣給我。

這是典型的伊朗經驗。我不曾記得造訪過哪個國家的人民，會這麼急切地接待你，鋪上波斯地毯，把你當成家中的一分子。那天晚上我到坎塔巴塔貝舊豪宅(Khan-e Tabatabei)吃晚餐，它的中央庭院現在已經變成一家餐廳。晚餐時，隔壁桌的客人過來跟我閒聊：「你自己一個人嗎？要不要加入我們？」

幾天前在伊斯法罕(Esfahan)，當我散步經過查楊德河(Zayandeh River)岸邊公園時，一名坐在公園板凳上的老婦人叫住我：「你會說英文嗎？來跟我們聊天吧！」當我走過亞茲德(Yazd)

天堂花園(Bagh-e Doulat Abad gardens)的入口時，又被三名年輕人
攔住，把我拉回花園裡。其中一人儘管英文已經很流利了，還是想
要跟我練習英語。當我告訴他們我住在墨爾本時，他們又再次提醒
我，澳洲與伊朗維持良好雙邊關係上所曾做過最好的事，就是在
1997年底，在墨爾本舉行的世界盃足球賽預賽中，讓伊朗和澳洲打
成平手，好讓伊朗取得參加1998年世界盃足球賽事的資格。只要一
再提到「墨爾本」這個字，就足以讓伊朗人露出微笑。那天晚上，
在亞茲德舊城的一條狹窄巷道裡，有三位老婦人自在地坐在路邊吃
西瓜，當我走過時她們也給了我一片。

　　這就是邪惡軸心的生活實況。

＊　　＊　　＊　　＊

　　除了阿爾巴尼亞之外，本書所提過的邪惡國家，都會要求你以
迂迴的方式先達到某些特定要求，才准進入該國，連去古巴都得先
有一張「旅遊卡」。為什麼我可以到全世界有半數以上人口稱之為
故鄉的地方，例如美國、日本、法國、義大利及其他諸國；但是，
那些根本沒人想排隊進入，且國內有半數以上人口想逃離的國家，
為何還要這樣大費周章地阻止遊客入境呢？

　　從印刷品上來看，或者至少從我的電腦螢幕上來看，伊朗一點
也不糟。你甚至可以從伊朗的大使館網站下載他們的簽證申請表，
上面說核發簽證只需要5天的時間。不過10天後，當我打電話給伊
朗大使館詢問為什麼我還沒收到簽證時，一位熱心的簽證官解釋：

　　「我們已經把你的申請表送到德黑蘭(Tehran)了，你至少得等
兩個星期。」

我心想：「原來5天只是說說而已。」於是我要求他們把我的護照退還給我，因為我得在週末飛去日本。

我另外提議說：「我還有一本英國護照，如果我用英國護照申請，下週我人在日本的時候，你們仍舊可以核發簽證給我。」伊朗大使館網站上宣稱，英國護照持有人申請簽證需時兩週，不像澳洲人只需要5天。

聽來很熱心的簽證官回答：「你不該這麼做，因為我們在簽發簽證給英國公民時出了很多狀況，如果你用英國護照申請，可能要等兩個月後才拿得到。你出國期間我們會處理你的簽證申請案，當你回國後再把你的護照寄給我們，那時我們只要在你的護照上貼上我們的簽證就可以了。」

這次他總算說話算話。

幾星期以後，我搭乘一架嶄新的阿聯酋國際航空（Emirates Airbus）從杜拜（Dubai）起飛，飛越波斯灣後直接往北飛往德黑蘭。當我在機上飲酒時，原以為那是未來幾星期內最後一次有機會喝酒，但後來才發現我錯了。

到了德黑蘭，我從輸送帶上抓起行李，護照上蓋了入境章，出關之後人就在伊朗了。事先沒有任何計畫或安排，連事先預訂第一晚的旅館都沒有，我打算直接逛逛這座城市，看看到底會發生什麼事。

那三位在德黑蘭機場旅遊諮詢櫃台服務的年輕女士，都小心奕奕地把頭髮包起來，不然這裡看起來就會很像倫敦的希斯羅機場或美國的甘迺迪機場（JFK）。看來這裡不是天天有遊客，所以連代客預訂旅館的服務都沒有。三位女士開著玩笑說她們不常做這種事。我抽出旅遊指南把上面的旅館指給她們看，她們也說不認得。後來

她們終於打電話幫我訂了一間旅館客房，並祝我在伊朗玩得愉快。這是我在伊朗頭一次與女性接觸；很明顯地，這裡跟阿拉伯世界大不相同。在沙烏地阿拉伯請一名女性幫你訂旅館，根本就是匪夷所思。

有人在航站出口攔住我，他用英文說：「你要搭計程車嗎？來吧！我載你到德黑蘭。」

我回答：「好啊，那你要收多少錢？」

那人迴避地說：「照平常價錢算。」一邊抓著我的袋子貼上標籤。

在推我的行李時，他終於鬆口了：「10000。」

我有很多張10000。之前在提領行李區，我把100美金換成里亞爾（rials）後，才慶幸自己沒有換200美元，因為里亞爾最大面額的紙鈔是10000，價值只比一美元多一點點，所以我有一堆10000紙鈔，確切地說是84張。

那人搖頭說：「不對，是10張。」他用一根手指蓋住最後一個零，暗示他玩的是伊朗人最標準的「讓外國人搞糊塗」的把戲，他指的10000是10000托曼（toman）而不是10000里亞爾。不知為何，伊朗很多東西不用里亞爾計價，而是用另一種想像出來的單位：托曼或是10里亞爾。所以，這位司機大哥所指的10000平常價格，其實是指10萬里亞爾。

隔天，我對伊朗的貨幣單位還是不夠敏感，當我才對一家時髦餐廳竟收取這麼低廉的價格感到驚嘆時，才忽然注意到數字後面的錢幣單位是T，也就是托曼，這才發現主餐的價位應該是12到15美元，而不是我原先以為的1.2到1.5美元。即使在伊朗待了一星期以後，偶爾我還是會搞錯。每當我想：「哇，這東西真是太便宜

了！」猛一回神才記起眞正的價格還要再乘以10倍。

計程車亭的調度員說：「你的司機來了。」一邊從我手中接過35000里亞爾，並寫下帳單。

看到來接我的是一輛寶獅，而不是培康汽車，我有點失望。我們一起把我的袋子扔到後座，上車後就朝交通狀況惡劣的德黑蘭駛去。所有描寫德黑蘭的文章，都不可避免會提到這裡是全世界數一數二交通狀況最差的城市，所以我們還是不多談吧！不過德黑蘭的交通眞的很駭人聽聞，不只車多，當地人開車的衝勁和汽車耗損情況，都使得交通阻塞的情況雪上加霜。我在1972年頭一次造訪德黑蘭時，當地的交通狀況就不好了，現在情況更糟。和首爾、曼谷（在它重整以前）、馬尼拉、開羅、利雅德(Riyadh)等你能想得到的城市相比，德黑蘭可以說是其中最糟的。

我對伊朗的國民車——培康汽車有著特殊的感情。35年前，現在想來好像上輩子一樣，當時我還是一名年輕的工程師，在柯芬奇(Coventry)的魯茲汽車製造集團(Rootes Group)工作。我負責的汽車是老式的希爾曼杭曼特(Hillman Humnter)，這是一個像培康一樣自力設計和製造的車款。魯茲集團在我加入之前才剛被克萊斯勒(Chrysler)併購，但我離職後不久魯茲集團就宣告破產。魯茲集團不光是設法把車子賣掉，在伊朗的沙皇期間(Sha's era)，他們也把整個汽車製造工廠賣給伊朗人，不久之後堅固耐用的培康車就在伊朗街頭趴趴走了。

在英國，老式希爾曼車與其他同型車款早就停產了，但是在伊朗仍舊持續在生產。1990年代老培康眞的落伍了，因爲它很笨重、製造污染、不安全，而且根本不如現代車款有型。每年伊朗政府都宣布將停止生產培康汽車，但是一年後你還是可以看到它在街上

跑。現在看來培康汽車的時代好像真的要結束了，但是街上還是有那麼多培康車在跑，畢竟培康車已經叱吒風雲這麼多年。

還有其他汽車也加入德黑蘭的交通大混亂，除了老舊的培康之外，還有更多的現代車，笨重的大巴士和迂迴行駛的摩托車，以及不怕死的行人。在車子和行人之間似乎有一種默契或共識：車子完全忽視行人穿越道，而行人也完全忽視交通號誌。事實上行人根本完全忽視車子，他們只是出門走上街，對往來的汽車、巴士和摩托車連看也不看（通常都是雙向來車，因為即使是單行道也無法阻止伊朗駕駛人逆向行駛），過個馬路就像狗咬狗自相殘殺一樣，連彎著腰的老太太過馬路時，都沒有車子要讓路，簡直毫無同情心可言；只有當你盲目地穿越馬路時，車子才會停下來。

有時候你會看到一群人在路邊等候，聚集到一定的人數後，就蜂擁著一起過馬路。他們的想法應該是：「只要我們人數夠多，被車子撞到的機會就會隨之減少。」

我得去旅館了。上次我到德黑蘭要追溯到1978年10月，那段期間是騷動不安的幾個月。當時沙皇（Shah）被罷黜，阿亞圖拉（Ayatollah）和他的同黨在鄰近的伊拉克（實際上他們是從法國回去伊朗的）度過一個長假後，決定回到伊朗將王室復辟。在當時那種氛圍下，約莫午夜時分，計程車司機把我丟在埃米爾卡比爾旅社（Amir Kabir），那裡是長程背包客的最愛。附近的街道異常荒涼（空曠的街道總是比擁擠的街道嚇人），就連埃米爾卡比爾旅社也很空盪，它的百葉窗拉上了，已經關門大吉。我只好在附近街道閒逛，很快就找到另一間比老舊埃米爾卡比爾旅社更好的旅館。這次我知道有什麼可看的，阿塔拉斯旅館（Atlas）是一間舒適的中級旅館，房間很現代，美中不足的是廁所是蹲式的。

＊　　＊　　＊　　＊

隔天早上我從旅館出來後，走過幾個街區，來到所謂的「間諜活動的老巢」（Den of US Espionage），也就是前美國大使館的所在地。1979年這裡被伊朗革命分子佔據了440天，可說是導致吉米‧卡特（Jimmy Carter）連任失敗的主因。今天這裡仍被一個死硬派的游擊隊團體所盤據，建築物外圍的牆上畫滿了反美口號和塗鴉，包括一個骷髏臉的自由女神像。

「間諜巢穴」這個綽號聽起來像是阿亞圖拉的用語，但是在這棟前大使館的建築物底下是一座美國中情局的地下碉堡。1953年科爾米特‧羅斯福（Kermit Roosevelt，他是老羅斯福總統Theodore Roosevelt的孫子）領導美國中情局就是在這裡策劃推翻摩薩德（Mohammad Mossadegh）的民選政府，以便讓末代沙皇巴勒維（Mohammed Reza）復辟。1951年，摩薩德獲選為《時代雜誌》（*Time*）年度風雲人物，理由是他對抗國際石油企業以保障伊朗人民的權益。1953年這場政變失敗，沙皇被迫逃到羅馬，不過有更多的錢因此被轉手，三天後另一場政變結束了伊朗的民主政治，此後一直維持了25年。當年美國中情局就已經不太有效率，最近幾年它更是辦事不力，讓人見怪不怪了。

美國中情局在接下來的幾年間，更致力於推翻民選領導人，以扶植那些和美國世界觀較為一致的新領袖。剛果的帕特里斯‧盧蒙巴（Patrice Lumumba）在1960 年下台；薩爾瓦多‧阿蘭德（Salvador Allende）於1973 年下台；還有很多人把1966年印尼總統蘇卡諾（Soekarno）政權的解散，怪罪到美國中情局頭上。後來美國駐伊朗大使館被游擊隊接管，那些想要替游擊隊脫罪的人堅稱，他們之所

以佔據美國大使館,是因為伊朗人害怕大使館又會策動另一場復辟沙皇的政變。

我在英國駐伊朗大使館中,有一名熟識的朋友(姑且稱他為葛拉漢Graham好了)。我到路旁一家網咖查看電子信箱後,迂迴地繞過外面的水泥路障,進入防衛森嚴的大使館建築去拜訪他。

葛拉漢說:「我們是美國大使館的代理人。」

「如果在伊朗有個美國大使館,伊朗人會用石頭砸它,並且在圍牆外高喊『美國去死吧!』不幸的是,我們是美國的代理人。」

「當然,這些示威活動都經過精心規劃,警方很容易就可以完全遏止,他們總是在情況即將失控之前就介入維持秩序;不過,我們也有80扇窗因而被打破了。」葛拉漢又說。

儘管如此,外頭排隊等著申辦簽證的人還是排成一條長龍。

葛拉漢說:「這可以算是以牙還牙吧!如果說今天伊朗人在發簽證時刁難外國人,那你可以確定伊朗人如果想拿到英國簽證更是難上加難。」

當我們穿過大使館建築時,葛拉漢指著那間著名的房舍,也就是1943年11月到12月,三巨頭羅斯福、邱吉爾和史達林曾經開會的地方。他們在那間屋子裡討論如何把全世界劃分成自由和共產兩個敵對陣營,這個決定在冷戰時期一直具有影響力。1939年德國入侵波蘭,引發二次世界大戰,但1943年在德黑蘭,史達林又分割了波蘭好與德國抗衡。

某次晚上聚餐,史達林提議只要處死5萬到10萬名高階德軍將領,就可永久解決德國的問題,在場的羅斯福以為史達林在開玩笑,不知道他是當真的,還反駁了他一句:「也許49000千人就夠了。」

　　葛拉漢說：「三人會商時所圍坐的那張桌子，至今還保留在當初會面的房間裡。」

　　抵達德黑蘭的第一天後，當天接下來以及第二天當中的大部分時間，我都在城裡閒逛，偶爾消磨一點時間。不過，我還是設法參觀了一些博物館，像是國家博物館（National Museum）、伊斯蘭教博物館（Islamic Museum）、地毯博物館（Carpet Museum）和當代藝廊（Contemporary Arts Gallery）等等。德黑蘭真的不像外傳的那麼聲名狼藉；沒錯，它的交通的確很混亂，污染程度也嚴重到會讓人咽喉灼熱，但是也有大片的綠地。這座城市有很多公園，幾乎每條街道都可看到成排的樹木和水道（jube），這是很多波斯城市的特色之一。即使在7月這麼炎熱的氣候下，德黑蘭北部的山區還是白雪覆頂。

　　在德黑蘭待了幾天以後，我開始領受到當地女性的時尚感。

　　在伊朗對於女人的穿著打扮有非常明確的規定。他們不只規範罩袍（chador）的設計（及膝長度和袋狀的款式）、顏色（黑色）和厚度（冬季衣料的重量），連搭配的鞋子（黑色、笨重）和襪子（黑色、厚的）都要符合要求，因為女人性感的腳踝不該裸露在罩袍外面。

　　不過事實上，你也可以比較寬鬆地解讀這些規定。當然，人越多越安全。在許多人當中（德黑蘭的人口夠多了吧！），只有一個人穿得不同就比較沒人管了。所以在一片黑色中，偶而會有一些不一樣的顏色閃過，這些未穿黑色的伊朗婦女只要外頭再罩件衣服，即使是運動衫也好，也是可以被接受的。

　　還有很多伊朗女人穿褲子搭配修長、緊身的束腰外衣（tunics，就是一般我們熟知的斗篷或披風）。她們包的頭巾特別有趣，我注意到有些伊朗婦女包的頭巾，好像西方婦女戴的遮陽帽一般，有的

頭巾看來像是浴帽，這當然跟沙烏地阿拉伯的婦女大不相同！

還有個伊朗女人大踏步走過，身穿橙色外套、披著橙色圍巾，還穿著橙色的鞋子，看起來非常時髦。如果我在紐約或巴黎看到她這身打扮，可能會心想：「哇！很別致的扮相！」絕對不會想成：「這是伊斯蘭教婦女的裝扮。」

好笑的是，在法國，女孩和女人必須為自己爭取戴頭巾的權利，但在伊朗卻有這麼多的女性一點都不想戴頭巾。當然，如果伊朗能夠強迫外國女人戴頭巾把頭髮遮住的話，法國為什麼不能要求學童不許戴頭巾？如果男人也得戴個什麼東西，或是得長期穿著冬天的大衣，應該也會很有趣。有人告訴我留鬍鬚已經落伍了，因為這讓你看來好像在討好毛拉（mullah，意即伊斯蘭教教士或神學家）。

在抵達德黑蘭之前，我在澳洲的一門大學課程認識了一名伊朗人，今天晚上他邀我去參加一場派對，地點在德黑蘭的一個上流社區，來賓被要求要盛裝出席。當我們進入室內把門關上以後，情況變得截然不同。男士看來還是一樣，但是女士（包括伊朗婦女和外國婦女）突然拋下圍巾，露出裡面的牛仔褲、T恤和運動衫；在街上看不到的女人頭髮和手臂，這時全都出現了。

這在西方的派對中再普通不過了，這裡甚至還有個酒吧……有人在狂喝痛飲。

我問曼索爾（Mansoor）說：「這些啤酒打哪兒來的？」

他說：「來自一個宗教游擊組織。除了一般軍隊之外，我們有幾個不同的游擊隊。這個組織壟斷了土耳其進口啤酒，他們把啤酒放在運送武器的貨櫃裡帶進來，裡面裝的其實是Efes啤酒。」曼索爾邊說邊遞給我一罐冰啤酒。

2004年德黑蘭新建的伊朗何梅尼國際機場(Imam Khomeini Airport)延遲很久才開幕，但是開幕過後才不過10分鐘又再度關閉，這很可能就是同一批革命武裝游擊分子所為，因為他們不喜歡這座新機場的幕後財團，該財團由土耳其與奧地利合資，游擊隊認為他們可能與以色列有點關係。這真是小題大作，就好像美國人擔心一家杜拜公司兩年後會經營美國貨櫃碼頭一樣。

我在德黑蘭遇到的人是這麼不同，這點一直很吸引我，直到我碰到一位愛爾蘭女性為止。她繪聲繪影地跟我說，伊朗男人有多會糾纏她，害她不得不去努力學一些伊朗髒話(Farsi insults)，才能嚇跑那些男人。

她說：「叫他們『回去×你娘還比較便宜』通常還滿奏效的；或是『我寧可跟你姊姊上床』，如果罵這些粗話還沒有用，還有一句更難聽的：『你的老二不夠大，我要大老二！』」這些粗口聽來都不是什麼好話，可能她今晚跟我一樣，喝了太多罐Efes啤酒了吧！計程車把我送回旅館時，已經凌晨兩點了，我醉得無法走成一直線，好不容易才爬上樓梯回房休息。

*　　*　　*　　*

當歐瑪爾‧海亞姆(Omar Khayyam)寫到「一條麵包、一壺酒和你」時，他夢想的可能是一壺設拉子葡萄酒(Shiraz)；不幸的是，設拉子葡萄酒雖然聞名全球(尤其在澳洲)，但是你無法在設拉子(Shiraz)當地找到任何設拉子葡萄酒，至少無法在伊朗伊斯蘭共和國中的任何公開場合找到。幸好我在第一次造訪時，在伊斯法罕一處營地，坐在福斯Kombi後座品嚐了一些道地的設拉子葡萄酒。

　　或許設拉子已從酒單上除名，但歐瑪爾‧海亞姆也從來就不是一位受歡迎的詩人。他在西方之所以享有盛名，像那些「移動的手指移動吧！」(moving finger moving on)的詩句，部分得歸功於費滋傑羅(Edward Fitzgerald)，他花了不少心力翻譯和推廣歐瑪爾‧海亞姆的作品。不過在伊朗，歐瑪爾‧海亞姆的名氣主要來自他對數學而非他對詩的專精。薩迪(Sa'di)和哈斐茲(Hafez)兩人都葬在設拉子，在今日仍看重詩作的伊朗，他們才是真正出名的詩人。

　　這趟短暫伊朗行的一開頭，我就搭乘了嶄新的伊朗航空(Iran Air)空中巴士，迅速向南來到了設拉子。這段相當於從倫敦飛到巴黎，從舊金山飛到洛杉磯，或是從雪梨飛到墨爾本的航程，機票只需30美元。起飛前一天晚上我鬼混到很晚，隔天又是大清早的班機，沒想到在這個禁酒的伊斯蘭教國家，我竟會宿醉去搭機。

　　除了兩位著名詩人的墓園以外，設拉子還有很多古堡壘，一些有趣的清真寺和陵墓，以及天堂花園(Bagh-e Eram)。午餐時間我走到座落於美麗花園中的哈斐茲墓園，那裡還有一家很受歡迎的茶館，可以坐下來休息，抽一管水煙(qalyan)，喝杯茶(chay)，同時憑弔已逝的詩人。喝茶在伊朗是一項重要的活動，伊朗人的生活多半圍繞著茶壺。說起我這30年來對茶的熱愛，得要追溯到1970年代第一次的土耳其與伊朗之行。那時我把茶煮很久，還要加糖和加牛奶；一直到我發現原來可以用小杯子飲茶，而且不必加糖後，才真正懂得飲茶。

　　午餐時我點了一碗健康的燉肉(abgusht)，"ab"是水；"gusht"指肉，這就是這頓實用料理的食材，包括清肉湯、馬鈴薯、番茄、豆子或扁豆。這種燉肉向來號稱是窮人的一餐，也是伊朗一句有名諺語的由來：「多加點水到燉肉裡。」因為即使有不速之客突然造

訪，你只要加點水到燉肉裡就足以款待對方。就像其他流行名菜一樣，燉肉這道菜有其獨特的吸引力，調味得當再經過長時間的慢火熬煮，就可做出一道出色的燉肉。這種伊朗燉肉又叫做笛子(dizi)，原因是上這道菜時多半都用陶壺盛裝，還會附上一根像杵子一樣的東西，供你把食材搗碎後食用。

下午我到天堂花園參觀，那裡人潮洶湧，大概設拉子一半以上的人都來了。

接著我到城裡西邊，沿著查曼朗大道(Dr Chamran Boulevard)漫步閒逛。今天是星期五晚上，設拉子的居民習慣在此時到長街旁的公園內野餐。

我在1970年代早期第一次造訪伊朗時，那時的觀光客比現在多得多，或許現在伊朗觀光客不多，不過這並沒有澆熄伊朗人的熱情。他們花下大筆金錢，投注許多心血，重新將老舊建築改建成餐廳和旅館。後來我在亞茲德和喀山看過很多這類改建過的老建築，但還是以第一次在設拉子所看到的印象最爲深刻。哈瑪姆維卡爾(Hammam-e Vaikal)是一座古老澡堂(或土耳其浴室hammam)，現在被改建成一間茶館和餐廳。其中美麗的八角形房間中央，有座冒泡的水池，旁邊還有音樂三重奏(小提琴、塔布拉鼓tabla-like drum和一種造型奇特的弦樂器)現場演奏；食物更是棒呆了，餐廳佈置也很讚，我也不是唯一的觀光客，現場還有一群來自香港興高采烈的團體，以及精力比較不那麼旺盛的香港華人，其他則是來自西方形形色色的遊客。

設拉子已經夠有趣了，不過眞正引人入勝的還是50公里外的波塞波里斯(Persepolis)古遺址。該座遺址座落在一處峭壁下方的平原上，西元前518年大流士一世(Darius I, the Great)開始興建這座指標

城市，但在西元前330年，這座城市的輝煌歲月走入歷史，原因是
亞歷山大大帝（Alexander the Great）入侵波斯，劫掠並幾乎焚燬這座
古城。時至今日，歷史學家仍無法肯定到底波塞波里斯之所以遭到
大肆破壞，是不是一場宴會後酒醉失控所造成的不幸後果，還是賽
瑟斯（Xerxes）為了報復150年前雅典遭到破壞所為。

　　現在所有的步調都變快了，紐約雙子星大廈被毀後不到兩年，
巴格達就成了廢墟。亞歷山大大帝也許在採取報復行動上速度慢了
點，但他卻比現代的中東侵略者（意指美國）要來得有組織得多。亞
歷山大大帝在放火之前，早就把波塞波里斯清空了；遺址簡介上寫
著他為了清空金庫，用了3000隻駱駝和驢子拉車，運走了「12000
塔林（talents）」（編按：古希臘貨幣）。我雖不清楚一塔林價值多
少，但聽起來可不是個小數目。

　　從淺浮雕（bas-reliefs）上就可以看到波塞波里斯的故事，尤其是
那些在中央階梯（Apadana Stairway）上的淺浮雕更是如此。23個國家
代表排成一列列往前行進，他們帶著各種禮物前來朝貢，包括來自
埃蘭人（Elamite）代表團獻供的一頭母獅和兩隻小獅；大夏人
（Bactrians）的兩隻雙峰駱駝；巴比倫人（Babylonians）的一頭水牛；
喀布爾河谷的坎達利人（Gandarians，他們就是雕刻巴米揚大佛的佛
教徒）的一頭公牛；路德族（Lydians）和呂彼亞人（Libyans）的兩輛馬
車；信德區（Sindh）印度人的幾袋黃金（早在當時黃金在印度就很重
要了）；還有衣索匹亞人獻供的一隻小長頸鹿和一些象牙。

　　除了波塞波里斯之外，我們也參觀了古城帕薩爾加德
（Pasargadae）、魯斯塔姆（Naqsh-e Rostam）威嚴的石墓，以及拉加伯
（Naqsh-e Rajab）切入峭壁的淺浮雕。經過漫長的一天，那天晚上我
搭計程車準備前往設拉子外的約德（Yord）餐廳，該餐廳位於一座小

村落裡。傳統上游牧民族會在夏季搭起帳篷，這家餐飲就開在帳篷內，並因此而得名。不過我的旅館並不確定這家餐廳是否還在，也不太清楚該如何過去；即便如此，他們還是透過口述和手寫的方式，告訴我們大致的方向，但我的計程車司機還是花了很多時間才找到這裡。

餐廳美食與傳統音樂表演令一切辛苦都有了回報，不過回程的情況比去時更糟。因爲叫不到計程車，我只好蹣跚步行，穿越一座森林到另一個村落，但是那裡也找不到計程車，我甚至不確定自己是否走在回設拉子的路上。不過友善的伊朗人還是一如往常地幫助我。當我伸出大拇指試著找人搭便車時，一輛培康汽車幾乎立刻就把車開到路邊停下，司機不只把我載到設拉子，還直接把我送到旅館門口。

*　　*　　*　　*

我原本打算坐巴士到450公里外的亞茲德，但後來覺得我在波塞波里斯的計程車司機哈山(Hassan)眞是位友善的導遊，所以改變心意，決定多花70美元搭他的車，在攝氏40度的高溫下，享受空調和沿途景點停留的機會。哈山在車內播放克里斯夫迪博格(Chris de Burgh)的錄音帶，帶著他9歲大的女兒一起上路。

亞茲德的著名景點包括一座祆教寺院（又稱拜火教Zoroastrian）以及祆教的寂靜之塔(Towers of Silence)，過去偶爾有禿鷹會來叼走天葬的屍體。數天後我在伊斯法罕時發現，原來伊朗這個伊斯蘭教國家還有許多其他宗教。

伊朗處處有水，沿著街道旁流動的分離水道（開放式排水）；花

園和公園內傾瀉的瀑布；湧灑的噴泉；以及許多傳統房舍露天庭院
裡的水池等等。還有多餘的水可以大方給市民享用；博物館、公
園、清真寺，甚至就在每條街道旁，都可看一個公共冰水分配器，
這是伊朗式的飲用泉水。在大城市裡，從水管裡流出的水是可以直
接生飲的（在夏天造訪伊朗，可想而知我當然從這裡喝了很多水）。
值得慶幸的是，伊朗這種隨手可得的冰涼飲用水，並沒有像其他許
多開發中國家一樣，被亂棄的塑膠空瓶所污染。

　　亞茲德是地下灌溉系統（qanat）的中心，當地甚至還有一座水博
物館，裡面解說了所有關於這套流經地下室的水底網絡。

　　或許你看不見隱藏在這座城市下方的下水道，但是在上面的特
色傳統建築卻顯而易見。任何一間稍具規模的老房子上方，通常都
會有一管時髦的煙囪和一座瞭望台，中間還有一個看來好像十字架
的東西，就是所謂的風塔（badgir）。風塔是一種巧妙的設計，可導
引吹拂過的微風，螺旋向下進入屋內的水池，是一種令人驚訝的天
然空調裝置。站在風塔底下，你可以感受到往下吹的微風，在某個
適當的點，這陣風又會往上吹。不只在伊朗這個地區可以看到風
塔，其他像是波斯灣的阿拉伯地區（在杜拜一些上好的老房子）、阿
富汗西部的某些村落，以及巴基斯坦的信德區，也都可以看到。這
座城內每間著名的老房子上頭都有風塔，還有一個小水槽。涼風冷
卻後的水，經過6座塔後貯存在半球形的水槽（Shesh Badgir）內。把
這些傳統設有風塔的老房子重新整修後，再開放作為旅館和餐廳，
在當地已蔚為風潮。我入住的堂皇馬雷克托甲爾（Malek-o Tojjar），
就是這種改建過後的老房子之一。

　　那天下午，我在屋內的庭院咖啡廳裡喝茶，讀著《在德黑蘭讀
羅莉塔》（Reading Lolita in Tehran），（這裡免不了要重複）。這本阿

颯兒・納菲西(Azar Nafisi)的小說，描述伊朗的某個讀書會，如何閱讀某些當局禁止的西方文學。我也受邀前往參加過一次真正的讀書會，成員包括四名亞茲德大學的學生，其中三人是女性，她們熱切地想練習英文，並且分享正在閱讀的英文語言書。

這裡絕對不是沙烏地阿拉伯，你可看到年輕情侶公開牽手；女性和你握手、說話，並且對你微笑；在沙烏地阿拉伯你不但沒有機會跟當地女性交談，就算你試圖和她們說話，也只能看到她們的眼睛，有時候說不定還看不到。

雖然伊朗婦女(或者是因為)在穿著上必須把自己包起來，但總是笑容靦腆，瞧著你看，眼神又很誘人。有天傍晚，當我在一座清真寺前拍攝路上來往的交通時，一名坐在摩托車上、身旁還有男友的伊朗女性，對我大拋媚眼。後來在古城的後巷裡，又有坐在路邊吃西瓜的三名老婦人同聲向我打招呼。

今晚我在絲路(Silk Road)用膳，這間飯店也是老建築再利用，造型優美，如同我下榻的旅館一樣，很適合拍照。庭院中央有一座水池，夜燈映照，遠端盡頭則是一座風塔。有些房客與食客坐在桌旁用餐，部分桌子只有及膝的高度，其他桌子則是正常的高度。有些客人像我一樣，深陷在寬敞，鋪著毯子，如同沙發一樣的東西上，蹺著二郎腿或支頤在扶手椅上。上菜時食物就擺在你面前，置放在那個長得像沙發的東西中間。如果你們有兩個人，也可相對而坐，這種像沙發的東西可以容納4個人。

服務生先送上茶品和甜點，但一直到晚上9點才從廚房裡出菜。就這點而言，伊朗人和西班牙人一樣都很晚才用餐。對我來說這點倒還好，因為光是在看他們在做什麼就很有趣了。飯店中可見到各式各樣的家庭、客人和少數觀光客，到處充斥著各種嬉鬧快樂

的活動。偶爾人們會爬到樓上欣賞風景，從下面可以看到他們映在房舍平頂的側影。許多人對我報以微笑，停下來跟我閒聊幾句，問問我對伊朗的印象或是跟我打招呼。這些人真是活力充沛、興致勃勃，與媒體所塑造的伊朗人形象差了十萬八千里。

＊　　＊　　＊　　＊

雖然我錯過了從設拉子到亞茲德的巴士之旅，但我還是選擇搭乘巴士到下一站伊斯法罕。巴士上有空調，坐起來很舒適(車上甚至還有廁所)，300公里的旅程要價3美元。

光是這個城市就使伊朗之行值回票價了。你很難決定哪裡是主要景點，像是綿延的伊瑪廣場(Imam Square)，廣場周圍的拱廊商場和美不勝收的藍色瓷磚清真寺，或是查楊德河(Zayandeh River)那和緩的曲流，河上的多重拱門橋和周圍的草原等等。

在跨越查楊德河的11座橋中，有5座橋是優雅的古建築，有張我最喜愛的照片就是在這裡拍的，那是1972年當我和莫琳環遊亞洲時，莫琳坐在河邊，背景是雙層的卡由橋(Khaju Bridge)，當時她穿著一套衣服，看來還算體面，但在21世紀的伊朗，她這麼穿的話，可能馬上就會被道德警察抓走。

我沿著查楊德河岸漫步，走到河中央時，在丘比橋(Chubi Bridge)邊的茶館停下來喝杯茶。喝茶和抽水煙是伊斯法罕人最喜愛的活動。丘比橋茶館內用地毯與照片做裝飾，拱形天花板上方還懸掛著各種燈飾，輕易就可看出為何這間茶館會成為伊斯法罕最有吸引力的景點。

我坐在窗邊的一個凹室，有人馬上遞給我一個托盤，侍者接著

就問我一些常見的問題。

「你來自哪裡？」

「澳洲。」

「你叫什麼名字？」

「托尼。」

「我叫穆罕默德，你喜歡伊朗嗎？」

「伊朗真棒，特別是伊斯法罕。」

「歡迎你來！」

午後的茶館生意很好，服務生很快就帶著一管水煙回到我這排的盡頭，送給坐在隔壁凹室的迷人年輕女性，她跟我一樣忙著在筆記本上寫東西。

約莫1小時後，我走到河對岸，在下游三十三拱橋(Bridge of 33 Arches, the Si-o-Seh)旁的島上茶館又停下來喝茶。河邊公園到處可見民眾坐在草地上，或是年輕情侶手牽手沿著河岸散步。

和幾個朋友坐在公園長椅上的一個老太太，揮著手要我過去，問我：「你說英文嗎？來跟我們聊天吧！」

最後我走回去，經過我的旅館到主廣場去喝另一壺茶，這次這間茶館位在廣場北邊一個市集的入口旁。有一家人邀我入鏡，跟他們一起拍張照，於是我們就站在茶館的陽台上，以身後綿延的廣場為背景，拍下了照片。

當夕陽西下、氣溫降低後，許多夜間活動紛紛出籠，廣場上更加熱鬧了。波斯人的熱情再度展現無遺，伊朗人紛紛把毯子鋪在草地上開始野餐。這種行為，對抱持「禁止踐踏草皮」相同熱情的法國人來說，根本就不能苟同。

隔天我從廣場出發，走過商店街，去參觀外望清真寺(Sheikh

Lotfollah)和伊瑪清眞寺(Imam Mosques)，還遊覽了阿里卡布宮殿
(Ali Qapu Palace)。所謂的「廣場」其實是一塊長方形而非正方形
的空地，車輛嚴格限制只能在廣場北邊20%的土地上進出，其他地
方都不准車子進入。

外望清眞寺是個小珠寶盒，它是如此精緻和細膩，以致很難相
信這其實是棟建築物，而非你可以拿起來帶走的東西。那裡有註冊
商標的波斯藍和藍綠色的磁磚成品，也有一些綠白金(green-white-
gold)磁磚。伊瑪清眞寺對照之下有如蒂芬妮(Tiffany's)珠寶，又大
又有些奇怪，它的入口在廣場盡頭，直接面對著廣場，不過建築物
內部歪向右邊，面向麥加的方向，與麥加直接面對面。

站在阿里卡布宮殿的陽台上，可以看到廣場就在我們底下開
展。我遇見一對住在美國的伊朗裔夫婦，哈山(Hassan)與莎娜
(Sanaz)定居在洛杉磯，這可能是美國伊朗人口最多的城市。哈山
很小的時候，在革命之前就離開伊朗，之後再也沒有回來過；革命
結束後，大約18年前莎娜才離開伊朗。

莎娜坦白說：「我原本以爲這裡的情況會更糟，但看來在我離
開之後，伊朗已經有所改善。」

「可是每個人都在抱怨，原本我以爲只有部分人士會不喜歡這
裡的制度，但每個跟我談話的人，不管是計程車司機、農民或其他
人，他們都在抱怨。就某種程度來說，他們只是把王冠換成了頭
巾。」哈山說。

「當然，人們總是期望能有所改變，上星期四我們到北德黑蘭
的賈姆見(Jaam-e Jam)，那是一個購物區，是年輕人常光顧的地
方，週四下午他們都會出門到那裡去秀一下。」

這讓我想起東京市中心原宿(Harajuku)的代代木公園(Yoyogi

Park），那裡每逢星期天就有變裝族（cos-play-zoku, costume-play-tribe）出現。

　　哈山沈思了一會兒後說：「這實在很古怪，年輕人在眉毛上穿眉環，女孩則是竭盡所能地暴露，要不穿著緊身衣，要不就是透明外套，頭巾垂下讓頭髮露出來，或是化個大濃妝。我曾想拍一些照片，但他們或許不希望自己的罪行被記錄下來。」

　　我換了旅館住，從對街的背包客經濟型旅社換到比較昂貴又較奢華的阿巴西旅館（Abbasi Hotel）。這是一間老式的商旅飯店，三十多年前，也就是我上次造訪伊斯法罕時，那時我根本住不起阿巴西旅館，所以這次無論如何我也要住進去看看。

　　換了旅館以後，我到外頭走了一段很長的路，從四十柱宮（Chehel Sotun Palace）走到星期五清眞寺（Jameh Mosque），然後往回經過市集，到了主廣場。不能免俗地，我去看了一些地毯店，接著又去參觀八天堂宮（Hasht Behest Palace）。然後搭了計程車，過河到富裕的糾法區（Jolfa），去看那邊的亞美尼亞教會。糾法區有優雅的咖啡廳和浮華商店，就好像亞茲德的祆教寺廟一樣，提醒人們伊朗這個伊斯蘭教國家不是只有伊斯蘭教而已。這也再次顯示伊朗和沙烏地阿拉伯有多麼不同。由於糾法區只有聖馬利教堂（Mary Church）開放，所以明天我還得再來看看旺克天主教堂（Vank Cathedral）。不過半路上我順道拜訪一處很勁爆的購物中心，裡面有很多當紅流行商品、化妝品和音樂。

　　一整天下來我跑東跑西，實在是筋疲力竭，太陽也快下山了，所以回到伊瑪廣場。廣場南端已經夕陽西沈，照明燈映照在伊瑪清眞寺大片的釉藍磁磚上，散發出引人注目的光芒。一名地毯商人攔住我，他向我推銷不成後，改以導遊的身分建議我，應該再看看這

座清眞寺。

「如果你白天已經看過這座清眞寺，天黑以後再看一遍，你會發現它跟白天時有多大的不同。現在你可以免費進去參觀，晚上他們不會跟觀光客收錢。」他說。

不幸的是，警衛不讓我進去。

他解釋說：「現在是祈禱時間，你不能進去。」

坐在他四周的人立刻展開一場熱烈的討論，幾分鐘以後這名警衛態度緩和下來，他說：「他們都說你該去看看夜晚的清眞寺，如果你只靠一邊走，就不會打擾到其他人。去吧！」

他們是對的，因爲在墨黑色的天空中，閃耀著清眞寺的藍色、藍綠色、黃色和金色的光焰。

                    *   *   *   *

隔天早上在前往喀山之前，還有搖晃塔、位在交通圓環正中央一個令人驚奇的老鴿舍，還有旺克天主教堂那些大肆揮霍油彩的壁畫，都等著我去參觀和欣賞。

我又找了一輛車和一名司機，因爲在前往喀山途中還有一些景點值得去瞧瞧。今天主要的景點是阿比雅內（Abyaneh），這座古老村莊的曲折小巷和泥巴建築物已經獲得聯合國教科文組織（Unesco）的認可，但是前來參觀的遊客還不是很多。如果這裡是法國或西班牙某個具有異國風情的角落，可能每隔一間屋子就會有一家咖啡廳或手工藝品店。當地清眞寺關門了，只有一個孤零零的櫃檯販售著一些紀念品，附近再也沒有其他商店了，沒有店家賣飲料，也沒有餐廳。

在這個村子和喀山之間，我和另外一些伊朗人有過短暫的接觸，他們就像新聞報導和電視上經常會出現的伊朗人，與我之前遇到的美麗旅館和友善人群截然不同。

當我們經過路邊一座高射砲掩體和半掩埋建築物時，我的司機向我介紹：「這是一個核子研究中心。」

到了喀山後，司機把我送到旅館。和我在伊斯法罕的豪華旅館及亞茲德的美麗老房子相比，這家旅館很普通。隨後，我走出旅館去做晚餐前的散步，但才剛走沒幾步，一輛培康汽車迴轉停在路邊，車上的魁武男子一下車，立刻抓住我的手臂；如果他的塊頭不是那麼大，鐵定會用衝的。阿瑪‧普沙耶迪，我的喀山綁匪，抓著我不放，跟他爭論只是徒勞無功，我只能跟他搪塞，但他很難纏，無法就輕易就這樣打發。

最後我只好同意：「好吧，明天早上9點我們在這裡碰面。」我很不情願地告訴他我住在哪家旅館；我繼續說：「如果我沒有出現的話，你就知道我無法成行了，但我會盡量準時趕到。」

我把綁架行動往後延了12小時，之後到戴爾帕茲餐廳(Delpazir Restaurant)吃晚餐。這家餐廳已變成所有外國觀光客必到的地點，因為它是由一名英國婦女珍‧馬德瑞森(Jane Modarresian)和她的伊朗老公所經營的。他們在倫敦郊區的密僑(Mitcham)也開了一家波斯餐廳，但兩人決定搬到喀山來，因為覺得喀山對他們3個孩子(兩男一女)來說，會是一個更好、更安全的居住環境。很不尋常的看法嗎？但我在德黑蘭時遇到一名美國婦女和她的伊朗丈夫，我從他們口中也聽到同樣的說法。

當這對夫婦的兒子在美國出生、長大到8歲時，他回到伊朗四處旅行，借住親友家，做過幾分不同的工作，10年後他回到美國，

然後又回去伊朗，因為他發現自己比較喜歡伊朗。

早上我走出旅館，阿瑪那輛可靠的培康汽車就停在旅館外面。他清楚地推斷我一定是待在靠近前天晚上他發現我的地方。

「阿瑪，你很準時。」我說。

他同意：「是的，但是你怎麼知道我的名字？我昨天晚上沒有告訴你啊？」

我再回他一句：「你叫阿瑪‧普沙耶迪，我有管道得知消息。」

在我們今早碰面之前，我已經為他準備了一個謎題，這夠他想一整天了。在我的旅遊指南上，阿瑪被推薦為最佳導遊，會遇到他這位「吸引人的老流氓」，純屬意外，但在接下來的24小時當中，他的確讓我很著迷。

一路上我們遇到的每個人要不是阿瑪的朋友就是親戚，而且他們全都只收我半價就讓我進去參觀。連在一條公路尾的過路收費亭，裡面的收費員都認識阿瑪，阿瑪還說服他打個折扣。一天下來，我已經在阿瑪的屋子裡四處跑，當中午我們因為天氣太熱而休息時，阿瑪的妻子帶我們去吃午餐，飽餐一頓後我們躺在鋪著波斯地毯的地板上午睡，然後才又出門去觀光。

我們從賽亞克（Tappeh-ye Seyalk）這個考古遺址開始。當然，阿瑪和駐在當地的考古學家阿巴‧艾特馬德‧芬尼（Abbar Etemad Fini）是朋友。芬尼正在修補一個壺，就是你預期考古學家會做的事，因為這個遺址以挖掘出的陶器而聞名。這條路再往前走是費恩皇家花園，裡面有池塘、小水池、噴泉和其他波斯人想像中的天堂會看到的東西。這裡也是19世紀伊朗英雄埃米爾‧卡比爾（Amir Kabir，前波斯大臣和改革家，他的名字在伊朗家喻戶曉；"Amir"為

伊斯蘭國家的貴族稱號，一般指親王或大公。）遭人背叛和謀殺的
地方。卡比爾死在這座花園的澡堂裡，現在那裡有一尊蠟像模擬當
時的場景。臨死前卡比爾被問到他想怎麼死，他選擇割腕自殺，不
過蠟像展示的卻是當叛徒準備用刀刺卡比爾的手腕時，他依然不為
所動。

　　我們在城牆遺址處結束了市區巡迴之旅，接著參觀好幾座清真
寺，不過喀山那些華麗的老房子最值得一看。從好幾間屋子改建前
後的照片可看出，他們花了多少功夫去整修那些房子。在其中一間
房舍裡我碰到一個大家庭，其中幾位成員都說得一口流利的英文。

　　看來約莫12歲，還戴著牙套的女兒說：「要重建這樣一間房子
一定不容易，因為除了一些老照片之外，其他一點依據也沒有。」

　　比起喀山的建築整修計畫，她父親倒是比較關心外面世界對於
伊朗的看法。西方媒體要不是對伊朗總統馬哈茂德・艾哈邁迪-內賈
德（Mahmoud Ahmadinejad）最近對外的發言有疑慮，就是對伊朗的
印象還停留在蓄鬍的阿亞圖拉（Ayatollah）時代，並且強調他們擔心
伊朗近來進行所謂和平使用核能發電的研究計畫，可能是加入北
韓、巴基斯坦、以色列、印度和所有其他擁有大規模破壞性核子武
器（atomic Weapons of Mass Destruction）國家的前奏。

　　他思考說：「我們該如何讓世人對伊朗有更好的印象？只要人
們到伊朗來，就會明白這裡不是個很糟的地方，我不懂他們為何對
伊朗有成見。」

　　我想，德黑蘭的那棟前美國大使館圍牆上，如果繼續留著「美
國去死」的字樣和那些反美塗鴉，當然無法改善伊朗的形象，但我
認為這些不過是虛張聲勢罷了。只要到伊朗的公園走走，看看那些
到處野餐的波斯人，忍受一下他們用此起彼落的「歡迎」跟你打招

呼，再喝個一、兩杯茶，你會發現他們並不是西方媒體所形容的那種激進極端主義分子。

當我們準備離去時，這個家庭的女家長問我要不要與他們一起到城裡逛逛，因為他們的車子還有一個空位，不過我跟他們解釋我已雇用了司機和汽車了。

阿瑪晚上送我回旅館之前，我還有一處地方沒去。逛過舊市集之後，阿瑪轉向一條無人煙的小巷，帶我穿過一道不知名的門，進入一家漂亮的老式旅館。這家旅館雖已年久失修，但八角形的水池（真的有水！）上頭仍保留著高聳的多層圓頂，還有典型的波斯磁磚藝品，真是精緻典雅。我能想像這裡若改建成一間餐廳，水池四周擺上桌子的景致，這讓我的心思立刻飄回數個月前，我在比佛利山莊一家飯店享用池畔午餐（還有很上等的白酒）的情景。

在坎塔巴塔貝舊豪宅用晚餐時，我遇到更多好客的伊朗人，這間屋子是在1834年為一個有錢的地毯商興建的。稍早前我就來看過這間屋子，那時我跳上一輛應該是往這個方向走的共乘計程車。如果是當地人的話，通常會問清楚車子是否會前往他的目的地；但對我來說，即使車子沒有開到我要去的地方，只要坐上行進方向大致沒錯的車子就可以了。因為車價不貴，所以我很容易就可以換搭另一輛車。這部共乘計程車停在前往坎塔巴塔貝舊豪宅途中，就讓所有的乘客下車了，司機接著問我要到哪裡，然後就開車直接送我到目的地，除了一開始付的標準車資5000里亞爾（大約60美分）外，他並沒有多向我收錢。

*　　*　　*　　*

隔天早上，阿瑪在旅館外等我，準備載我到城外的幾個景點去做最後巡禮。終於，我的喀山綁匪讓我在巴士站下車，但在這之前，他已經先幫我查了前往德黑蘭的巴士時間表。搭乘阿瑪的培康汽車遊覽喀山是種享受，阿瑪似乎也捨不得我走。到現在他還在搔頭，猜不透我怎麼得知他的名字。

當巴士行經庫姆(Qom)時，坐在我隔壁的年輕人叫了一聲：「蜥蜴城。」這裡是伊朗的宗教中心。

電影「蜥蜴」(Marmoulak, The Lizard, 2004)一直是一部受爭議的賣座片，也無可避免地遭到被禁演的命運。芮拉‧馬莫拉克(Reza Marmoulak)利用他像蜥蜴一樣敏捷的攀爬能力而成為偷兒，但他也因此被關進監牢。芮拉偷了一名毛拉(神學教士)的外衣，利用醫院換班時間脫逃並來到一個小村莊。村裡的人以為他是清真寺新來的毛拉，芮拉因著他那些未經仔細思考的建議和對可蘭經的詮釋，很快就成為熱門人物。想當然爾，對於這種暗指毛拉是蜥蜴的手法讓真正的毛拉們很感冒，這部電影因而被禁。

坐我隔壁的年輕人堅稱：「毛拉不好。」他的手繞著他的頭垂直地往上打轉，意指毛拉頭上纏的頭巾，又用手指水平地在他的頭旁邊比劃說：「他們瘋了。」

毛拉們以解釋「可蘭經會怎麼說」而著名。有一次有人問何梅尼(Khomeini)一條古怪的規定：如果一個男人和一隻雞交媾，那隻雞該怎麼處置？這個男人可以把這隻被雞姦的雞烤來吃嗎？何梅尼厲聲說：「不，當然不行！他的家人不行，他的鄰居也不行！」

「那麼，如果是住在兩道門以外的人可以嗎？」何梅尼回答：「這樣就沒問題。」這麼說來，被雞姦的烤家禽肉只要隔條街就可以拿來吃，那用水煮的、用叉子叉的家禽肉也比照辦理嗎？

*　　*　　*　　*

　　返抵德黑蘭，巴士停在喧鬧的南巴士站。我走出巴士站，再次面對這座城市喧囂的交通。在巴士上我跟保羅和卡洛琳聊了一會兒，他們是第一對我遇到沒有伊朗血統的美國觀光客。除了卡洛琳得努力解決穿著的問題之外，他們在伊朗旅行大致來說都還好。

　　「西方觀光客即使穿上黑色罩袍也不見得會受尊重，我認為如果我們能夠更融入當地文化（locally correct）又不落伍的話，反而會有比較好的名聲。」卡洛琳說。我在德黑蘭以外的地方，從其他觀光客口中，不論是男是女，也聽過類似的說法。

　　另一名我在伊朗遇到的勇敢觀光客建議說：「在阿富汗內陸，穿著當地衣著可以讓你比較融入，但是在喀布爾，如果你穿得跟當地人一模一樣，反而會造成反效果，因為這使你看來太過造作，或暗示你可能是美國間諜，因此我在喀布爾總是穿著不顯眼的西方服飾。」

　　有關服裝問題，總是牽涉到難以理解的人為因素。幾天前我在旅館大廳看到一部電視連續劇，一位年輕妻子在跟丈夫閒聊時，頭髮仍然慎重地包著頭巾，這段客廳場景讓我沈思良久。當然，在實際生活中，不是在伊朗連續劇的虛擬生活中，她一進入室內就會馬上把頭巾取下。

　　我走出巴士站，查看我的旅遊指南，發現我得到馬路對面去，從那邊喊計程車才會順路。過馬路到一半時，我被撞了。我不是被車子、摩托車或巴士撞到的，而是再度明白像伊朗這樣一個世故的國家，其實非常了解外面的世界，還與外界保持良好的關係。「嘿！Lonely Planet！就是你。」一名指揮交通的警察對著我喊，

同時指著我手上打開的旅遊指南說：「小子！到底你要往哪個方向
走啊？」

＊　　　＊　　　＊　　　＊

位於設拉子的哈姆瓦契爾(Hammam-e Vakil)，是一家極富吸引
力的老式餐廳，我在那裡遇見導遊穆罕默德，當我告訴他很多年前
在沙皇時期，我曾經開車經過伊朗時，他回應說：「那是個黃金時
期，雖然那時也有很多問題，但總比現在自由多了。」

我心想：「不見得吧！」看看沙皇時期那些可怕的秘密警察
(Savak，伊朗國家安全情報組織)，他們非常擅長對政治異議分子
施加殘酷的報復手段，就跟伊朗今天的宗教警察一樣。

回到德黑蘭，曼索爾沈思著說：「每場革命都有贏家和輸家，
沙皇認為伊朗只到德黑蘭的邊界為止，完全忽視其餘領土與農村。
在德黑蘭以外的人，現在過得比沙皇時期好多了。」

他指著外頭的混亂交通和我們周遭的一片喧鬧說：「看看外頭
的街道。」跟往常一樣，如果有一場「世界最糟交通」的奧林匹克
運動會的話，伊朗肯定可以拿下金牌。

「你看很多女人在開車，不是嗎？在沙皇時期這根本就不可
能。」

不光是伊朗女性開車的問題，在這樣一個不良駕駛積習已深的
國家，女性有時候似乎開得特別糟。一名婦女開車從我們面前疾駛
而過，衝進前頭圓環車道的一片混亂之中，彷彿要證實我們所言不
虛。在伊朗開車的駕駛人幾乎都不看後照鏡，但是當妳的頭巾在臉
的四周飛揚時，不看後照鏡妳怎麼開車？

曼索爾繼續說道：「最近的選舉對革新主義者來說可能是場災難，不過看看選舉以來情況變成如何，立法過程要不是陷入僵局，就是法案即使過了也馬上被教士否決。現在保守派控制了議會，情況變成只要先前革新分子通過某項法案，保守分子即使原本會加以反對，現在也都讓法案過關了。」

當車子駛過一個書報攤時，他說：「沒錯，他們一直關閉報社，但是報社職員一出大門，沿街走到三棟建築物以外，又開辦了另一份新報紙。」

他的說詞似乎很可信。今天早上我在一個書報攤上數一數，共有23份全開報紙、14份小報和12份運動報。因為一份報紙不到20美分，所以我通常會把三份英文報紙全部買下。但是對伊朗的書報攤讀者來說，他們可能得要花上半小時決定該買哪份報紙。我也懷疑：在伊朗報紙第3頁的女郎如果擺在當地小報裡，不知會變成什麼模樣？把黑色罩袍往上拉一點，露出性感的腳踝嗎？

當我們抵達曼索爾的公寓並且坐下時，曼索爾的朋友歐米德（Omid）就來了。他拿出一封信，並且在房間裡傳閱。

「你們認為這是什麼意思？」他問。

我很清楚信件的內容，當我向房裡的人解說時，很多人都同意地點點頭。

我開口道：「這封信是用那種令人困惑的法律用語寫的，這在移民部門很常見。總之它好像是說你的移民身分沒問題，也不會有所改變，你可以隨你高興愛留多久就留多久，但是一旦你離開這個國家，他們就無法保證你可以再入境，而且他們也不打算改變做法。」

我推斷：「所以你得留在美國。但是這裡我就不懂了，因為你

現在人並不在美國，而是在德黑蘭。」

歐米德回答說：「沒錯，我知道。我是在8年前回來伊朗的，現在我並沒有回美國的打算，只希望哪天我改變主意後，還能夠回去美國。」

我懷疑地問道：「但是美國移民局認為你還在美國？」

他同意：「當然，我總是從我朋友的地址寫信給他們，所以他們以為我還住在美國。」

我再問：「當你離境時，難道他們都沒注意到嗎？」

歐米德說：「沒有，我只是過了邊界進入加拿大，沒有人注意到。」

＊　＊　＊　＊

我在伊朗玩得很愉快。除了參觀那些令人驚嘆的景點之外，我還碰上不少形形色色的人們與有趣的事情。這讓我不斷想起，今日的伊朗背後蘊含著數千年的文化、教育與人情世故。根據《新共和國》(*The New Republic*)雜誌報導，過去10年來，有更多德國哲學家康德(Immanuel Kant)的著作被翻譯成波斯文，這遠高於翻譯成其他語言的比例。伊朗人具有主見且心胸開闊，毫不在乎基本教義宗教領袖的堅持。

從伊朗人口中，我不只一次聽到他們的聲明：「我們不像巴基斯坦人。」伊朗人比較重視門面和外表，無論是朝著美國人揮拳或是男女分開，宗教規則制定者可能很堅持這點，而性別不平等在伊朗也是一個無可否認的問題，但這裡畢竟不是沙烏地阿拉伯。

在離開德黑蘭的班機上，我突然又退回最糟的阿拉伯世界。走

道另一邊是一對沙烏地阿拉伯夫婦，他們兩個小孩坐在前排座位上。這對夫婦都穿著傳統服裝，妻子從頭到腳都裹在黑袍裡。當妳的頭包在袋子裡，該怎麼吃東西呢？妳一手拿著食物，另一隻手掀起臉罩，把食物舉在嘴巴上方，把食物送進嘴巴，再把臉罩放下。這樣看起來是不是很笨拙又很可笑呢？當然！

6

伊拉克
IRAQ

Tony
Wheeler's
Bad Lands

伊拉克

土耳其
TURKEY

敘利亞
SYRIA

約旦
JORDAN

沙烏地阿拉伯
SAUDI ARABIA

扎胡
Zakho

杜胡克 Dohuk

尼尼微 Nineveh

尼姆魯德 Nimrud

庫德斯坦地區
Kurdistan Region

基爾庫克
Kirkuk

阿美地雅 Amadiya

科爾沙巴德 Khorsabad

摩蘇爾 Mosul

埃爾比勒 Arbil

蘇萊曼尼亞 Sulaymaniyah

哈萊卜傑
Halabja

潘哲溫 Penjuen(Penjwin)

伊朗 IRAN

費盧杰
Fallujah

★ 巴格達 BAGHDAD

巴比倫 Babylon

烏爾 Ur

巴士拉 Basra

科威特
KUWAIT

波斯灣
THE GULF

在傾盆大雨中，我們花了一個多小時，從一個辦公室走到另一個辦公室。終於在其中一間辦公室中，胡思尼・杜圖（Husni Tutug）不情願地塞了一張紙鈔到我護照的夾頁裡，再把它轉交給櫃台。這招似乎很管用，我的護照幾分鐘後就回來了，上面還蓋了個戳記。我總算可以離開土耳其了。我們開車過橋，停在一個停車場，不遠處的看板上寫著：「歡迎來到伊拉克。」

*　　*　　*　　*

2006年當我真的跨過邊界到達伊拉克之前，曾有過好幾次敗北的經驗。

1989年，伊拉克突然從我的旅遊指南雷達螢幕上消失。當時伊朗和伊拉克互相展開所謂的第一次波斯灣戰爭，要到這兩個國家旅行根本是不可能的事。後來美國攻打伊拉克那場戰爭，其實應該算是第二次波斯灣戰爭。現在美國試圖建立後海珊時期（Saddam）的伊拉克所進行的戰役，可說是第三次波斯灣戰爭。兩伊戰爭打了8年，跟第一次世界大戰有很多相似之處，包括兩次戰爭都重複了慘烈的築戰壕──交戰──僵持階段，之後戰事才告結束。這時勇敢的旅人，才又開始前往這兩個迷人的國家旅行。

有很多原因讓人對這兩個國家感興趣。伊朗有偉大的古城波塞

波里斯(Persepolis，大流士一世在西元前518年興建，但亞歷山大大帝在西元前330年洗劫了這座古城)，還有精緻的城市美景，像是伊斯法罕(Esfahan)。伊拉克則有巴比倫(Babylon)、尼尼微(Nineveh)、尼姆魯德(Nimrud)和烏爾(Ur)。誰不想去這兩個國家看看？在1970年代到伊朗還滿簡單的，到伊拉克則困難多了，但自從第一次波斯灣戰爭以後，前往伊朗這個伊斯蘭共和國的大門就關上了，所以勇敢的旅人開始對伊拉克投注較多的關切。有段時期Lonely Planet甚至開始考慮出版一本伊拉克的旅遊指南。

1989年，我們派羅絲瑪麗‧霍爾(Rosemary Hall)這個勇敢的英國旅行作家前往伊拉克，實地調查到當地旅行的可行性。她的研究可以在我們的《西亞》旅行指南伊拉克章節中看到，而我們也開始思考：是不是該把這個章節擴展成一本獨立的伊拉克旅遊指南。接著在1990年，伊拉克入侵科威特，導致了1991年的第二次波斯灣戰爭，我們對伊拉克所有的企劃案因此凍結。

同時，我也有另一次和伊拉克有關的旅行體驗，不過那是在距離伊拉克好幾英里之外。

1991年10月在法蘭克福書展(Frankfurt Book Fair)時，詹斯‧彼特思(Jens Peters)、史戴芬‧露絲(Stefan Loose)和芮內特‧露絲(Renate Loose)告訴我有關柏林圍牆倒塌後發生的故事。

史戴芬回憶說：「那時我們正要吃晚餐，米夏(Misha)從客廳大喊：『爸！媽！快來看，有人在爬圍牆！』。」

「即使過去幾星期來在東德發生了許多變化，我們還是很難相信他的話；但是當我們親眼看到發生了什麼事情時，我們馬上決定擱下晚餐，到圍牆那邊去看看。」

露絲一家人就住在克羅茲堡(Kreuzberg)，距離柏林圍牆和東柏

林很近。

芮內特接著說：「結果我們一直到隔天才回家。」

接著他們告訴我，人們是如何急切地想破壞柏林圍牆。詹斯說：「在柏林有好幾個月都找不到鐵鎚和鑿子，你從削鑿的聲音，就可判斷柏林圍牆在哪個方位。」

他們的故事讓我驚嘆不已：「有一天我一定得去柏林看看。」

結果他們異口同聲地說：「不，不是有一天，而是現在！柏林圍牆倒塌還不到兩年，東德和西德仍有清楚的分野，不過往後這種區別會日漸消失。如果你想要實地看看東德和西德曾經是什麼樣子，你必須現在就去！」

所以一星期之後，我就睡在露絲家位於克羅茲堡的公寓沙發上。如同其他到東柏林的死忠粉絲旅客一樣，我前往貝加蒙博物館（Pergamon Museum）朝聖，並像許多到此的旅客一樣，深受伊修塔爾門（Ishtar Gate）感動，當初是德國考古學家把這道門從巴比倫偷運到這裡來的。

* * * *

但我還是沒有機會造訪伊拉克。在這期間，曾有過一些受警方嚴密保護的伊拉克旅行團成行；但是我等待的，是到伊拉克做一次真正的個人旅行。進入21世紀後，伊拉克相關的評論以及念頭更在我心中縈繞不去。2002年的某一晚，當我從杜拜那間阿聯酋大廈飯店（Emirates Towers Hotel）的高空酒吧，眺望窗外的閃爍燈光時，發現有一名興高采烈的南非橄欖球迷坐在我隔壁。他最近才剛從伊拉克旅行回來，部分原因是出公差，但我想主要還是出於他對伊拉克

的興趣。他覺得伊拉克是個很棒的地方，大力稱讚伊拉克有多吸引人，還有那些聖經上的景點和歷史古城等等。

幾星期之後，我和在日本工作的德國移民尤金·莫爾(Eugene Mall，他是旅遊行家)聊天時，討論到我們共同關切的話題：那就是應該快點去伊拉克看看，她可能快要不存在了。

尤金說：「我真擔心美國會攻打伊拉克，如果他們就這樣闖進去，一切都會遭到破壞。我一直想去看看伊拉克，或許我該趁著現在還不算太晚，立刻出發。」

2002年初，戰爭看來已經蓄勢待發，雖然真正開打是一年以後的事。不知為何我們不相信布希會瘋狂到這種地步，但事後看來他好像就是忍不住。我在倫敦和Lonely Planet多年來的英國負責人夏洛特·印朵(Charlotte Hindle)、她的丈夫賽門·卡德(Simon Calder，他是《獨立報》*Independent*的旅遊版編輯)，以及強納森·葛蘭西(Jonathan Glancey，他是《衛報》*Guardian*作家)一起吃晚餐，強納森確信布希和布萊爾(Blair)很快就將對伊拉克開戰，所以他已經在趕辦伊拉克簽證，希望在她遭到破壞之前先去看看。

幾個月後，強納森真的到了伊拉克，並寫下他造訪烏爾昔日的蘇米爾(Sumerian)首府的遊記。這個地方靠近納西里耶(Nasiriyya)，在巴格達(Baghdad)東南方375公里的地方。一年後，當伊拉克全面遭到攻擊，美英聯軍已進駐伊拉克準備展開長期作戰時，強納森指出，空襲對不幸的伊拉克人來說早就不是新聞。

就好像這個地區的許多國家一樣，伊拉克是鄂圖曼帝國(Ottoman Empire)瓦解後產生的結果。鄂圖曼人早從12世紀末開始努力，1453年在君士坦丁堡(Constantinople，今天的伊斯坦堡Istanbul)建國，於蘇萊曼一世(Sultan Süleyman the Magnificent)時國

力達到頂峰，1529年時疆域一度擴及維也納城門。蘇萊曼一世在
1566年過世時，鄂圖曼帝國已經把從現代中東、北非海岸一路到摩
洛哥、巴爾幹半島和東歐的大多數地區都併入版圖。

不過，鄂圖曼帝國自此就開始走下坡，在第一次世界大戰時選
錯邊更帶來致命的後果。要是穆斯塔法‧凱末爾(Mustafa Kemal，
又名Ataturk)沒有在1920年到1922年土耳其獨立戰爭期間，鼓舞灰
心的土耳其人，團結對抗入侵的希臘人，連土耳其這個舊帝國的核
心地帶都會就此消失。

鄂圖曼帝國的其他部分要不是自行獨立，就是成為其他國家的
殖民地，伊拉克就是最好的例子。1920年英國奪下鄂圖曼帝國在伊
拉克這一部分的土地，包括從美索不達米亞(Mesopotamia，希臘文
意為「兩河之間」，指古蘇米爾地區的底格里斯河Tigris與幼發拉
底河Euphrates間的兩河流域)，一直到北部多山的庫爾德斯坦
(Kurdistan)地區。

伊拉克人混雜了阿拉伯人、庫德族人(Kurds)和亞述人
(Assyrians)的血統，在伊斯蘭教什葉派(Shiite)和遜尼派(Sunni)分
裂的情況下，很快就起來推翻英國統治，不過卻也因此發現自己即
將面對一連串的空襲，早在2003年波斯灣戰爭之前的80年，就一直
維持這種情況。英國皇家空軍中隊(RAF squadron)隊長「轟炸將軍
哈里斯」(Arthur Harris)如果在20年後回顧他對德國城市漢堡
(Hamburg)和德勒斯登(Dresden)的大規模轟炸，會發現他所帶來的
破壞及死亡人數，據說可和日本的長崎和廣島相比，由此可見伊拉
克很早就成為哈里斯的空襲練習場。報導指出，1920年代在伊拉
克，哈里斯「靠著四到五架轟炸機漫無目標地轟炸，不費一兵一
卒，每45分鐘就可把一個村子炸平，造成三分之一無處可逃的村民

險惡之旅
Tony Wheeler's Bad Lands

受傷或死亡」。

當英國皇家空軍靠著空襲取得伊拉克的治空權時，英國陸軍在
地面作戰上也毫不含糊。海珊（Saddam Hussein）1988年在哈萊卜傑
（Halabja）以毒氣瓦斯攻擊庫德族人並非創舉，英國人早在1920年就
在伊拉克採用「非常致命的」毒氣對付伊拉克叛軍。

*　　*　　*　　*

美國的假設似乎是：伊拉克要不是選黑就是選白，黑當然是指
海珊，白就是指民主，最好是像美國這樣的民主；也就是說，不是
你隔壁的伊朗那種民主，或是像巴勒斯坦幾年以後選擇的那種民
主。

然而實際上這從來就不像是丟銅板，正面（民主）的機率遠大於
反面（海珊），反而比較像是把一盒紙牌往空中拋，再揀出那些正面
朝上的紙牌並重新丟一次。因此解放前的情況會出現各種不同的結
局，有些結局可能比一開始還要更糟。

首先，有人主張讓伊拉克維持現狀，黑就讓它黑到底。等到海
珊的死刑定讞，他從絞刑台上被吊起來，我們就可以開始後海珊時
期的伊拉克第二版。這時候只要把海珊的銅像搗毀熔解，交給鑄鐵
匠用來打造下一輪新的英雄塑像即可。還有一種可能是另一種色澤
的黑接替原本的黑，在所有的內鬥和選舉結束後，由另一名海珊型
的獨裁者繼位。

或者伊拉克變成像伊朗那樣的神權國家，可能的範圍從盡可能
的民主（經過伊斯蘭教國家修正）到真正的毛拉（神學教士）治國，可
以想見這將使伊拉克排斥美國和美國所代表的一切。

　　還有就是伊拉克選擇像阿拉伯國家那樣的部族制，國家由最大的酋長統治（如沙烏地阿拉伯）或是酋長們權力分享（如阿拉伯聯合大公國）。這個選項並不會比較民主，結果也很不同。沙烏地阿拉伯式的民主是貪婪的統治者只要控制住財政就好，對其他所有事情都可睜一隻眼閉一隻眼；而阿拉伯聯合大公國式的民主則是務實取向。

　　再來就是最簡單的選項──混亂。伊拉克可能分裂成中東的巴爾幹，境內的庫德族躲回北部地盤，這將使土耳其和伊朗非常不悅，因為這兩國境內都有相當多的庫德族人。同時，什葉派伊斯蘭教徒（受伊朗支持）可能和遜尼派打起來，這麼一來部分伊拉克或是全部的領土就將淪為另一個阿富汗，成為任何想要據地為王者的基地。

　　把民主引進伊拉克有這麼重要嗎？沙烏地阿拉伯也不民主，但這並不影響她在國際社會上的地位。1953年，伊朗似乎選錯了民主方式，因為那種民主會損害到西方國家的石油利益，於是伊朗的民主很快被踢開，由另一個符合西方利益的獨裁者沙皇上台掌權。

＊　　＊　　＊　　＊

　　等到震驚期結束，布希就搭乘航空母艦從加州海岸出發，展開他的「任務達成」之旅。他還穿著軍裝，好像這場仗是他一個人打的，所有功勞都榮歸他一人一樣。之後人們開始出現在巴格達，維京航空（Virgin）也開始討論即將開航的倫敦往返巴格達航線。就連Lonely Planet網站上的旅遊討論版「荊棘樹」（Thorn Tree）裡也滿是有關伊拉克旅遊的討論。網友們討論的話題包括：如果從約旦的安

曼(Amman)到巴格達,一個車位要花多少錢?該住哪間旅館?以及
該坐那家往巴格達的計程車等等。「一個單身女子到伊拉克旅行安
不安全」這個話題也延續了好幾個月之久。

　　網友佩舒瑪伽(Peshmarga)答覆說:「基爾庫克(Kirkuk)和摩蘇
爾(Mosul)的情況看來還不錯。」范恩(Vaughn)則說:「伊拉克大
部分地區都還好,但要小心費盧杰(Fallujah)和海珊城(Saddam
City)等地。」兩人都在2003年6月11日回帖。隔天網友史考特(Scott
Filtenborg)擔心「那些分不清曼谷和巴格達的背包客」,並且建議
他們最好「等到伊拉克情勢穩定下來後再去旅行」,即使可能要等
「一年或更久」。同一天,網友藍森(ransome22)也建議:「如果
你是女性,我會建議妳戴上頭巾把頭髮包起來,好讓妳看起來不那
麼像西方人。」

　　當時另一個話題也很熱門:「如果你無法直接到伊拉克,在其
他哪些國家可以找到伊拉克的遺跡?」當然,柏林的貝加蒙博物館
館藏是名單首選,其次是巴黎羅浮宮(Louvre)內,來自科爾沙巴德
(Khorsabad)的亞述收藏品。大英博物館(British Museum)內也有尼
尼微和尼姆魯德的收藏,費城的大學博物館(University Museum in
Philadelphia)也收藏了來自烏爾的雕塑。

　　然而,荊棘樹裡有關「伊拉克旅行」的討論很快就減少了,原
因很明顯,除非有人不怕死才會想去伊拉克旅行。到了2004年情況
更是雪上加霜。《時代雜誌》在2004年12月,刊登了一篇對巴格達
辦事處負責人麥可‧威爾(Michael Ware)進行的專訪,討論費盧杰
遭到攻擊的情況,他形容伊拉克為「徹底的災難」,並強調一個明
顯的事實:在遏阻恐怖主義之外,規劃不良的入侵行動反而像生產
線一樣製造出全新的恐怖分子。他說,如果蘇聯入侵阿富汗引發了

伊斯蘭教聖戰(Jihad)，那這次瘋狂的災禍會帶來同樣的後果。

我在一本書上讀到，參與作戰的新兵通常會經過四個階段：首先，他們會這麼想：「這場戰爭一切都按照計畫進行。」只要有更多人加入，問題就可解決。幾個月以後，他們的想法變成：「既然我們已經投入這場混戰，就應該盡快結束戰爭。」同樣地，這個階段還是會有更多人加入。接下來的想法是明白了「一定有什麼事不對勁，真是一團糟！」最後是「我們得放聰明一點，趕快離開這裡，越快越好！」

我們知道歷史總是一再重演，我們的領導人也從來不會學到教訓。這個簡單的四階段分析並不是針對伊拉克戰爭而寫的。是越戰嗎？也不是。這是俄羅斯記者波若維克(Artyom Borovik)在《看不見的戰爭》(*The Hidden War*)一書中，針對蘇聯入侵阿富汗這場戰爭所提出的分析和主張。就像越戰一樣，蘇聯進駐阿富汗以可恥的撤退收場，這也是最沒有成見的觀察者對這場伊拉克戰爭結局所作的預言。

*　　*　　*　　*

2006年初伊拉克局勢開始走下坡，情況急轉直下。有分析指出這場混戰可能惡化成內戰，而美國會支持其中一方，到時候什麼事也做不成。於是我決定該去造訪伊拉克了。

伊拉克中部或南部，包括尼尼微、尼姆魯德、巴比倫、烏爾和其他古城，都和巴格達一樣得再等等。在可預見的未來，我不可能到這些地方旅行，所以只好從其他地方下手，我只到可以抵達的地方去體驗一下伊拉克。這個國家大多數地區都是一片混亂，但仍有

169

一個地區是相對安全的：庫爾德斯坦（Kurdistan）。

我將前往華盛頓特區出席一場旅遊會議，如果我在伊拉克北部轉機的話，就可以從土耳其進入再從伊朗離開，這樣我就可以直接從邪惡軸心三國中的兩國飛往華盛頓。某天清晨，我從新加坡轉機杜拜，再飛到伊斯坦堡，很快又晃過土耳其，在博斯普魯斯海峽（Bosphorus）搭乘渡輪橫越馬爾馬拉海（Sea of Marmara），最後抵達卡迪廓伊（Kadiköy），也就是伊斯坦堡對亞洲的通商海港。我的下一班飛機是下午從伊斯坦堡的第二大機場沙賓娜・果松（Sabina Gökçen）機場起飛（沙賓娜・果松機場是以土耳其空軍第一位女性戰鬥機飛行員的名字命名），所以我有充裕的時間坐在港口邊的咖啡廳喝茶，順便看看港口來往的船隻。然後我要飛到迪亞巴克爾（Diyarbakir），這裡是土耳其庫德族區的核心，位於土耳其東部。

那天下午，我走出迪亞巴克爾現代化的小型機場航站，有一群在外等候的計程車司機異口同聲地迎接我：「伊拉克，伊拉克，你想去伊拉克嗎？」

我向他們解釋：「是的，我想去伊拉克，但不是今晚。」今晚我只想找間旅館好好睡一覺。

我在倫敦時遇到一位庫德族人勸我：「不要提到庫爾德斯坦，你要去的是伊拉克。對土耳其人來說，沒有一個地方叫做庫爾德斯坦。」

我在巴爾卡旅館（Balkar Otel）扔下行李，外出去看看外頭的城市，但很快我就發現迪亞巴克爾不可能列入我喜愛的城市名單。這個城市有一座令人印象深刻的6公里城牆，歷史可追溯到1500年前的拜占庭時期（Byzantine era），不過這道城牆看起來既不祥又漆黑，而且城裡的一切看來要不是現代且粗俗，好像荒廢的共黨時期

蘇維埃中心，不然就是又老又舊。在一些十分引人注目的軍事檢查
哨周圍還有很多碎玻璃。

後來我才發現，原來就在幾天前，這裡的庫德族人和土耳其安
全部隊才剛發生過衝突。

我繞著舊城閒逛，去看一間由舊旅店改建而成的旅館。原本陰
沈的天空開始飄落毛毛雨，隨後就下起傾盆大雨。當然，我的生理
時鐘還沒有從新加坡的徹夜飛行中調回來，所以趕緊採買些食品，
找了間網咖去躲雨，之後再回到旅館。我才剛準備上床睡覺，櫃子
上的電話鈴就響了，要我下樓去和我的司機說話。看來我的司機已
經把他的工作轉給另一個人——哈士尼・杜圖（Husni Tutug）。

隔天早上7點，哈士尼就已經在旅館門口等我，我們經由馬爾
丁（Mardin）和米迪亞（Midyat）去參觀莫戈布芮爾修道院（Morgabriel
Monastery），然後剛好在到達邊界之前，在斯洛皮（Silopi）停下來用
午餐。在到達斯洛皮之前，許多輛卡車排成一條長達8公里的長
龍，等著通過邊界進入伊拉克。我事先並不知道到了斯洛皮必須填
寫一些文件，不過我一直想不通，為什麼過邊界得帶著司機同行而
不是自己過去就好，後來我才知道答案。

要到敘利亞，直接從這條路再走幾公里過河即可，不過卡車排
隊的長龍綿延了將近10公里，而且現在卡車還經常排成兩、三排，
甚至是四排，總共可能有上千台卡車吧。大部分的卡車上看不出載
的是什麼貨，但有一些卡車上載的是新車和小貨車，還有些卡車上
載滿了施工設備、管線、鐵絲捲和水泥袋等等，看來對岸有很多建
築物正在施工。

我不明白的是，我知道有人一定會問我，為什麼有那麼多排卡
車載著澳洲小麥。澳洲小麥局（AWB，Australian Wheat Board）一直

傳出醜聞，據說他們掏了3億美元到海珊的口袋裡，以確保伊拉克會向澳洲而不是加拿大、美國或是其他供應商購買小麥。這是非常大手筆的賄賂，而政客也一直用「不在我任內發生」的託辭規避責任。澳洲媒體曾經刊登大量的政治漫畫和笑話加以諷刺，對於澳洲政府為何輕易就相信伊拉克境內存有大規模破壞性武器的說法，澳洲媒體提供了一個俐落的解釋：因為澳洲政府認為他們已經為伊拉克買單了。

邊界看起來一片混亂、泥濘，而且這時又下起雨來。哈士尼好像總是知道該去哪個門、該敲哪個窗口、該闖到哪條隊伍前面，以及該向誰賄賂。我看見他塞夾了一張紙鈔在我的護照裡，再把它遞給一名海關官員。不過我們還是花了一個多小時在一棟又一棟搖搖晃晃的建築物之間穿梭，最後我們終於過橋並進入伊拉克。

入境伊拉克以後好像進入了天堂，突然間我發現自己坐在一個清潔、乾燥又沒有泥巴的等候室，當我們等著他們處理護照時，還有人送茶給我們喝。哈士尼也得辦入境手續，他必須從土耳其離境後進入伊拉克，然後再重複同樣的程序好讓我過關。不過海關官員決定盤問我，於是我花了20分鐘解釋為什麼我想造訪伊拉克，以及我是靠什麼謀生。終於官員點頭了，把護照還給我並歡迎我來到伊拉克。之前已經有大約6名庫德族自由戰士（peshmerga）歡迎我到伊拉克，我還跟其中兩人拍照和閒聊，和另一人用法文交談。

哈士尼讓我在停車場下車，距離我們到邊界已經有兩個多小時。接著我搭乘計程車到扎胡（Zakho）去看那座城市的古橋，晚上則到杜胡克（Dohuk）過夜。這趟短程旅行是我接下來幾天在伊拉克行程的預演：有很多溝通不良的情況發生。我無法讓我的司機阿德芮思（Adris）了解我想去哪裡，在我的庫爾德斯坦的行程中根本看不

到「橋」。我忙著翻我背包裡的旅行指南想讓阿德芮思看，但卻找不到任何一張有橋的照片，我在筆記本上畫的橋，阿德芮思也認不出來。

最後我只要他「幫我找一間旅館」，這下阿德芮思總算懂了，我馬上到接待櫃檯問人，那個服務生知道橋在哪裡，只是有些失望他等了好一陣子才來的客人，卻只是來問路而不是要來投宿。

德來橋（Delal Bridge）這座美麗的橋是扎胡最有名的景點。這座橋據說是由當地一名阿拔斯王朝統治者（Abbasidian ruler）所建，時間可追溯至西元750年到1258年之間，不過也有人說這座橋最早建於羅馬時期。無論如何，這是一座讓人印象深刻的多重拱形橋，蓋在一條多岩石的河流上方，而且看起來非常古老。在扎胡據說還可看到一道古城堡的城牆，但是旅館裡沒有人知道在哪裡，所以我們只好繼續前往杜胡克。

杜胡克並不遠，我們沿著一條佈滿廣告看板的公路行走，到了市中心後驚訝地發現這裡有許多旅館。蘇拉夫旅館（Sulav Hotel）可能是城裡最大（也是最貴）的旅館之一，我的房間要價36美元。才一眼我就愛上了杜胡克，這是個明亮、有活力又擁擠的城市，還有很多果汁攤。我到市區閒逛，找了一間網咖上網，那家店的線路糾成一團，我猜它可能是當地全球資訊網的中樞。之後我又隨意四處看看杜胡克有沒有城堡城牆遺跡，到市集裡不同的商店逛逛，查看一下換錢的地方（那裡沒有提款機，信用卡也不能使用），還照了好幾張照片。每個人都很樂於被照，這代表附近並沒有很多觀光客。

我到餐廳吃了一頓還算可以的晚餐後，回到旅館。說到天氣還是很糟，當我起床時外頭依然下著雨。離開杜胡克時，我仍請阿德芮思當我的司機，當時天空下起傾盆大雨，一直下到我們一路往北

到阿美地雅(Amadiya)時都沒有停。我本來以為可以在阿美地雅看
到一個庫德族山城，但是因為下雨的關係，那裡看起來像個討厭的
垃圾場，而非我想像中的隱居山城，或許在大晴天的時候，看起來
會好得多。當我們往南而行時，沿途還可以看到覆滿白雪的山峰。
不久後太陽露臉了，這時周遭景物果然變得好看多了。

我們往東朝埃爾比勒(Arbil)前進，可能是為了避免太接近摩蘇
爾(Mosul)，繞了很多彎。儘管如此，還是有很多安全人員在檢
查，但他們主要是查看車子裡的乘客，我想他們可能會特別留意阿
拉伯乘客吧。今天只有一次(昨天也是一次)我得拿出我的護照向他
們解釋，我來伊拉克做什麼。一路上我們停下來吃了一頓豐盛的午
餐(庫德族人喜歡美食)之外，我還拍了好幾張餐廳和服務生的照
片，這讓每個人都很高興。

我也很喜歡埃爾比勒。原本我以為大馬士革(Damascus)是世界
上一直到今天都持續有人居住的最古老城市，但是埃爾比勒(又叫
Erbil，庫德族語稱之為Hawler或Hewler)聲稱她才是。埃爾比勒的
現代城市聚集在古老的堡壘周圍，堡壘位於市區中央的一座小山
上。我一找到旅館投宿後，馬上就出去看看這座著名的地標。有階
梯直通堡壘的入口，入口處有一座巨大的坐像。這是阿米斯陶斐
(Ibn Al-Mistawfi)的雕像，他是誰呢？我後來發現他是13世紀時的
一名政府要員，著有《埃爾比勒歷史》(History of Erbil)一書。這座
雕像很壯觀，當地的孩童還爬上雕像，坐在這位地方英雄的膝上。

我那15年歷史的旅行指南說：只要一走進堡壘入口，就會看見
19世紀庫德族的三間大房子。這三間大房子後來改建成博物館，不
幸的是海珊把它破壞光了。1991年發生在科威特的波斯灣戰爭，老
布希總統鼓勵庫德族人起來對抗海珊，卻沒有持續支持他們，當聯

軍行進到巴格達之前就停下來了。海珊以慣常的殘酷手法鎮壓叛變，這使得大批庫德族難民逃往鄰近的伊朗和土耳其，那些漂亮的老房子也被毀了。

沒找到這些房子真是遺憾，但我卻發現令人驚喜的替代品：有面招牌寫著通往庫德族紡織博物館。這座博物館最近才剛開放，整理得很好，裡頭兼容並蓄地收藏了地毯、東方製繡織地毯（kilims）、鞍囊、童車和當地其他手工藝品，充分展現庫德族人和游牧民族部落的生活風貌。興建這座博物館的羅蘭‧穆斯特法（Lolan Mustefa）通曉埃爾比勒和周圍地區的各樣資訊。在伊拉克如今如此欠缺觀光景觀的情況下，他為營造這麼一個絕佳景點所付出的心力，令我深深感佩。

離開博物館之後，我繼續前往堡壘清真寺，去參觀那裡的澡堂，同時享受從堡壘城牆另一頭眺望整座城市美景的樂趣。走下堡壘城牆後，我又去逛了市集，參觀那裡的繡織地毯店，與擦鞋童開開玩笑，看看書報攤上擺著哪些報紙，為那些在堡壘外等待顧客上門的攝影師拍照，買了一份烤肉串當零食，還到果汁攤買了一杯柳橙汁。聽來或許有些荒謬，但我真的滿喜歡伊拉克的。

* * * *

黑夜似乎特別容易讓人感到悲觀。我睡到半夜醒來，開始擔心到伊朗途中會不會發生狀況，尤其白天遇到一些不順利的事。在離開埃爾比勒之前，我為了找那個又小又滿是灰塵，幾乎被人遺忘的考古博物館時，浪費了很多時間。尋找罕為人知的事物本就不易，更何況還有語言障礙的問題有待克服。

在尋找那座考古博物館時，半途中我曾回到喜來登（Sheraton）的停車場，看到幾名身材魁梧的西方人在檢查他們的裝甲陸虎車（Land Cruiser）。其中有個穿著T恤的人嚷著說，只有某些人才能在床上睡好覺（可能是他的客戶），因為另外某些人（可能是像他這樣的人）得全副武裝以對付其他不特定人士。他的說法有點像另一句據說是喬治‧歐威爾（George Orwell）的名言：「人們晚上能平安入睡，是因為有其他人高度警戒保護他們。」這句話比較誇張一點，但確實很符合現狀。

我一點也不指望他們會知道我要找的博物館在哪裡（他們的確不知道），但我還是問了，至少得到一些有關自身安全的建議。

「你沒有司機？要小心，或許這裡是庫爾德斯坦，但畢竟還是在伊拉克境內，還是可能有危險。」

我想也是，特別是他穿著那樣一件T恤。

我在旅館櫃台跟人討論一番後決定接受建議，既然大多數旅館員工都不知道有那麼一座博物館，不如就按照既定計畫繼續前行，但不是用走的而是搭車。於是我手裡拿著一張手寫的庫德語字條，攔下一部計程車後開始上路。中間我們幾度停下來向路人問路，又轉了幾個大彎，最後來到我一開始放棄的地方，當有人告訴我回到喜來登這裡時，原來我就已經站在那座博物館外頭。而且這裡的位置正如我那本老舊的旅遊指南上所寫的：經過哈瑪拉萬旅館（Hamarawan Hotel）就到了。

我找了另一輛車和司機，很快我們就朝南出發，司機阿猛（Arvan）穿著他的2008北京奧運運動衫開車。往蘇萊曼尼亞（Sulaymaniyah）的路程又快又緊張，這是一條筆直的道路，交通繁忙外加很多人粗魯地超車。在伊拉克北部開車或許是最危險的，因

爲在我伊拉克地圖上的地名，一路上一個都找不到；唯一出現的一個地名，又沒有出現在地圖上。我懷疑繪製地圖的人可能只註明一些眾所周知的地名，像是這條路上的埃爾比勒、基爾庫克和巴格達，然後就捏造了一堆不存在的地名散置在這些大城市當中。

我們就這樣一路閃避迎面而來的卡車。原本我以爲在抵達基爾庫克前會往東走，但我們只是一路往下，朝往基爾庫克的公路走。

英國人傑夫‧漢(Geoff Hann)在1970年代曾經營過伊拉克旅行團，幾個月前他也曾從埃爾比勒出發到基爾庫克，「儘管很多人都警告他最好別去。」

當眼前出現一些建築物和一座天橋時，我問道：「這是哪座城市？」

阿猛回答：「基爾庫克。」他的語氣聽來有些不高興。

我以爲我們會繞過基爾庫克，像我們經過摩蘇爾時一樣，阿猛也的確馬上找路繞出去。我們走的第一條路不幸遇上了施工區，而且已經完全封閉起來，於是車子只好轉彎，再駛回原來的道路，大概是緊貼著基爾庫克南部邊緣的庫德區而行。這時疾馳不是個好主意，因爲路面上佈滿了路障，有些甚至大到我們得停下車來把它翻倒後才過得去。

車子經過另一個大路障後，我鬆了一口氣，接著走上一條快速分叉的道路，直接往東朝蘇萊曼尼亞出發。

傑夫‧漢跟我一樣，也是很快就朝東走：「當我們進入基爾庫克市區，通過最後一個檢查哨，但還未離開庫德區時，我的司機突然有不好的預感，覺得還是快點離開爲妙，所以我們很快經過庫德族難民的貧民窟，往蘇萊曼尼亞前進。由於當地不久前才發生過一起殘殺事件，所以我對司機的決定完全沒有意見，這種時候畢竟還

是得相信他們的直覺。」

傑夫嘆息著說：「所以我還是沒有看到先知但以理(Daniel)的墓。」

*　　*　　*　　*

1991年入侵科威特導致的波斯灣戰爭，以及之後宣布的禁航區，都使得海珊不得動彈，也使庫爾德斯坦地區得以宣布脫離巴格達獨立。更正：不只一個地區而已，因為伊拉克北部也很快就分裂成兩個小國。埃爾比勒再過去一點的庫爾德斯坦西北部，由穆薩德‧巴爾札尼(Massoud Barzani)與庫德斯坦民主黨(Kurdistan Democratic Party)統治；賈拉勒‧塔拉巴尼(Jalal Talabani)與庫爾德斯坦愛國聯盟(Patriotic Union of Kurdistan)則控制了過了蘇萊曼尼亞的庫爾德斯坦東南部。

1998年一項美國和平協定讓庫爾德斯坦這兩個黨派停止交火，但一直要到2006年中，兩派才終於統一。現在，塔拉巴尼(Talabani)是伊拉克總統，巴爾札尼(Barzani)則是伊拉克境內庫爾德斯坦區的總統。

然而，庫爾德斯坦的和平與相對獨立，對伊拉克其他地區來說好似一把兩刃劍，正面的觀點是：如果庫爾德斯坦可以維持穩定和平，伊拉克其他地方為什麼不能？負面的觀點是：如果庫爾德斯坦可以和伊拉克其他地區切斷關係，那什葉派和遜尼派為什麼不能瓜分伊拉克其他地區？討論的話題一直圍繞著「採取斯洛文尼亞(Slovenia)模式」，因為斯洛文尼亞設法撇下南斯拉夫其他地區，在巴爾幹半島陷入戰爭前就抽身出來。因此，斯洛文尼亞是舊東歐

集團裡成功的案例之一，她的現況也比克羅埃西亞、塞爾維亞和其他南斯拉夫小國都來得好。

就算少了北部的庫爾德斯坦地區，伊拉克仍是個完整的國家，但是伊朗和土耳其邊界都有相當數量的庫德族少數民族，當然不希望看到一個獨立的庫爾德斯坦，擔心這可能會鼓舞兩國境內的庫德族人要求更大程度的自治，甚至是獨立。伊拉克其他地區也不想看到伊拉克分裂成什葉派和遜尼派兩個政治實體，在海珊統治期間，遜尼派握有大權，但未掌控石油，石油大概是受什葉派地區控制。如果伊拉克南部分成兩個伊斯蘭教國家，到時候遜尼派除了棕櫚樹、沙灘和一個大缺口之外，什麼也沒有。

對伊朗來說，一個分裂的伊拉克可能沒那麼糟，畢竟他們都是什葉派，預料還是可以和境內什葉派人口變少的伊拉克交往。沙烏地阿拉伯可能比較不悅，因為沙國境內的什葉派少數民族總是被遜尼派多數民族視為二等公民，沙烏地阿拉伯的石油在哪裡呢？就在沙國東北部什葉派所支配的地區。

我到蘇萊曼尼亞的第一件任務，就是找到那個據說比埃爾比勒博物館更好的博物館。雖然那時博物館已經關門了，幸運的是，離我住的旅館很近。我不太清楚蘇萊曼尼亞還有其他哪些景點，但還是逛了一下公園，看看裡頭收集的庫德族英雄半身像，還逛了市集和清真寺。清真寺裡有更多庫德族英雄的雕像和肖像，所以那天剩餘的時間我都待在那裡。我還看到一些更現代的購物中心，看了一下（沒有進去用餐）當地的麥當勞餐廳，這是混合了伊拉克與庫德族風格的麥當勞。最後我回到艾斯提旅館（Ashti Hotel），這裡當然比不上在杜胡克和埃爾比勒的旅館。

晚上在蘇萊曼尼亞沒什麼地方可去，我在旅館大廳裡閒逛了一

會兒，喝了一點茶以後，才回到沈悶的房間。我從窗口往外探看那些站在旅館後門的保全人員，用遙控器轉台看所有的電視頻道(碰巧發現Lonely Planet介紹雪梨的電視節目正在播放)，讀了一點書，寫了一點筆記，然後就入睡了。

但我睡得很不安穩，半夜我又再一次醒來，擔心接下來的行程銜接問題。我明天入夜前必須趕到伊朗的大不里士(Tabriz)，才能搭飛機在後天飛到伊斯坦堡，再接著回到美國。不過，從埃勒比爾到伊朗邊界這段車程看來得花掉4～5小時；從伊朗邊界到大不里士得再花上4～5小時，要在一天之內完成這樣的行程真的會很趕，而且在邊界最好不要發生任何延誤狀況，萬一我根本過不了邊界，那該怎麼辦？那可就麻煩大了。

在凌晨三點鐘想這些問題，自然是比白天時要來得頭痛，不過最後我做了決定，明天早上我不光是回到埃爾比勒，還要繼續往前直接過境伊朗，這樣隔天才有一整天的時間，可以安心地從伊朗邊界到大不里士。

早上出門後，我準備去參觀那間博物館，但它要到8點半(這是昨天晚上旅館前門的警衛告訴我的)或9點(這是旅館後門的警衛告訴我的)才開門，但實際的開門時間是9點半。我在外等候時，與在博物館內工作的化學家賈拉勒·卡喀伊(Jalal Kakeyi)閒聊了一陣子，他說他負責年代鑑定方面的工作。這真是一間好得讓人意外的博物館，不像巴格達博物館，它並未在伊拉克後入侵時期遭到破壞。

這座博物館收藏了大量的浮雕、雕像、石碑、陶器、珠寶和器具，最早可溯及舊石器時代和新石器時代，還有舊巴比倫時期(Old Babylonian period)的小陶像、象牙飾板；還有新亞述時期(New

Assyrian period）小而精緻的陶器；阿拔斯時期（Abbasidian period）上釉的陶器和金幣，收藏之完整，連近代的鄂圖曼時期也包含在內。

在我造訪過的邪惡國度中，有不少城市的博物館都面臨困難。雖然巴格達博物館被破壞是意料中的事，還是相當令人遺憾。別忘了，海珊的手下在1991年入侵科威特引發波斯灣戰爭，他們在返國前是如何大肆破壞科威特博物館的，還燒毀了當地的油井。在把館藏運走的同時，他們也把博物館的建築物拆毀，之後付之一炬；這座博物館是科威特之後一直沒有重建的建築。

同樣的不幸發生在阿富汗的喀布爾博物館，它一度曾是該區最棒的博物館，卻遭到多次攻擊。首先，每個佔領喀布爾的聖戰士（Mujaheddin）都到喀布爾博物館打劫，所以館內任何有價值和可攜的物品，都會很快被運出阿富汗。今天人們只能在世界其他較和平的地區，或是在那些有錢藝術收藏家的家中找到這些珍貴的文物。接著塔利班政權出現，他們在頭5年並沒有注意到那些文物，但之後在2001年初就回過頭去加以破壞，這是塔利班摧毀巴米揚大佛同一時期所發生的事。

值得注意的是，喀布爾博物館內還是有些文物，僥倖逃過塔利班的毒手，因為這座博物館館長預先採取了防範措施，把一些雕像加以藏匿、埋藏起來。後來當喀布爾博物館重新開放時，這些雕像才被歸還並重新展示出來。

然而，不只是伊斯蘭教徒破壞偶像的狂熱導致博物館受創，2003年入侵伊拉克的頭幾天，美國大兵和伊拉克人一樣，大肆破壞和劫掠巴格達博物館的文物。看看海珊的雕像在巴格達解放廣場（Firdos Square）是如何被推倒的，一個海軍陸戰隊分遣隊先用繩索把雕像和一輛裝甲回收車綑在一起，這讓我想到匈牙利人機靈地保

存了幾十座不受歡迎的馬克思(Marx)、列寧(Lenin)和其他共黨時期的英雄雕像,並且把這些雕像都擺在布達佩斯(Budapest)外的塑像公園裡(Szobor Statue Park),現在這些收藏每年都吸引4萬名觀光客付錢入內參觀。

另一件我本來很想在未來其他博物館看到的海珊時期藝術品,也在美國大兵的狂熱破壞下被摧毀了。值此之際,在阿拉西德旅館(Al-Rashid Hotel)那幅老布希著名的馬賽克肖像也遭到破壞,一群士兵進入旅館大廳後,就把肖像踩在腳下走過去。

1993年1月,一枚巡弋飛彈擊中這家旅館,櫃台接待員和一名約旦房客因而喪生,於是有人就創作了那幅在旅館入口處的馬賽克。幾個月之後,也就是6月27日凌晨,23枚美國巡弋飛彈再度擊中這座城市,其中一枚飛彈炸死了萊拉・阿塔(Leila al-Attar),她當時待在她妹妹蘇瓦德・阿塔(Suad al-Attar)家中,因為她自己的住處早在美國前一波攻擊時就被毀了。伊拉克陰謀論者認為,同一名女性的兩間房子先後在空襲中被毀,實在很難說是巧合,他們因此推斷萊拉・阿塔一定是刻意被鎖定的,因為萊拉是巴格達藝術博物館館長,正是她負責創作那幅老布希的馬賽克肖像。

海珊雕像和老布希肖像的收藏,可以做為一座伊拉克近代史博物館的起點,如果再加上那些大規模破壞性武器(Weapons of Mass Destruction,總是要大寫)或者至少陳列照片,這樣人們才知道這些武器長什麼樣子。博物館的紀念品店還可以販售T恤,上面印著伊拉克前新聞部長穆罕默德・賽義德・薩哈夫(Mohamed Saeed al-Sahhaf)那張微笑的臉,旁邊再加個對話框:「坦克車?我怎麼沒看到!」

＊　　＊　　＊　　＊

　　阿猛來載我了，接著我們就出發到埃爾比勒，再到伊朗邊界。從我的地圖看來，好像可以直接往北走，這樣走可以大幅縮短旅程，也不必冒險經過基爾庫克。問題是這張地圖根本是虛構的，所以當我的提議被阿猛否決時，一點也不意外。我們在蘇萊曼尼亞邊緣對油價經過一番討價還價之後，很快從那條熟悉的公路加速行駛，繞過不能再熟悉的基爾庫克，接著朝北往巴格達到埃爾比勒的路前進。

　　看到我突然改變行程，阿猛好像有些驚訝。我們繞過埃爾比勒，往東朝伊朗前進，這時路面開始上坡，車子不停往上爬，不一會兒我們駛入一條位於城市上方，路況極佳的道路。薩拉胡丁(Salahuddin)是停下來用午餐的好地點。往北走了一段時間後，我們置身於看似綿延無盡的山脈腳下，然後再往東經過羅安杜峽谷(Rowanduz Gorge)，這是所謂的「漢彌爾頓路」(Hamilton Road)，在英國殖民時期由阿奇拔德・漢彌爾頓(Archibald Hamilton)於1928年到1932年所修築的。他是個年輕的紐西蘭工程師，還因此寫了一本書叫做《穿越庫爾德斯坦之路》(*The Road Through Kurdistan*)，這本書絕版了半世紀之久，最近才又再版，也就是我現在正在讀的書。

　　往上穿過羅安杜峽谷的這條路很特別，因為沿途有不少橋樑，我想應該是漢彌爾頓的手工作品，不過我並沒有把這些橋樑和他書中的黑白照片實際做比對。在加里阿里貝瀑布(Gali Ali Beg waterfall)那裡有群年輕人擠在一起，準備在這個峽谷的主要景點拍照。

在峽谷上方，公路繼續向上攀升，我開始越來越擔心交叉口那裡的情況。這裡不像從土耳其邊界過來的那條交通繁忙的公路，這裡的車子越來越少，路不斷地蜿蜒爬升，而且花了比我預計還多的時間。這個地區很偏僻，周圍被白雪覆蓋的山頂包圍，現在是午後，如果邊界到晚上就關閉怎麼辦？到時候我該如何消磨從晚上到早上那段時間？難道就這樣站在雨中空等嗎？沒錯，又開始下雨了。

我們終於到達庫爾德斯坦邊界站，我最擔心的事發生了，我不確定他們說的是什麼，因為他們長篇大論地說了一堆，意思應該是我不能入境伊朗。難道是邊界不准非伊拉克人或非伊朗人過去嗎？一星期以後我才發現，這裡其實不再是跨越伊拉克和伊朗的北部邊界。不過在兩國之間仍有三處邊界可以通行，兩個在南方，這是我一點也不想跨足的區域，第三個原本在北部庫爾德斯坦邊界，現在已經移到蘇萊曼尼亞東邊的巴須馬卡（Bashmakh），從伊拉克的潘哲溫（Penjuen or Penjwin）到伊朗的馬里萬（Marivan）。早知道這樣，我那天早上就可以到邊界口了。

真是太不湊巧了。儘管人在邊界，但我現在得回頭，距離相當於從大不里士到埃爾比勒。夕陽餘暉穿透了雲層，白雪上方的雲染上了金黃色。我們疾馳下山，這趟回程路段十分驚險，9小時的路程從埃爾比勒到邊界，再從邊界回到埃爾比勒，然後我回到了旅館。一路上我們曾經兩度迷路，一次是我發現阿猛走錯了，叫他轉彎，第二次是我那可靠的全球衛星定位系統（GPS）告訴我，我們走錯方向了。

我可以搭飛機離開埃爾比勒，在出發前我已經查過相關航班，但是明天唯一的航班是飛往貝魯特（Beirut）。看來最穩當的做法是

繞回土耳其的迪亞巴克爾(Diyarbakir)，也就是我開始庫爾德斯坦探險的地方，但問題是明天有飛機嗎？我能及時趕到那裡去銜接下一段飛往伊斯坦堡的飛機，再接上隔天早上飛往美國的班機嗎？當我把行李丟在埃爾比勒塔旅館(Arbil Tower Hotel)時，已經是晚上10點了，我趕快跑到隔壁的網咖，他們說再五分鐘就要關門了，不過這已經夠我連上土耳其航空的網站，去查看他們的航班時間表。全球資訊網真是太奇妙了，連在伊拉克也能上網。如果飛機還有位子，如果我能很快通過邊界的話，我就能趕上。

＊　　＊　　＊　　＊

我在旅館的餐廳裡迅速吃了一餐，在午夜上床前還犒賞自己一杯啤酒。早上5點半我躡手躡腳地走進旅館大廳，旅館裡許多職員睡在大廳沙發上，只有外頭的警衛還醒著，但他並沒有注意到我。阿猛並沒有在5點半出現，這或許是因為要等到清晨6點後才會天亮。天亮後阿猛果然來了，還帶了他弟弟阿朗來跟我們一起上路。不過後來路上出現濃霧，車速因此變慢，我們還一度迷路，因為我發現車子正朝著摩蘇爾的禁區前去，有好一陣子我們完全走錯方向。

當熟悉的建築物出現在眼前時，我才鬆了一口氣。這是我們幾天前從杜胡克開往埃爾比勒途中經過的那家路邊餐廳，所以我們停下來吃早午餐。

早上10點後我們到達邊界，馬上有一群土耳其司機迎面而來，他們急著向我拉生意，說他們可以載我到土耳其任何地方。我很快就和一位短小精悍的紳士談好價錢，跟我當初從這裡到伊拉克的相

同路程要價相比，連一半都不到。接下來是惱人的出境程序，包括對車子的詳細檢查，看看有沒有走私香煙。他們的確在一些車子每個可能的洞裡找到香煙，不過我司機車上的3盒香煙並沒有被發現。

然後是一大堆表格要填、橡皮圖章要蓋章，從一個辦公室到另一個辦公室，排隊和汽車檢查(包括從庫爾德斯坦離境和從土耳其入境)，總共花了3小時。這次在邊界排隊的卡車長龍看來比一週前更長，絕對超過20公里。

最後我們上路了，這真是條美麗的公路。艷陽高照，美好的鄉村風光隨即映入眼簾，後來在路上，我們還看到白雪皚皚的山頂。馬爾丁(Mardin)這個城市看來像是在風景明信片裡面(真希望我有時間可以在這裡停留個一、兩天)，我們還停下來吃了一頓絕佳的午餐，同時還洗了車，我和司機兩人的皮鞋也叫人擦得透亮。

到機場時已是下午4點45分，5點45分土耳其航空的班機就要起飛了，但是這班飛機客滿。迪亞巴克爾的現代小機場(機場內有收訊良好的無線網路)少了一些東西——他們沒有出入境告示牌，你只能在以下四家航空(飛馬航空Pegasus、太陽快捷航空Sun Express、Onur Air，土耳其航空)的飛機出現時，向各家航空的櫃台詢問。

因為有些乘客沒來，所以我好不容易有了個位子。接著發生一件好笑的事情，當我們走出航站到停機坪時，得先找出自己的行李讓他們運上飛機，但我卻怎麼也找不到我的行李。有些最後運來的行李來了，但還是沒有我的。最後有人看了我的行李標籤和登機證後，才發現我弄錯了。我該搭的那架空中巴士還在等最後一名乘客，飛機旁邊擺著一個孤零零的藍色旅行背包，那裡才是我該去的

地方。

* * * *

　難道沒有別的辦法嗎？我們一定得發動攻擊，把伊拉克炸得面目全非，然後再衝鋒陷陣，把雕像推倒，尋找海珊的老巢嗎？本書中提到的另外兩個地方，一處是邪惡軸心之一，另一個地方在她的領導人重整前也差不了多少，卻受到非常不同的待遇。

　北韓就是那個邪惡軸心之一，但是她卻沒有像伊拉克一樣被空襲、砲轟、入侵，或是真的受到威脅。或許北韓有些孤立，非常依賴媒體卻又常受媒體嘲笑，但她並不像伊拉克一樣遭到全面性的破壞。如果拿伊拉克和北韓相比，從內部邪惡、外部邪惡、大規模破壞性武器和恐怖主義威脅等各層面來考量，北韓絕對遠超過伊拉克。北韓政府對人民一直很殘酷，這點跟海珊一樣。至於對鄰近國家的好戰度，伊拉克則略勝一籌，但在對恐怖主義的支持度上，北韓又超前伊拉克。

　在極重要的大規模破壞性武器（WMD）這一項，北韓明顯是贏家。伊拉克沒有這類武器，北韓很有可能有，而她也不掩飾這一點（特別是在最近進行核子試爆後），這可能鼓勵其他國家（巴基斯坦、利比亞）自行研發大規模破壞性武器，北韓還自誇飛彈與假美鈔和毒品一樣，都是該國的出口大宗。北韓把飛毛腿飛彈（Scuds）供應給伊朗，而不是伊拉克。1991年伊拉克對以色列發射的那39枚飛毛腿飛彈是自家製造的，實際上根本沒有殺傷力，不但對不準目標，還很容易就中途爆炸。有兩名以色列人因為飛毛腿飛彈攻擊而喪生。伊拉克對沙烏地阿拉伯發射的50多枚飛毛腿飛彈造成較大的

破壞，但多半靠的是運氣而不是準確度，也不需要愛國者飛彈
（Patriot missiles）升空加以攔截。就像科威特的波斯灣戰爭剛開打
時，愛國者飛彈宣稱攔截了8成的伊拉克飛毛腿飛彈，這個統計數
據後來據說降到7成、4成、1成，或甚至根本是0。

然而，北韓遭到的是漠視，而不是被入侵。金日成（Kim Il-
sung）和金正日（Kim Jong-il）的組合，在討厭度上絕對能和海珊競
爭，所以到底為什麼北韓不像伊拉克一樣被攻擊？

在受孤立和被攻擊之外，還有第三個可能，那就是所謂的「蘿
蔔與棍棒，即恩威並施」策略，這使得利比亞的格達費（Gaddafi）不
能再自我隔絕。格達費雖然不像海珊那樣苛待自己的人民，但他一
直致力擴張自己對鄰近地區的影響力，還大力鼓吹恐怖攻擊。儘管
改革後的利比亞新政權已不再從事類似活動，但利比亞確實擁有大
規模破壞性武器。

這些都是歷史了，利比亞得到獎賞和懲罰，北韓遭到孤立，只
有伊拉克被人入侵和佔領。

利比亞
LIBYA

Tony
Wheeler's
Bad Lands

利比亞

突尼西亞
TUNISIA

的黎波里　大萊普提斯
TRIPOLI　Leptis
　　　　　　Magna

地中海
MEDITERRANEANSEA

薩柏拉達
Sabratha

利勒騰
Zlirza

密斯拉塔
Misrata

班加西
Benghazi

卡撒阿哈杰
Qasr al-Haj

格爾扎
Ghirza

加達梅斯
Ghadames

德哲
Derj

艾許瓦芮夫
Ash-Shwareef

阿爾及利亞
ALGERIA

烏巴里 Ubari

薩博哈 Sebha

埃及
EGYPT

加爾馬 Germa

麥斯康朵夫乾河床 Wadi Methkandoush

伽特 Ghat

尼日 NIGER

查德 CHAD

蘇丹 SUDAN

1990年代中期，陸軍上校格達費（Colonel Muammar Gaddafi）突然決定大阿拉伯利比亞人民社會主義民眾國（Great Socialist People's Libyan Arab Jamahiriya）除了石油企業和社會主義之外，還需要一些別的東西，好讓她的人民有事可做。這不是說他們缺錢，利比亞的錢多到足夠照顧每位國民，還有錢印刷《格達費語錄》（*Green Book*）給每個人，甚至還有餘錢可用來從事國際恐怖主義。

格達費沈思：「發展觀光業聽起來好像不錯？」但他好像一時忘了他的政府過去那些糟糕的紀錄：在尼日的撒哈拉沙漠上空炸掉了一架法國DC10s飛機；在蘇格蘭上空炸掉了一架美國747客機；在柏林炸掉一家奇特的迪斯可舞廳。

撇開這些惡名不談，發展旅遊業其實是個合理的想法，因為利比亞境內絕對不缺觀光景點：希臘歷史、羅馬歷史、第二次世界大戰好幾個戰場、古老的沙漠駱駝商隊城、沙漠中的岩石藝術景點，還有撒哈拉（Sahara）和偏遠綠洲的浪漫傳說等等。利比亞東部和埃及接壤，西邊的突尼西亞同樣是沙漠國家，而且很多方面都與利比亞很相似。

雖然偶爾傳出遊客遭到攻擊，但埃及每年都有好幾百萬名觀光客造訪。沒錯，埃及擁有那些法老遺跡，還可能可以在紅海做水肺潛水，但利比亞不也有大萊普提斯（Leptis Magna）這個在羅馬之外，保存得最完好的羅馬古城遺跡嗎？而且利比亞的沙灘一點也不

輸給突尼西亞。突尼西亞每年也有好幾百萬名歐洲觀光客蜂擁到地中海渡假村（Club Med），或其他充滿陽光、沙灘和性誘惑的景點；但是，利比亞每年的觀光客人數不到10萬。

格達費想不通：「難道利比亞不該有至少上百萬名的觀光客來訪嗎？」因此他派了一名部屬到倫敦，不是奉命去利比亞大使館狙擊倫敦警察，那是過去發生的另一件不幸事故，而是奉命去洽詢一個倫敦旅遊研究機構。

數月之後，我在馬來西亞的一場旅遊會議上碰巧遇到羅萬·撒德蘭（Rowan Sutherland），他在倫敦工作，是一家旅遊顧問公司研究員。

羅萬說：「他出現在門外，告訴我們說格達費想知道他該怎麼做，才能推展利比亞的觀光業。我們向他要價兩萬英鎊的諮商費用，他馬上寫了支票付款給我們，所以我們現在正在研究這個企劃案。」

羅萬又說：「不過，我們先提出三個問題要求他們回答：首先，對頭一次到利比亞的遊客來說，可有任何班機飛往利比亞？利比亞現在還在『頭號通緝犯名單』當中，沒有任何自重的西方航空公司會飛到利比亞。不光是利比亞阿拉伯航空公司對於飛航的目的地限制重重；因為貿易制裁，利比亞的飛機連想飛上天都有問題，而想去利比亞的觀光客，多半不會想走陸路或海路入境。」

「第二，利比亞會核發簽證給觀光客嗎？過去利比亞一向吝於發給外人簽證，而且惡名在外。如果你把前門鎖著，當有人敲門時又不應門，這種情況很難有人可以進來。我們很快就發現，除非是到利比亞出公差，否則根本就拿不到簽證。」

羅萬繼續說：「不要笑，有很多像印度這樣的國家，他們的觀

光部門全力對外招徠觀光客，但在同時，他們的移民部門又努力不讓人進來。」

我問道：「那第三個問題是什麼？」

羅萬回答：「就是有關飲酒的問題。利比亞是伊斯蘭教國家，嚴格禁酒。許多到突尼西亞海灘慵懶渡假的觀光客，期盼在無所事事時來杯冰啤酒；那些熱衷地中海渡假村的遊客，則指望用餐時可無限量飲酒。不管沙灘有多白淨、海水有多溫暖，一個沒有酒的海灘假期，就是無法吸引那些喜歡海灘和渡假村的遊客。」

* * * *

10年以後，當我終於抵達利比亞首都的黎波里（Tripoli），結果發現三個問題中只有一個獲得令人滿意的答案。的確，現在已有很多航班飛往利比亞，包括阿聯酋航空（Emirates）的777客機，我和莫琳就是搭乘這種班機從杜拜飛到利比亞的。在搭機前一晚，我們才在玻璃屋（Glasshouse）用餐，這是杜拜小河希爾頓飯店（Dubai Creek Hilton）內，一間非常漂亮，以玻璃鉻木的時髦餐廳，還點了一瓶相當高貴的法國波爾多（Bordeaux）紅酒佐餐。

用餐之前我們才暢飲著冰啤酒，乘坐一艘觀光遊艇沿著小河上下游而行。那些啤酒和那瓶紅酒，是接下來兩週內，我們最後一次看到的酒。就像沙烏地阿拉伯一樣（但是不像敘利亞和其他走強硬路線的伊斯蘭教國家），利比亞嚴格禁酒。我們在玻璃屋那一頓有米其林（Michelin）好幾顆星評價的餐點，也比我們在利比亞吃到的東西要好得多。

所以，飛機：打勾，酒：打叉，那麼簽證呢？

算了吧！

打從一開始，你就無法單獨前往利比亞。很多想要或不想要入境利比亞的撒哈拉以南非洲人，他們可能在邊界地帶遊蕩，可能合法也可能非法；但是對西方遊客來說，要進入利比亞唯一的途徑就是參加旅行團。

在的黎波里，我認識幾家可靠的旅行社，他們可以幫我和莫琳安排一趟兩人行的利比亞之旅，同時幫我們辦理簽證。要拿到利比亞簽證可不簡單，旅行社必須事先申請，當這道手續完成後，我們的代辦人撒伊夫(Saif)在電子郵件中寫道：「簽證邀請函會在3到4天內傳真給您。」

接著，我們得把這封邀請函寄回利比亞大使館(或是他們偏好的稱呼「利比亞人民局」Libyan People's Bureau)，才能取得官方的簽證申請表(不能用影印本或從網站上下載)，接著得請人把護照上的個人資料翻譯成阿拉伯文後，寫在護照上(雖然我們在利比亞遇到的大多數人都可以看得懂我們的筆跡)，才可以去申請簽證。

然而，還有一個更大的難題。

撒伊夫在電子郵件中說：「現在有一個新規定，就是每個旅行團至少要4人才可成行，如果你們只有兩個人，就必須再多加另外兩本護照才能申辦簽證，即使你們只有兩個人到利比亞旅行也不能例外。」

我回信給他：「這條規定實在太奇怪了！這麼說，我得再找兩個不在乎是不是要申請利比亞簽證，也不會去利比亞的人嗎？」

沒錯，就是如此。

而且我們只需付兩個人參團的錢，只需付兩個人的簽證申請費用，但是申請簽證時就一定要4個人一起申請；我和莫琳都有雙重

國籍，那我們一人申請兩次總可以吧？

不行，必須是四個不同的人。

撒伊夫問：「你們一定有朋友或親戚持有有效護照，不在乎在護照裡頭有兩頁貼著利比亞簽證和加上手寫的護照翻譯吧？」

有些人可能並不覺得護照上有利比亞簽證有多吸引人，但最後我80歲的老母自願一起申請，加上我們「慫恿」我們的兒子，這下子總算有4個人了。

不過到了這個節骨眼，另一個難題又出現了。我們後來才發現，澳洲並沒有利比亞人民局，簽證表格必須從倫敦寄過來，我們的護照也得寄到歐洲再寄回來。而且，利比亞簽證的申請表格遲遲沒寄來，後來我只好再寄電子郵件給撒伊夫，結果收到他誇張的道歉信。他為這麼晚才回信再三道歉，同時告訴我們利比亞人民局已經在澳洲成立的好消息。是成立了沒錯，但是當我打去詢問時，一位彬彬有禮的官員抱歉地表示，他們還沒開始發放簽證，並且建議我向利比亞在馬來西亞首都吉隆坡的外交辦事處申請簽證。

但是，這次我已經訂了飛利比亞的機票，把利比亞這站附加在我到歐洲出差結束後的行程中，時間已經迫在眉梢了。我再寄電子郵件給撒伊夫：「我已經打電話給坎培拉的利比亞人民局，但他們還沒開始核發簽證，也不清楚何時才會開始這項作業，所以我們只能從倫敦申請簽證。」

撒伊夫說：「好。」於是我出發到美國展開另一趟行程，希望在我外出旅行期間，簽證表格會寄來澳洲，但是並沒有。當我再一次發電子郵件給撒伊夫時，他表示：「為簽證表格的再三延遲感到極度抱歉，原因是我們最近才剛放完一週的宗教假期。」

他接著說：「倫敦那個方案現在看來太冒險了，時間可能來不

及。」但他有一個新的解決辦法：利比亞簽證可以從柏林簽發，因為他的旅行社「和柏林的利比亞大使館關係良好」。

我回覆說：「好吧！就從柏林申請。」結果還是一樣，我什麼也沒收到。

最後，再不辦簽證就真的去不成了，撒伊夫再寄電郵給我說柏林方案不需要了，因為澳洲的利比亞人民局已經開始發放簽證了。我再度致電澳洲利比亞人民局，結果你猜怎麼著？他們說還沒開始發放簽證，因此我發了一封最後通牒給撒伊夫：「看來這件事情永遠搞不定，或許白圖泰旅行團（Battuta Tours）就是拿不到簽證，那麼我是否該跟倫敦的旅行社接洽，看看他們能不能幫我搞定？」

結果沒有回音。我可能因此到不了的黎波里，但是如果給倫敦旅行社足夠的時間的話，他們可以很快幫我辦好；不過現在我是火燒眉毛，結果同樣一趟旅程，他們收取將近兩倍的價錢。當初我透過的黎波里的旅行社參加旅行團，並不是為了省錢，只是想嘗試一下不同的經驗。結果申請表格總算從倫敦寄來了，我用快遞把我的護照、表格和照片再寄回倫敦，48小時後我也搭機飛往倫敦，用我的第二本護照旅行。距離離開歐洲還有將近兩個星期，之後我會到杜拜和莫琳會合，幾天之後，再一同前往利比亞。只是，利比亞人民局就是非把我逼瘋不可，當我搭機離開倫敦時，汗溼的手裡還是沒有拿到該貼上利比亞簽證的那本護照，一直要到杜拜時才終於拿到了。

＊　　＊　　＊　　＊

那就叫一見鍾情吧！我還記得自己在一輛賈夫納半島（Jaffna

Peninsula)塔萊曼納爾(Talaimanar)開往可倫坡(Colombo)的火車上醒來(我們不知怎麼拿到火車臥鋪的),當拉起百葉窗往外看到田園風格的稻田與棕櫚樹時,那時立刻就愛上了斯里蘭卡。

不過,在的黎波里的經驗很不一樣。

利比亞移民局官員影印了我們原本的護照,花了很多銀子才取得的阿拉伯翻譯他連看都不看一眼。我一直在看他如何作業,接著我們就在一團混亂的旅客後面閒晃,猜想行李是不是半路失蹤了。最後輸送帶才好不容易吐出我們的行李卻立刻卡住。為何我們的行李拖這麼久才送出來,原因很明顯:我的旅行袋帶子被扯下,有人試圖把袋子的拉鍊拉開;莫琳袋子上的掛鎖也被扯掉,拉鍊開了一半,袋子是開的。有人搜過裡面的東西,證據是袋子裡的急救包被人翻過。當迷你巴士載我們走上機場公路,並朝的黎波里駛去時,我們還是覺得很火大。

接下來的20分鐘,司機開車就好像在打電動玩具,我們在計程車後面尖叫,在賓士車當中閃過來躲過去,像障礙滑雪賽般地從公路的一邊迴旋到另一邊。當我好不容易驚魂甫定,卻發現公路上的景觀都很無趣。一間間灰撲撲的公寓外頭掛著曬衣繩,好像成了的黎波里建築物的一部分,衛星碟形天線(這裡裝的是大圓盤,並非英國收看天空電視Sky TV用的那種小耳朵)在每間公寓陽台上都看得到。迷你巴士上的導遊說:「那些天線很便宜,而且利比亞人早就看膩利比亞的兩個頻道了,現在他們寧可看埃及電視。」

當我們靠近市區時,經過一處看來現代且高科技的監獄,每個角落都有守衛塔,每一面圍牆中間也有守衛塔,還有一個很大的入口。

我問導遊:「這是什麼,監獄嗎?」

回答：「不是，這是我們領導人的住處。」果然跟我想的一樣。

我們投宿的地方是一間華麗、全新的五星級飯店，開幕時名叫科林西亞塔(Corinthia Towers)，但隨後很快改名為"Corinthia Bab Africa"，意思是「通往非洲的門戶」，意指格達費目前對於非洲的定位。這家飯店是的黎波里最大、最光鮮、最高級的新旅遊景點，或者說當觀光客開始湧進利比亞後，它很快就會成為這樣一個地方。

無論利比亞未來是否開放觀光，短小精悍的馬爾他人，同時也是守衛長的東尼‧楚哈朋(Tony Trabone)說：「現在我們的住房率已經達到百分之百。」但是他也抱怨：「現在我煩惱的是該如何讓那些員工準時來上班，他們巴不得可以晚到3小時，早退3小時。」

生活態度很悠閒可以是件好事，我們在飯店外叫了一部計程車，到綠色廣場(Green Square)的一家餐廳吃晚餐。

當計程車司機載我們到餐廳後，下車之前我問他：「很棒的音樂，那個吉他手是誰？」

司機用流利的英語回答說：「我不清楚，這是一個朋友為我錄的一捲帶子。你看，帶子在這兒。」他一邊說一邊把錄音帶拿出來給我看。

我連忙說：「不用了，不用了！」把他遞過來的帶子奉還，一邊在心裡提醒自己：阿拉伯人的好客是當真的，下次我不該再隨口恭維。

回飯店途中，我們經過了綠色廣場，那裡疾馳的車輛看起來好像電玩俠盜獵車手(Grand Theft Auto)中，車輛全速前進的場景。我印象中有警車、拖吊車、救護車並排在廣場的外緣，等著無可避免

的交通事故發生。我們住的飯店外有巴士站、計程車共乘站、餐廳、咖啡廳和群集的市場攤販，那些長途計程車都是寶獅504或505旅行車（Peugeot 504 or 505 station wagons），也就是典型的非洲車。

我喜歡的黎波里。

*　　*　　*　　*

利比亞國立博物館（Jamahiriya Museum）真是棒極了！即使我們是突然造訪，4樓和5樓都未開放也一樣，的確名不虛傳。我們在那裡看到從史前時代到迦太基（Punic）、希臘以及羅馬時期的文物，還有有趣的古蹟模型與堂皇的羅馬馬賽克畫作。我對馬賽克作品尤其迷戀，被燈照亮的那幅大利比亞全圖畫出了史前殖民地、迦太基、希臘和羅馬時期的擴張，以及從東、西進入利比亞的貿易路線，還有橫跨撒哈拉荒地到南方的區域。但是當我按下「伊斯蘭教佔領地」這個按鈕時，卻什麼也沒出現。

我們沒有去革命利比亞畫廊（Revolutionary Libya galleries）參觀，那裡陳列了「那個人」、「那個上校」、「非洲統一之父」、「革命階段騎士」（阿拉法特Yasser Arafat所言）、「瘋狗」（美國前總統雷根Ronald Reagan所言），或是「群眾領袖」（這是他自己謙遜的看法）所有的畫像。不過，我們倒是看到了那輛他在偉大的革命時期開著來回跑的迷彩綠福斯車（Volkswagen）。幾年以後，我有一輛和這位上校幾乎是同一時期的金龜車（Beetle），但我必須很高興地說，我的車要比上校的品質來得好。

沒有一場革命運動或獨立戰爭不得上校歡心。他支持北愛爾蘭共和軍（IRA），惡名遠播；他對愛爾蘭恐怖主義所做出的貢獻，可

能連在紐約或波士頓的愛爾蘭人都比不上他。威爾斯民族主義者
（Welsh nationalists），這個以企圖在英國加上拼不出來或唸不出來地
名而聞名的團體，上校對他們也不吝支持。儘管他對把革命出口到
西方世界充滿熱忱，但他最大的心力還是投注在推動阿拉伯國家主
義和統一。為了達成這個目標，利比亞積極與鄰國建立各種不切實
際的關係，像是1972年的阿拉伯共和國聯邦（Federation of Arab
Republics），與埃及和敘利亞以某種方式維持了5年，但其他的結盟
關係多半維持不了這麼久。利比亞與突尼西亞在1974年的合併也創
下紀錄：突尼西亞人兩天以後就撤出了。

此外，還有其他很多不合時宜、討好阿拉伯世界的行為，例如
1984年利比亞與摩洛哥結盟。你能想像革命的利比亞（由富有領袖
氣質、但又有些古怪的上校所領導）和保守的摩洛哥（由一位無聊的
國王所領導）結合在一起嗎？

經過30年來與阿拉伯世界統一的努力失敗後，這位上校調轉馬
頭，開始訓練他在南方的遜尼派士兵。如果上校無法引導阿拉伯世
界走向統一，他願意讓非洲享受在他領導之下所帶來的好處。1999
年格達費公布他將成立第二個USA的偉大計畫——非洲合眾國
（United States of Africa）。雖然要成立一個能與歐洲聯盟分庭抗禮的
非洲聯盟，似乎還有長路待行，但是上校對於非洲的熱情很快就使
非洲移民加速遷往利比亞。來自撒哈拉以南非洲，尤其是馬利、蘇
丹和尼日的外籍勞工，開始千方百計地進入利比亞，而利比亞人也
不在乎，樂於有人從事那些他們自己沒興趣又比較低下的工作。但
是當喀麥隆、查德、迦納、幾內亞與奈及利亞的人民也開始湧入利
比亞時，非洲人就不如以往受歡迎了。發生在2000年的幾場暴動造
成100多人死亡，接著利比亞就開始大規模遣返這些非法的非洲外

籍勞工。

我在舊城區鄂圖曼鐘塔旁的一間茶館裡，遇到一名利比亞年輕人阿布達耳·奇歐契(Abdel Chiouch)，他抱怨說：「我們投資在阿拉伯國家的金錢沒有得到任何回報。」

「這根本就是浪費，當我們遭受禁運措施(聯合國在1992年對利比亞實施制裁)時，沒有人支持我們。那時物價飛漲，沒有任何一個我們曾經支持過的阿拉伯國家對我們伸出援手。」

「10多年後，我們終於走出禁運的影響，但是我認為非洲會使我們再犯下相同的錯誤。」

我們從綠色廣場穿過舊城區散步回到下榻的飯店，途中好像遇到了利比亞撒哈拉以南地區一半的人口。沿著南區大道(Sharia Homet Gharyan)，一路上我們看到多得數不清的理髮店，提供混合著異國情調的「黑人髮型」服務。在說英語的非洲地區，某地的某人突然成了髮型海報上的主角；一位理髮師在為我理髮前，興高采烈地秀給我看了40多種髮型，但沒有一種適合我。

唱片行裡陳列著盜版CD，有最流行的美國嘻哈音樂(hip-hop)、饒舌(rap)和流行排行榜冠軍曲(chart-toppers)。肯尼·吉(Kenny G.)的盜版DVD也同樣受到歡迎，還有一些典藏西非書籍，其中某些貼著「只在迦納銷售」的標籤。我對《魯莽的小孩》(Reckless Babes)或《上帝愛娼妓》(God Loves Prostitutes)(很多非洲人也愛)很有興趣，不過《緊急婚禮》(Emergency Wedding)聽起來好像會成為暢銷書。在西方收藏區，則包括許多流行音樂錄影帶和好萊塢票房賣座片，有時候還有一整個書架的豆豆先生秀(Mr Bean)。

我還看到為數眾多的網咖，過往的遊客並不是他們的主要客

戶，因爲人數不夠多。我朝一家網咖裡面觀望，發現每台電腦都有
人在使用，大約有三分之一在玩遊戲，其中有些人在上網，但多半
是在處理電子郵件。有個小伙子掛在一個叫做「蘇丹線上」（Sudan
Online)的網站，看來好像是一個約會聊天室；另外兩個年輕人好像
在寫「我需要把1千7百萬美元運出奈及利亞，如果你可以給我銀行
戶頭細節，我們可以拆帳」的詐欺信件。

* * * *

　　從一家英國旅行社拿到簽證後，我們就去旅行了。我們參加的
是他們標準的7天之旅，但在團體行前後，我們又多加了自己的行
程。除了我和莫琳之外，我們這個旅行團百分之百都是英國旅客，
就連我們兩個擁有澳洲和英國雙重國籍者，也都還算是英國人。但
是我們兩個都不習慣團體旅行，跟一群好友去健行或是合租一間屋
子除外。然而，有些地方你不得不跟團，比方說北韓，和我們同團
的那群旅客個個都是旅遊經驗豐富的老鳥，這一點都不意外，同樣
地，沒有人會在頭一次出國旅行時，選擇到利比亞觀光。

　　雖然他們徹頭徹尾是英國人，但有些人眞是古怪，理查就是個
好例子。他是團裡的小丑、吹牛大王和淘氣鬼。很自然地還有階級
的問題：對英國人來說，和不同階級的人在一起總會有點不舒服。
還有英國典型的嘲諷和挖苦。全世界可能都會取笑加州人說「再
見」（have a nice day now)時有多不誠懇，但經過一星期的「親愛的
～」、「再好不過了」以及「眞叫人吃驚」之後，簡單的一句美式
「再見」，聽來要眞實多了。

　　陪我們一行9人在利比亞旅行的有4人，阿布杜耳・夏岡（Abdul

Shalgam)是導遊，他是個輕聲細語、短小精悍的人，看不出已有70出頭了。他在古物部(Department of Antiquities)工作超過40年，專業經歷絕對沒話可說。

撒拉‧亞頓(Salah Adem)是裁判兼保鑣，他負責在巴士上數人頭和保管房間鑰匙，並為健忘的旅客處理一般常見的小問題。他30多歲就禿頭了，精力充沛而且永遠保持笑容。跟阿布杜耳一樣，他也來自東邊的昔蘭尼加(Cyrenaica)。

司機山姆負責開巴士，他非常冷靜，總是隨時準備好要出發，一點也不匆忙，但同樣地他也不閒晃。接著是以賽(Issei)，一開始我以為他是山姆的助理，很多開發中國家的司機都有助理，但後來我發現他根本什麼事都沒做。

撒拉解釋說：「他是我們的警察，7人以上的旅行團都需要配備一名警察。」

「那他的工作是什麼呢？」我們的專屬警察似乎無事可做，因為我們的巴士行經每條公路時，每隔一定距離就有檢查哨。撒拉有一疊資料，包括每位團員的照片、姓名(包括阿拉伯譯名在內)、職業(要不是「退休」就是「就業中」)、出生年月日、護照號碼和國籍。

「如果我們碰上任何問題或是巴士故障的話，以賽會幫忙。」撒拉說。

但我無法想像他能做什麼，他既沒有武器可以在突發狀況下保護我們，也沒有手機可以在我們需要協助時對外求援，而且我很確定如果巴士拋錨了，他根本完全幫不上忙。事實上，以賽正是利比亞創造就業大型計畫中，一個典型的例子，給他們一個沒用的工作好讓他們有事可做。

　　旅行團裡有些團員覺得旅程太長、廁所太髒，食物又不好吃，但平心而論，利比亞的食物十分名實相符，就是北非最單調的烹調。唯一的爭議發生在旅行接近尾聲時，首先是小費付太多的問題。車上幾位美國人立刻就解決了這個問題，這是因為上頭有人告訴我們該付小費，但有些人覺得付小費給那個秘密警察不是我們的責任。我處在兩派意見中間，樂於付小費但是覺得沒必要給那個秘密警察，我又不需要他，他什麼事也沒做，格達費如果想派人隨行監視我，那麼付錢當然是他的責任。

＊　　＊　　＊　　＊

　　到處都看得到獨裁者的肖像，準確地說是獨裁者的雕像，不知是什麼感覺？上校的照片在利比亞十分普遍，但這些照片稱不上是藝術品。通常這些照片被陳列在旋轉的廣告看板上，大約2、3張看來差不多的相片放在一起，每30秒旋轉一次，這就是格達費肖像的明顯風格。他最喜歡的拍照姿勢是手臂交叉站著，眼睛朝上方凝視，所以你好像總是仰望著他的鼻子。他還經常戴著太陽眼鏡，所以你看不到他是否瞇著近視眼在看什麼，也許有什麼寫在天花板上？有些比較舊的相片顯示格達費穿著海軍水手服，這是獨裁者的最愛。不過在一地那(dinar)紙鈔上，格達費站著，一手撐著側臉，看起來好像在參加利比亞版的「酷男的異想世界」(Queer Eye for the Straight Guy)試鏡，並準備宣布這週哪個呆子的品味最糟，那張就是我的最愛。

　　就如其他不勝枚舉的獨裁者一樣，格達費很快就了解那些讓他大權在握的才華應該被記錄下來，用來啟發那些比較晚開發國家的

公民。在北韓，森林被砍伐以便造紙，用來印刷金日成所寫的書，書中介紹他那無比重要的主體思想(Juche Idea)，以及為經濟獨立和人民福祉所開的處方；中國則有毛澤東的《毛語錄》(Little Red Book)。1970年代中期，格達費退隱到沙漠，當他出來時就帶著《綠皮書》(Green Book)——這是一本薄薄的書，在的黎波里的書店可以很容易找到不同語言的版本。在120頁的篇幅中，如果我們願意試試看，格達費的「第三普遍理論」(Third Universal Theory)將可解決世上所有的難題，想必利比亞的問題也都已經解決了。

綠皮書分成三個便於使用的部分：從「民主問題的解決之道」開始，格達費認為，民主的問題在於根本就沒有民主，民主關心的是如何代表人民，到頭來我們還是得選出某人來代表我們。既然我們無法代表自己，因此我們沒有民主。政黨、議會、公民投票和媒體都不算民主，解決之道就是你會在利比亞看到四處張貼的標語：「到處都是委員會」。只要什麼事都由委員會決定，我們就都有民主了，就好像利比亞一樣。

民主問題解決以後，格達費接下來在第二部分處理經濟問題，也就是「經濟問題的解決之道」。簡單來說，就是用動聽的口號：「你是合夥人，而不是領薪勞工。」來包裝社會主義。他花了很大篇幅解釋做工領取薪資跟當奴隸沒什麼差別，並舉了一個有關生產10個蘋果卻不高興，除非你能保存那10個蘋果的例子，並且對於雇用國內奴隸提出嚴重的警告。書中還建議，每個人都需要擁有自己的土地和房子，最好還有自己的車子。既然在的黎波里擁有全新BMW、Audis和賓士汽車的人多到讓人訝異，看來這是我們都能適應的社會主義。不過，像是Hertz或是Avis這樣的租車公司可不行，格達費警告我們不該「擁有出租用的私家車」，因為那好像奴役了

那些租車的人。

最後，格達費開始在第三部分大刀闊斧地談論他所規劃的「第三普遍理論的社會基礎」。首先，他解釋了「家庭」、「部落」和「民族」的優缺點，然後再深入思考女性以及她們為何不同於男性，部分原因是「女人有月經或是每個月都有一段期間比較衰弱，男人則沒有這樣的問題。」提出了這個令人不安的發現後，他很快就轉而做出結論：男女兩性另外一個很大的不同在於女人能懷孕，這使得女人「會虛弱將近一年的時間」。或許這就是為什麼男人「強壯又結實」，女人「美麗又優雅」。在格達費的新利比亞裡，他努力使女性的角色更自由，但在實際生活中卻看不到多少成效。利比亞女性或許不一定要蒙面和穿罩衫，但她們通常把自己包得很好，更讓人在意的是，她們根本很少出門。在眾多場合裡(像是茶館、網咖，甚至是街頭)所看到的群眾，幾乎百分之百是男性。關於格達費最有名的傳聞之一，就是他的「女護衛」，不過那也是他賣弄的另一個噱頭罷了，真正的武器都是男人配戴的。

發現男人和女人的不同，以及決定該如何處理兩性差異佔了全書最大的篇幅，但還是有些空間用來思考「少數民族」、「教育」、「歌曲和藝術」。書中最好的官樣文章則在「黑人」與「運動、馬術和表演」這兩個部分。

如果我們都能夠身體力行，而不是浪費時間在看別人運動的話，問題就容易解決得多了。那麼我們都可以下場踢球，而不是坐在「看臺」上，「運動場就可加以清空和破壞」。黑人問題很簡單，只要他們增加出生率，生得比其他種族多就可以了，因為「他們的低生活水平已經有效保障他們，不須知道節育和家庭計畫的方法。」其他種族的人口增加速度也變慢了，因為他們工作得太辛

苦，不像「那些在炎熱氣候下生活的懶散黑人」。

旅行作家之友珍妮佛・考克斯(Jennifer Cox)說，格達費的《綠皮書》裡還包括，承諾每個利比亞人都應該獲得最基本的生活所需──一條麵包和一瓶橄欖油。我是沒看過，但珍妮佛說她在的黎波里半完工的天橋下，看過成堆被棄置的麵包丟在那裡給窮人吃。

＊　　＊　　＊　　＊

從的黎波里往南來到沙漠花了幾個小時，然後我們在卡撒阿哈杰(Qasr al-Haj)停下來，這是個加強防衛的穀倉。這棟大型的泥製環狀建築物包含了114個房間，每個房間裡存放一章可蘭經經文。這些房間曾作為儲藏之用，上層擺放穀物，地下室放橄欖油，排列方式雜亂又特別，看起來好像按照小孩子的畫圖板，而非建築師的設計圖所建造的。再往南走是位於納魯特(Nalut)的另一個防衛穀倉。納魯特是一個位於平原上的城市，要穿過一條迂迴曲折的道路才能抵達。

這條路逐漸穿過更貧瘠的鄉村地區，在我心頭只浮現「沒有特色」和「荒涼」這兩個形容詞。映入眼簾的是偶爾出現的平頂長方形荒廢小村落，這些地方的建築物因為路邊隨處可見的棄置塑膠袋、寶特瓶、新舊不一的鋁罐和普通垃圾，成為明顯的路標，這在利比亞人口稠密地區是常見的景象。

格達費的《綠皮書》決心解決這個世界上大多數的問題，但很明顯地，他從來沒有想過要寫些關於如何使大阿拉伯利比亞人民社會主義民眾國保持清潔的文章。利比亞是我曾造訪過最常看到垃圾的國家。

　　我們在西儂（Sinoun）往南一點的一個路邊加油站停下來吃午餐，那時吉卜力（ghibli），也就是「南方吹來的熱風」正猛颳著，使得平時陰沈的天空看起來變成了土黃色。在這種情況下搭乘巴士出門，你會覺得眼睛好像被灼傷，風沙吹進你的嘴巴和牙齒。我們吃午餐時，每隔幾分鐘強風就把門吹開一次，然後我們之中有人就得起身把門關上。店內一個擺放紀念品的架子上，有一系列的「美國侵略」（American Aggression）郵票、男用和女用的格達費手錶，還有我在利比亞頭一次看到的格達費T恤。

　　我們在德哲（Derj）做最後一次短暫停留，這是一個骯髒、位居輻輳位置的小鎮，鎮上有兩面巨幅的格達費看板，我得下車探入沙塵暴風裡再沿路跑回去，才得以把這幕奇景拍下來。同一時間裡，旅行團的成員則擠在撒華公司（Tsawa Company）的觀光咖啡廳裡，觀看著從開羅播放，好像是「阿拉伯偶像」（Arab Idol）的歌唱比賽節目。一名來自敘利亞的瘦弱青少年贏得比賽後開心的哭了。最後一站我們到加達梅斯（Ghadames），在好幾個地方都看見沙丘吹拂過路面。第一眼看見加達梅斯這座古鎮（又稱為「撒哈拉的珠寶」）時，發現她不過是另一個巨大的長方形建築區，而卡菲拉旅館（Khafila Hotel）在那些寒傖的建築物中看來特別顯眼。我們醜醜的小房間有個嘎吱響的鐵門，裡頭則擺了硬紙板假冒的家具，包括兩張凹凸不平的床。浴室裡有淋浴設備但沒有浴簾，所以浴室地板很快就溼答答的，浴室裡也沒有風扇或是空調可以除溼。冬天的話還可以忍受，但如果在夏天的話，這房間根本不能住人。

　　不同於之前在舊城鎮時的反應，我和莫琳一到這個被聯合國教科文組織列入世界遺產名單的地點，立刻扔下袋子就前往遊覽。但是有一個小問題：這裡是一個完全被人遺棄的地方，我們在傍晚時

即興繞到這裡來，卻看不到半個遊客。在舊城的主要入口巴巴伯爾（Bab al-Burr）時，一名說法語的迷人導遊將我們攔住，簡單地介紹這個景點，之後我們又再度造訪，深入遊覽一番。

那天晚餐（這已經是連著第五餐都是炸薯條）後，我們很意外地看到一場主要為義大利和日本旅客安排的游牧民族圖阿雷格（Tuareg）「文化表演」。不管這場表演有沒有偷工減料，至少在卡菲拉旅館的位子已經客滿。一個六重奏樂團（我之前在加達梅斯一間網咖外曾和他們其中一人聊過）在鼓聲和笛子聲的伴奏下，六重唱表演了一首舞曲，這是一支尋歡作樂、快節奏又完美吻合舞步節拍的曲子。每支舞曲交替時他們都會更換新裝，這些興致高昂的表演者因為穿著美麗的刺繡鞋（這是加達梅斯的特產），使得他們俏皮的舞步格外引人注目，隔天莫琳也去買了一雙這種刺繡鞋。當跳到最後時，有位舞者打扮成野獸盡情旋轉，甚至吸引了我們瘦巴巴的警察以賽加入共舞。

第二天早上舊城擠滿了人，他們要不是加達梅斯的居民，就是外來的觀光客。1980年代利比亞政府決定在這裡興建一座新市鎮，像我們住的那種粗糙旅館很快就被蓋起來。5年內舊城的6000名居民就全部移居到這裡的新家。

我們的當地導遊阿胡尼（Mohamed al-Houni）堅稱，這些人是自願搬家的。跟我們之前碰到的那個法國導遊相比，他也同樣迷人，只不過他說的是英文而不是法文。

他解釋說：「沒有人被迫離開，但是因為新房子有電、有自來水和廁所，所以他們都搬到新城了，在舊城的老家還是保留著，偶而回去看看。」

那天下午我找到阿布都蓋德・阿布法耶德（Abdulgader

Abufayed），他是聯合國推行的舊城重建方案計畫負責人。他強調：「搬家純粹是自願的決定，但一座城市沒有人住等於成了一處遺址，我們得設法讓舊城再活起來。」

「到底該怎麼做才比較好，針對這點我們已經做過許多調查，我想最後的方案會是一個綜合手工藝品、觀光業與投資事業的成果。我們必須設法讓它成為一座可以自給自足的城市。我們對創新的想法不會設限，有些人可以再搬回舊城，但舊城不會住滿，因為它無法提供現代人的設施要求。」

舊城沒有自來水和污水下水道設施，這是最大的問題，但還是可以鋪設水管和污水管，而不會影響原有的市容。重建工作從2001年展開，表面上工程進展得很不錯，但是從我們用午餐的店內向外眺望，很快就可以分別出那些重新整修過的屋宇，因為屋頂都粉刷了白色油漆，其餘的屋頂或塔樓看來則是破舊如昔。我們用餐的這家店也是重新翻修過的老房子，是特別為這種場合而設計的，在舊城裡相當顯眼。

阿布都蓋德總結說：「到目前為止，這個計畫進行得還不錯，這不是那種新城建在舊城上，再把舊城拆除的計畫，舊城還是保留完好。」

理查和我想到一個點子：「像阿曼渡假村（Aman Resorts）這種集團，就有辦法把這些房子改成豪華飯店，我幾乎能看到屋頂陽台上所架起的陽傘和排放的桌子。」

理查接口說：「然後我們可以在落日餘暉中喝著琴湯尼，一邊開往阿爾及利亞。我們可以在兩國交界處設立一塊獨立區。」

阿爾及利亞邊界距離這裡不過10公里，而我們的確在黃昏時開車往那個方向去。在我們出發之前撒拉把我們的護照都收走了，是

擔心我們遊蕩過了邊界嗎？

接近邊界時，我們停下車去爬拉斯阿果山(Ras al-Ghoul)的頂峰，又名群鬼之山，從這座頹圮的沙漠城堡往下凝視那塊營地，也就是西元668年伊斯蘭教部隊圍攻城堡的據點。營地之外就是墓場，從那裡朝西望去景觀很別致，沙丘一望無際地綿延過阿爾及利亞邊界，就連北邊的突尼西亞也彷彿可見。

從城堡走下來後，我們又驅車數公里，到了一連串高聳的沙丘處，在那裡我們的司機和遍地沙塵做了一番搏鬥，幾次徒勞無功地想把我們的陸虎開上山丘，就好像幾天前在杜拜附近，我們也經歷過類似的沙丘特技賽車之旅，只是這輛陸虎開得比較不順、發出的噪音也很大。

我和莫琳、撒拉及秘密警察以賽都攀爬上了最高的沙丘頂，手腳並用地和沙堆搏鬥直到頂端。午後的風呼嘯著往上吹，越過沙丘邊緣，夾帶的沙塵颳傷了我們。日落時分我們回到車裡，司機已經升了火，正在烤麵包和泡茶。這時如果再給我們一條乾河道，我們就有如置身澳洲一般，烤著丹波麵包(damper)和煮著比利茶(billy)。

＊　　＊　　＊　　＊

邦喬諾！(Buongiorno)一連串的招呼聲在早餐桌上交錯響起，儘管義大利距離我們這個利比亞最大旅行團或許很遙遠，但從西西里島的西拉克斯(Syracuse)到的黎波里只有500公里，搭飛機從羅馬到的黎波里也只要2小時。義大利過去不堪的殖民歷史也同樣讓人驚訝，跟比利時一樣，在過去帝國主義興盛時期，義大利和其他歐

洲強權一起加入殖民的行列，但是義大利人留下很糟的紀錄，利比亞和衣索比亞都為此付出代價。

在20世紀之交，利比亞是快速衰退的鄂圖曼帝國的一部分，到第一次世界大戰結束時，鄂圖曼帝國內部完全分裂，只留下土耳其作為後續的替身。後來伊拉克、敘利亞、黎巴嫩、約旦、巴勒斯坦、埃及和利比亞都自行獨立，更常見的是被其他國家所吞併。利比亞的案例中，是不幸被義大利吞併，1911年到1912年間，義大利趕走了鄂圖曼人，宣稱要解放利比亞，卻全然忽視利比亞人民多年來想要擺脫鄂圖曼控制所做的努力。不過這倒也不新鮮，以前美國也宣稱要解放古巴和菲律賓，結束西班牙對這兩個地方的殖民統治，1898年發生的美西戰爭也是類似的情況。

接下來的30年中，特別是在歐麥爾・穆赫塔爾（Omar al-Mukhtar，又稱「沙漠之獅」）領導期間，利比亞人掙扎著反抗義大利的殖民統治。後來穆赫塔爾被捕，並於1931年被義大利人處決。在綠色廣場角落的的黎波里城堡中有很多柱子，在其中一根柱子上，至今還可以看到穆赫塔爾的雕像。1930年代末期，墨索里尼（Mussolini）開始把一批又一批的義大利移民船運到利比亞，義大利的勢力遍及利比亞全境。義大利的統治使利比亞付出了巨大的代價，根據統計，在義大利殖民的30年期間，造成利比亞四分之一的人民死亡。

當二次世界大戰爆發時，利比亞成了戰場，隆美爾將軍的德意志非洲軍（Afrika Korp of Rommel，即「沙漠之狐」）和英國第8軍團（Eighth Army of Montgomery）在此交戰，1942年戰事終於塵埃落定，德軍吃了二戰以來第一場大敗仗，在1943年初期英軍掌控了的黎波里，而非義大利部隊，第二次世界大戰也使大英帝國的版圖迅

速縮小，英國對於利比亞這塊又窮，又不願意加入大英國協的沙漠也沒有太大興趣。法國已經先把利比亞西南鄰近阿爾及利亞之處劃入阿爾及利亞，不過利比亞在1951年還是獨立了。

1950年代中後期，利比亞致力重建義大利殖民和二戰期間的毀壞區域，然而要到1959年發現新油源後，利比亞才開始蛻變。從此利比亞成為非洲最富有的國家，但接下來好幾任政府都無法有效處理這筆新發現的財源。1967年「六日戰爭」及其後引發的後遺症，震撼了阿拉伯世界，或許這件事情引發了動亂，並使格達費因此掌握大權。不同於一般民眾對政府的不滿，像是貪污和偏祖等，利比亞人民對於政府過去只是嘴巴上喊著支持阿拉伯國家主義，實際上對於那些在前線的阿拉伯國家卻沒有任何支持行動，感到相當憤怒。

1969年的革命雖然一開始有點令人困惑(一直到一星期後格達費才挺身而出，成為新任的領袖)，但值得注意的是它和平落幕(只有極少數人喪生)，不過接下來就開始快速耗損。格達費很快就把所有企業收歸國有(以證明他的社會主義威信)，重新分配財富(這對絕大多數憎恨利比亞有錢菁英的人民來說，倒是個好消息，這些富人多半是因石油而致富)，同時開始推行他那一廂情願的阿拉伯統一運動(這讓那些認為利比亞對阿拉伯國家主義做得不夠的人很高興)。

格達費也把剩下的義大利移民趕走了，沒收利比亞的猶太人社區，並且下注伊斯蘭教獨贏(each-way bet)，把所有的教堂都關閉，不然就要求改建成清真寺(讓宗教強硬派人士很開心)，之後再派許多聽話的教士到清真寺(這就讓宗教強硬派人士不高興了)。

以格達費的穿著品味來看，他可說是獨裁者中的彼德潘(Peter

213

Pan)。某天他從好萊塢得到線索(沙漠部落酋長服,然後是非洲獵裝),接著是搖滾樂(從佩伯軍士Sergeant Pepper的軍裝到布萊恩‧費瑞Bryan Ferry的花花公子套裝)。既然利比亞看起來很像麥可‧傑克遜所開設的那座夢幻樂園(Neverland,編按:巨星麥可‧傑克遜很喜歡小孩子,所以蓋了一座樂園,就叫"Never Land",而"Neverland"是童話小飛俠中彼德潘住的地方),加上上校的行為就跟他衣櫥中的選擇一樣古怪,因此麥可‧傑克遜(Michael Jackson)鐵定會很喜歡利比亞。此間格達費才迎接某個恐怖組織到的黎波里(雖然北愛共和軍在一個沒有啤酒的地方絕對會很不爽),隔一天就下令禁止商店營業(的黎波里全市只有7家公營的超市對外開放,阿拉法特還特別搭機過去為商店開幕剪綵),接著他發起一項偉大的人工河流計畫,好將沙漠變成綠洲,甚至把國名從利比亞改成大阿拉伯利比亞人民社會主義民眾國。

1980年代,格達費對革命的熱忱開始讓他在利比亞之外變得不受歡迎,部分原因出在「革命委員會」上,這個委員會就像毛澤東的紅衛兵一樣開始有自己的生命。在利比亞若有人開口反對格達費,就別想逃過那些狂熱分子的攻擊,就連在國外也一樣。暗殺行動在歐洲各地發生,1984年在倫敦達到極端,當時有一名利比亞大使館內的狙擊手,對使館外頭街道上的利比亞示威群眾開槍,還準備殺害一名警察;結果在大使館內的利比亞人都被遣返,英國也斷絕了和利比亞的外交關係。早在三年以前,美國就已做過同樣的事。

接下來有更多的暗殺行動發生。利比亞和鄰國查德爆發一場所費不貲(損失金錢和人命)又未成功的邊界衝突;1985年由利比亞協助和資助的巴勒斯坦極端分子,襲擊羅馬和維也納的機場乘客;

1988年一架泛美航空(Pan Am)客機爆炸，1989年一架法國聯合航空(UTA)班機爆炸，終於使利比亞被列為全球通緝名單的榜首。1992年聯合國開始對利比亞實施制裁，使得利比亞人民在接下來的10年日子過得很辛苦。

當然，就如其他極權國家一樣，事情不能只看一面。1986年美國雷根政府發射飛彈砲轟班加西(Benghazi)和的黎波里，這不是利比亞唯一一次受到攻擊。1973年2月，利比亞阿拉伯航空編號114班機從的黎波里起飛，經班加西飛往開羅。這架飛機是由法國經營者承租，雖然副機長、空服人員和大多數乘客都是利比亞人，但是機長是法國人。當飛機靠近開羅時飛進沙塵暴裡，機長一時看不清例行的操作記號，同時錯過了一個無線電信號：在開羅的航空管制站警告機長班機正飛向西奈半島(Sinai)，1967年「六日戰爭」後該地就歸屬以色列的管轄；結果飛機趕緊急轉彎朝開羅方向飛去，但仍來不及逃過兩架前來攔截的以色列空軍幽靈式戰鬥偵察機(Israeli Air Force Phantoms)，在距離埃及領空不到一分鐘的航程時，這架班機不幸被射中墜落。事後從失事飛機的黑盒子聲音記錄器發現，機長根本沒察覺班機闖進了以色列領空，一直要到最後一刻才發現，前來攔截的飛機是以色列而不是埃及的飛機。

機上113名乘客和機組員中，只有5人生還。

當然，當那些愛扣扳機的軍人把這架民航機射下以後，事情沒那麼好了結。但是以色列政府馬上加以解釋並道歉了嗎？你猜。以色列前總理梅爾夫人(Golda Meir)對國防軍總部參謀總長(Dado Elazar)艾拉札說：「我想告訴你我不只欣賞你，我還崇拜你！」就是艾拉札下令把那架民航機射下來的。

畢竟，他們只是利比亞人。

*　　*　　*　　*

起初我是被羅馬遺跡吸引，才來到利比亞；當然，每位到羅馬的觀光客都會到羅馬帝國中心的圓形大劇場（Coliseum）和其他遺跡參觀，不過羅馬帝國在全盛時期的版圖不只橫跨歐洲，還往東向亞洲以及往南邊向非洲擴展。幾年前我曾經以健行的方式，沿著哈德良長城（Hadrian's Wall）從東到西橫越英國，這條路線標記著羅馬帝國的北部邊界。

我很喜愛曾經駐守在這裡的百夫長（centurions），所經歷的那種戰戰兢兢的生活，因為他們必須戍守帝國的外圍邊界，防止蘇格蘭野蠻人進犯。我看到一段評論說，在這裡站崗真的很辛苦，但也很驚險刺激。對羅馬人來說，那時候的蘇格蘭，相當於維多利亞時期探險者眼中的非洲黑暗大陸。

另一方面在非洲和亞洲，則是溫暖、美酒和文明的所在。我曾造訪土耳其著名的羅馬古蹟以弗所（Ephesus）、敘利亞的帕密拉（Palmyra）和摩洛哥的沃呂比利斯（Volubilis），但位於的黎波里以東100公里的利比亞海岸城市大萊普提斯（Leptis Magna），一般咸認是地中海沿岸最重要的羅馬古蹟。

雖然大萊普提斯最初建城於西元前7世紀，但一直要到奧古斯都皇帝（Emperor Augustus，又叫屋大維）統治期間，也就是大約耶穌誕生時期，它的地位才日形重要。這座城市自此成為一座重要港口，並開始出現那些足以用來區別羅馬重鎮的建築象徵，包括市場和劇場。橄欖油這種平凡但有利可圖的商品，經由這座港口出口，但是在羅馬出現的野生動物貿易，則完全是一項外來的活動。當羅馬皇帝瑟維如（Septimus Severus），別號「殘酷的非洲人」，在193

年行進到羅馬時，羅馬帝國的重心就南移了。有段時期新皇帝曾夢想大萊普提斯能和羅馬相抗衡，長期的和平也加快了這座城市的發展，但不幸後來爆發戰爭，211年瑟維如皇帝在英格蘭作戰時身亡。

接下來一個世紀，大萊普提斯持續不斷地開發成長，但是後來這裡接連發生了幾次水災和地震，羅馬當局也開始忽視這座城市。結果在6世紀時，大萊普提斯落入拜占庭手中，他們在城市周圍興建城牆，預示下個世紀阿拉伯人的入侵。到了10世紀，這座一度輝煌的城市遭到被廢棄的命運，也逐漸消失在沙塵之中。

我們當然不會對遺跡感到失望，因為附近沒有任何一座現代城市，在這處古羅馬遺址上頭也沒有任何建築，大萊普提斯因而得以完好地保存下來。瑟維如皇帝凱旋門（Arch of Septimus Severus）、豪華的哈德良大浴池（Hadrianic Baths）、仙子殿（Nymphaem，Temple of Nymphs）以及大理石地板的賽維倫廣場（Severan Forum）上許多引人注目，表情豐富的蛇妖頭（Gorgon heads），還有大劇場，在在都述說著這座城市的輝煌歷史。有一群學童跟我們這個旅行團同時抵達劇場，當他們看到我們這群西方觀光客後，就在舞台上排隊，唱起迪士尼樂園的「這是一個小小世界」（It's a Small World）。

我們繼續往東走，去看那座保存特別完好的圓形露天劇場，它可以容納16,000人；也去看了圓形廣場或競技場，據說在25,000名歡呼的觀眾面前，那裡曾經舉行過雙輪戰車比賽。

雖然維修得不錯，但大萊普提斯還是面臨了來自現代世界的嚴重威脅。在參觀市場地區時，阿布杜耳・夏岡很沮喪地發現了古欄杆缺了一角，他確定上次來這裡時，那塊缺角還好端端地在欄杆

217

上；而橫跨路面的幾道輪胎痕吸引了他的注意。

他用手指著說：「你們看，卡車在這裡倒車，把東西撬起來然後運走，看來是這幾天才發生的，警衛根本沒有注意到。」

像這種古遺址，一定經常受到那些貪婪的收藏家威脅，遺憾的是這樣的風險一點也不新鮮。早在17世紀克勞德‧勒馬利(Claude Le Marie)這位駐的黎波里的法國執政官，就洗劫過這處遺址，把大批大理石圓柱海運回法國。凡爾賽宮(Versailles chateau)和聖傑爾曼教堂(St Germain des-Pres church)都可看到從大萊普提斯劫掠過來的東西。

雖然大萊普提斯是利比亞最重要的羅馬遺址，但它不是唯一一處羅馬古蹟，我們之前就已經從的黎波里往東到薩柏拉達(Sabratha)去參觀。這是一座羅馬古城，裡面有比大萊普提斯更為壯觀的劇場(儘管沒有一群小學生唱歌迎接我們)。如果我們在利比亞停留得更久一點，我們就會繼續往東走，造訪二次世界大戰的戰場托卜魯克(Tobruk)，並且前往位於昔蘭尼(Cyrene)和阿波羅尼亞(Apollonia)的古希臘遺址參觀。

在大萊普提斯午餐時，我發現我的清涼飲料上頭寫著：「經百事可樂公司(Pepsico Inc)授權，在非洲的黎波里、大阿拉伯利比亞人民社會主義民眾國裝瓶。」利比亞不是受美國貿易禁運嗎？什麼美國貿易禁運啊？百事可樂在利比亞市場顯然是領導品牌，不過你還是買得到可口可樂。利比亞主要的清涼飲料是苦蘇打(Bitter Soda)，它看起來和喝起來都很像起泡沫的紅色漱口藥水。

最後我們去參觀一座很棒的博物館，結束在大萊普提斯的行程。倒數第二個房間收集了所有送給格達費的禮物，一位黏著莫琳要學英語會話的年輕學生，輕蔑地揮著手說：「這不算什麼。」

他繼續：「革命？我們從來沒有革過命。」顯然他一點也不關心那些格達費的紀念品上被安裝了防盜警報器。他說：「革命必須來自人民；這不是革命，而是他掌權。」

他沈思後下了結論：「但是他有武器。」

這座博物館還有一個兩層樓高的格達費肖像，他歡欣鼓舞地高舉著雙臂，群眾則是興奮地圍擠在他腳邊。如果我們這個旅行團能到陽台上和格達費的塑像合拍團體照，圍繞著他的肖像站著，從他的頭部兩側凝視他的肩膀，一定會很有趣。

那天晚上我們沿著海岸繼續往東行進，並且在齊利騰港口(Zlitern)過夜。我們一路穿過市區逛回旅館，每個破爛的公寓街區上幾乎都裝有衛星碟形天線，數目之多著實讓我目瞪口呆。在一家店裡我瞥見一條「超級豪華尺寸的海灘浴巾」，上頭有英國艾斯諾足球俱樂部(English Arsenal football club)的標記，所以就買下來給我那個艾斯諾隊的球迷兒子。就像在利比亞各地的商店一樣，這裡的店鋪都在門口展示著大量的足球商品，看來利比亞有很多人在玩足球。格達費的兒子就在艾哈利(Al-Ahly)足球隊當教練，這是的黎波里兩大足球隊之一，也是利比亞國家足球代表隊，但是這還沒有讓利比亞成為非洲足球強國之一。不過足球在利比亞也可以很政治。1996年在一場格達費兒子出場的賽事中，足球迷在球場上高呼反政府口號，結果他的警衛就朝球迷開火，造成至少20名觀眾喪生。

隔天，在我們返回的黎波里之前，又展開了一場沙漠突襲。我們沿著海岸線前往密斯拉塔(Misrata)以東的地方，然後再轉往內陸，最後駛上一條石子路。這條道路在最後抵達格爾扎古蹟(Ghirza)前，沿著偉大的人工河流延伸了80公里。

格爾扎古蹟是處小景點，有許多羅馬風格的陵墓，可能是由曾經服侍過羅馬軍隊的利比亞人所建。我們在洋槐樹下野餐，使用寫著「來自偉大人工河流的水」的瓶裝水清洗食物。附近有一大片墳墓，接下來我們往前再開幾公里，來到另一片比較小型的墓地。這裡眞是風景如畫，各式各樣的陵墓座落在河岸兩旁，河水很深，岸旁的沙地上零星矗立著美麗的洋槐樹。

我們的導遊阿布杜耳對這兩處無可取代的古蹟竟無適當維護感到很發愁。昨天在大萊普提斯看到古蹟被破壞已夠讓他震驚，今天又看到一塊楣石從一座陵墓屋頂上掉下來，他擔心地說：「我確定上次來的時候它還好好的。」利比亞隨處可見在路邊設路障的警察檢查哨，爲什麼他們就不能調派一些警力去執勤，好好看守那些珍貴的古蹟呢？

*　　*　　*　　*

當我和莫琳繼續往南到費贊(Fezzan)時，旅行團的其他成員都已經回去英國了。初春時節，的黎波里以外的前100公里鄉村景致，出人意料地肥沃又充滿綠意，但再往下走景色逐漸變得枯黃，到了200公里處就已經一片貧脊，只有偶而可見的乾河床上才可看到較多的植物。不過沿路的景觀一點也不無聊，這條路爬過多岩的山丘，越過一樣荒蕪的平原，走不了多久就可以看到遠處的山峰、臺地或是奇特的角錐山；有時還可看到零星出現的駱駝或是通訊塔台。一度我看到一個像是緬甸佛塔的建築出現在地平線上，後來才發現原來是另一座通訊設施，有著奇怪的階梯狀結構，前面裝著一排太陽能面板。住宅區很少，通常是些佈滿灰塵，看起來很陰鬱的

地方；其中包括施工中的焦渣石建築物、一間加油站、幾家茶館（當我們下車時，其中一家老闆正在看電影「萬夫莫敵」Spartacus）、一兩家商店和一定會有的警察哨，而且之前必定會先出現一堆塑膠袋、廢輪胎、壓扁的寶特瓶和生鏽的鐵罐。路況還算平穩，交通也不繁忙，限速每小時100公里，而我們這輛車的儀表板則維持在時速150公里左右。

再往南走，到了艾許瓦芮夫（Ash-Shwareef），有間餐廳可以吃午餐。我們使用阿拉伯語、英語和法語（法語最好用）跟侍者溝通後，終於點完餐，結果端來的是普通的沙拉、湯、雞肉、米和薯條組合餐；不過這家餐廳的氣氛讓人感到很愉快，如果這間餐廳開在美國或澳洲的話，一定是間很好的公路卡車休息站。

接下來的路段，景致看起來特別荒涼，有時連一片葉子或一根草都看不到。這條路一直和偉大的人工河流平行，不是向外延伸就是交錯而過。到了布拉克（Brak）以後，我們駛進伊迪罕烏巴里（Idehan Ubari），也就是烏巴里沙海（Ubari Sand Sea）。這裡完全是沙丘區，午後吹送的吉卜力（ghibli，南方颳來的熱風）讓路面覆蓋一層厚達幾公分的沙。綿延的沙丘蜿蜒成一條龍脊，規律地如正弦波形一般，漣漪似地流向東南方。

最後我們來到薩博哈（Sebha），一個繁華喧囂的大都會，這裡有古老的義大利堡壘和機場。卡車停車場就在市區外，到處都是從非洲的撒哈拉以南長途駕駛，越過空曠沙漠後來到這兒的卡車工人。在澳洲幾乎每年都有一輛被撞的原住民拖吊卡車，嘎吱地停在內地（outback）某處等待救援；但是當道路救援抵達時，車上5到10名乘客中，有一半都已經渴死了。當同樣的災難發生在這些滿載非洲經濟移民的卡車上時，死亡人數可能是澳洲的10倍以上。2001年

在一輛拋錨的卡車上發現了96名乘客喪生，只有23人生還。

從薩博哈開始，這條路就沿著特別的瓦迪哈亞特區（Wadi al-Hayat）前進，這是位於撒哈拉中心的一個綠色海市蜃樓。在150公里的路程中，在道路的南邊是一片死寂，北邊是密集的農地，幾公里外還有大片的沙丘和道路平行。跟之前從的黎波里出發後那條又長又空曠的道路相比，這條路顯得比較繁忙。後來我們到了加爾馬（Germa）並投宿在達爾加爾馬旅館（Dar Germa Hotel），在那兒我們遇到哈山‧雪瑞夫（Hassan Sharif），他看來像是一名圖阿雷格（Tuareg）的停車場技工，他頭上纏的纏頭巾（ashaersh）與紅色法拉利（Ferrari-red）罩衫形成奇異的對比。

哈山曾在都柏林待過一年，他在那裡學習英文。至於當地的天氣，哈山說：「沒錯！的確很糟，一直下雨，甚至下雪！」不過後來他透露，加爾馬到了冬天一樣很冷。

隔天早上，哈山從脖子以下做圖阿雷格式的打扮，脖子以上的纏頭巾也是圖阿雷格式樣。他那蒼白、淡紫色的頭巾和黑色長袍（galabiyya，男人所穿的膨鬆、全罩式長袍）搭配得很好。這樣合宜的穿著使哈山看起來更時髦、更英俊，好像隨時準備跨越沙漠一樣。他那永遠興高采烈的助手穆罕默德，則是纏著金褐色的頭巾、穿著紫色長袍。穆罕默德來自尼日而且會說法語，所以那天之後的行程，我們的對話都是阿拉伯語、英語和法語夾雜。

我們漫遊了幾公里後，回到往薩博哈的路上，從農場地帶轉入岔路。為了讓車子適應沙路，我們停下來將輪胎放氣，接著幾乎立刻就沒入一片沙塵之中。數分鐘之內已經無法辨別方向，我暗自慶幸自己帶了全球衛星定位系統（GPS），並且在出發前就設定了加爾馬的方位。接下來一個小時，車子在沙丘之間上下俯衝，有時車子

停下來，等哈山和穆罕默德爬上附近的一個沙丘去探勘路線，或是去檢查是不是有流沙坑(fish-fash)，以免連小心駕駛的陸虎都不慎陷入。

如果你對撒哈拉沙漠還懷抱著「童書式」的看法——一望無際的沙丘中，唯一的生命跡象是一支駱駝商隊，沈重又緩慢地跋涉過沒有生命氣息的沙漠(當然，豐田陸虎現在已經取代了駱駝)，那麼這裡就是了。我們甚至還走向那如風景明信片一般的沙漠綠洲——一池池的清水旁邊圍繞著棕櫚樹，以及金色灼熱的細沙。事實上，烏巴里湖(Ubari Lakes)的數目不只十幾個。我們在馬哈陸巴(Maharouba，意為燃燒的湖泊)遇到一小群德國人、兩對夫婦和幾個小孩。他們是在一、兩個星期以前，在這處人跡杳然的湖邊下車露營。再往西走，有更多景點可看，我們還努力爬上一個特別高的沙丘頂端，把臉湊向沙脊那銳利的邊鋒往下看，深藍色的葛伯翁湖(Gebraoun Lake)就在我們正下方。

「噢!!」哈山和穆罕默德兩人不約而同倒吸一口氣，彷彿他們因為發現這處地點而大感驚訝。

座落在湖邊的溫茲瑞克營地(Winzrik campsite)經理謝爾(Sher)從我帽子上的非洲地圖中，認出了他的家鄉馬利。他說：「真是一頂好帽子！」你很容易就能想像出駱駝商隊在這座沙漠綠洲休憩的景象。時至今日，你還是能窺見這樣的畫面，駱駝商隊還是會來這裡休息，只不過遠方的部落換成了義大利人、荷蘭人或法國人，駱駝則「變形」成豐田汽車。

葛伯翁這個村落已經消失了。1991年時，村民就已遷到主要幹道旁的新公寓。在加達梅斯(Ghadames)時有人告訴我，每個人都是自願的，但毫無疑問地，有人使用武力迫使村民從偏遠的美麗沙漠

湖畔老家出走。今天有些旅客只是來這裡短暫停留，吃午餐或小歇
一下，有些人則是四處晃晃，或許跟謝爾租個雪橇或雪地滑板，試
著滑下沙丘玩玩。

*　　*　　*　　*

　　隔天我們從加爾馬又往南走了幾公里，爬上從遠方看來漆黑又
多岩的山脈，再往西走，接下來2小時跨越了一片寬廣但平庸的平
原。再轉往南方，盡頭是一片連綿的高聳沙丘，也是默竹克沙海
（Murzuq Sand Sea）的起點。後來，馬撒克賽塔費特山脈（Msak
Settafet range）的黑色蹤影又出現在北方，不過再往前就沒有路了，
因為前面是一片可以開闢100條、甚至是1000條線道的寬廣平原，
但在這片茫茫平原中，我們還是看到了一處警察檢查哨。最後我們
離開平原，穿過另一片課本上看得到的撒哈拉沙漠，駛過更多平凡
無奇的平原，最後車子顛簸地開到了石頭海（Ocean of Stone），才在
麥斯康朵夫乾河床（Wadi Methkandoush）停下來。

　　這條旱河道的河岸和往南的支流印卡利恩乾河床（Wadi In
Galghien）共同組成了一個引人注目的石頭藝術館，最早可追溯到西
元前10000到6000年間的「野生動物時期」（Wild Fauna Period）。這
個景點之所以重要，在於它位置偏遠，藝術品數量眾多，同時呈現
出的歷史栩栩如生。全球暖化現象和環境變化是現在最熱門的議
題，人們很容易忘記才在不久之前，撒哈拉沙漠和現在我們眼前一
片了無生息的黃沙地截然不同。當藝術家在這些乾河床的河岸削鑿
他們的石頭作品時，撒哈拉曾經是許多動物的棲息處，只是現在只
能在更南邊氣候不那麼極端的國家，才能看到牠們的蹤影。

岩石藝術演變的歷史真讓我大開眼界，大多數石頭藝術的卓越品質也令人讚嘆。常見的有大象、鴕鳥、各種牛隻和羚羊，至少有一頭以上的犀牛，還有令人印象深刻的鱷魚，不過還是以長頸鹿帶給這些遠古撒哈拉藝術家最多靈感；就連長頸鹿複雜的躲藏方式，都在乾河床的作品中忠實地被記錄下來。其中我最喜歡的一幅作品，也最常出現在明信片上，他們以新穎的透視技術，同時展現出兩隻長頸鹿和一隻大象，因此實際上你可以一次就看到這三種動物。

開車回到加爾馬後，我們繞了好一段路去看另一處沙丘地，再度置身於風景如畫的撒哈拉之中；沙塵漫天飛舞，連矮灌木叢都很少出現。我們再次發現一座沙丘，從該處頂端往下眺望湖泊，不過這次湖泊已經消失，只留下乾涸死亡時的白色岩狀物，從前它看來應該和烏巴里湖一樣；不過，現在這座湖泊的湖水與植被都消失了。當我們極目眺望這一片廣袤的大地時，在我們與地平線之間看不到任何生命的蹤跡，一會兒才從遠處一座沙丘凹處看見一隻駱駝的身影。隨後出現了其餘6隻駱駝，牠們步履艱難地越過沙漠，前往只有牠們才知道的遙遠水源地。

回到達爾加爾馬旅館時，洗盡一身塵埃真是太舒服了。我們對旅館的浴室尤其滿意，雖然這間旅館說他們只提供「非常基本的設施」，比加達梅斯的「平價」旅館還要低一級，但事實上這家旅館非常整潔，掛滿了撒哈拉各處的照片、圖畫和地圖。浴室的大小跟我們在加達梅斯的房間一樣大，浴室裡有洗手槽、馬桶、浴缸和其他許多鑲嵌金邊的俗麗配件；而浴室內那些只求實用的外露管線彎曲纏繞，從高掛發出噪音的熱水器通往牆上，讓浴室的裝潢絕妙地取得了平衡。這間浴室似乎只供一人使用，其他房間的浴室就沒有

這麼奢華。旅館提供的餐飲也比「非常基本」高上好幾級——這可能是一位蘇丹廚師，來自馬利、尼日和埃及的員工，以及義大利女侍所共同努力的成果。

隔天我們又來到烏巴里沙海，遵循同樣的路線，先沿公路行進幾公里，往北穿過一片農地，停下車來讓輪胎放氣減輕胎壓，然後駛進滾滾黃沙之中。看來哈山很喜歡規劃穿過沙丘的路線，他很小心地不讓我們陷得太低而出不來，當車子爬上沙丘頂端時他也會興奮一下。

我們再度突然現身在山脊頂端，尋找底端一座鑲著綠邊的湖泊。就像葛伯翁湖一樣，曼達拉湖(Mandara)從前也有一座村落，1991年時村民被迫遷移，反正這個村子很快也得搬走。1980年代初期湖泊開始乾涸，現在曼達拉湖已經變成數個池塘與小水漥。

哈山宣稱：「我想，這是因為農業計畫工程取走太多水所造成的。」

昨天我們才開車經過其中一項工程，巨大的穀物灌溉圈，水源來自井水，而井水來自接通的沙漠地下水層。是否如哈山所言：自1980年代初期農業計畫展開之後，曼達拉湖就隨著開始枯竭了呢？

無論湖水乾涸了沒有，我們從沙脊往下眺望時，映入眼簾的仍是一幅田園風景。如果是20年前，我們應該可以看到曼達拉湖顏色多變的湖水，以及孩童在附近嬉戲的聲音。但現在這裡一片寂靜，只剩下池塘和水漥，上頭還結了一層薄冰般的鹽。

哈山又嘀咕著：「農業計畫用掉太多水了。」

我們在一處已廢棄的村落清真寺休息，穆罕默德攀爬上一棵枯樹，折下一些樹枝當材燒，準備升火。我腦裡突然浮現一幅荒謬的景像：我們經過洛杉磯，坐在我們最喜愛的拋錨豐田汽車裡，車尾

掛著阿拉伯牌照，車頂上有一排四方形油罐裝著備用汽油，還有一堆乾木材和吊掛在一旁的山羊皮囊水袋。兩名看來狂放的圖阿雷格部族男子坐在駕駛座上，頭上包著一層又一層的頭巾。

距離烏瑪麻(Umm al-Maa)，也就是明信片上常見的烏巴里湖只有幾公里，該湖的湖水還很豐沛，窄長的湖面與深藍色湖水在棕櫚樹和沙地之間快速流動。烏巴里湖號稱「眾水之母」，比之前所有的湖泊都來得美麗。當哈山升起火堆烘烤麵包，穆罕默德開始烹調午餐時，我就溜去游泳。就跟其他湖泊一樣，烏巴里湖鹹得跟死海一樣，不過只要在附近挖口井，還是可以取得飲用水。在湖裡游完泳後，我在沙地上晾乾泳衣，身體乾了之後，皮膚上留下一層閃亮的結晶鹽，這時我的泳衣也乾了，好像冬天晾在零下低溫的衣服一樣硬挺。

我跟莫琳說：「我在湖裡上下擺動，游過來又游過去，好像浴缸裡的橡皮鴨一樣。」

莫琳甜甜一笑，答道：「我覺得你看起來比較像一個橡皮輪胎。」

午後，我們又驅車駛回沙丘之間，這次終於碰到一個難倒哈山的沙丘。儘管事前已經勘查過路線，也把沙丘脊破壞了，但我們的車子還是四輪懸空，如同蹺蹺板一樣卡在沙丘邊上。於是我們下車鏟沙，10分鐘以後車子才又發動了。

哈山抱怨說：「那個地方總是很難過去，太多細沙了。」

這是我們回程中最後一個乾涸的湖泊。

哈山說：「這裡有狼群出沒。」就在此時，沙丘後面彷彿有什麼東西出現，往下竄到湖泊另一側。在那一瞬間，我們和那隻動物同時彼此對望，於是都停下腳步，這時我們有充裕的時間，能用望

遠鏡好好地觀察牠，雖然牠那豎起的耳朵看來比較像狐狸而不像狼，但這邊的狼就是長這個模樣。

最後一天早上，我們從費贊開車往西走到烏巴里(Ubari)城，也就是哈山的住處，哈山的妻子和幾個孩子則留在的黎波里。

哈山說：「過了這裡以後，240公里以內都沒什麼好看的，一直要到伽特(Ghat)才有景點。或者你們可以往北走，開車經過沙丘，兩天之後再走過山區；再走2、3天後你們就會到達加達梅斯。這條路線我走過好幾次，但是你們必須要有三、四輛車一起走，今天我們是靠全球衛星定位系統來認路的。」

我們把車開到山頂，排成一列，俯瞰著烏巴里全景。遠處房舍的屋頂上，衛星碟形天線星星點點，好像整個城鎮都覆蓋了許多白色小圓點。

當我們俯瞰著哈山的家鄉，他沈吟道：「我是在烏巴里出生的，但父親後來搬到阿爾及利亞，所以13歲以前就一直住在那裡。之後阿爾及利亞被解放了，所有的利比亞人都得離開。」

「你父親在阿爾及利亞工作嗎？」我問。

「不，我父親沒有在工作，但他有養動物。」哈山神秘地答道，「他有許多駱駝，我們把駱駝帶回利比亞出售。」這是在汽車開始普及之前，當駱駝商隊還無視於沙丘上劃分的各國邊界，跨越撒哈拉沙漠旅行時的事。

哈山繼續說：「一趟單程旅程要花上15天左右；有時候他一年會旅行兩次，把駱駝從阿爾及利亞帶回利比亞販售。」

*　　*　　*　　*

所以利比亞到底何去何從？格達費已經從觀光業上後退了一步，往市場經濟前進了一步，但是過去30年在《綠皮書》的指導下，究竟把利比亞帶到哪裡去了呢？從某些方面來看，利比亞其實似乎進展有限。那些用來資助以色列從事革命活動的大筆金錢，現在也都還在以色列；阿拉伯統一還是毫無起色，非洲統一更是不可能的任務，格達費所資助的那些革命活動，幾乎都沒有達到之前所宣稱的目標。

至於經濟呢？無論有沒有《綠皮書》，格達費的方法已經證明並不比別人強，利比亞還是非常倚賴石油(如果沒有石油的話，利比亞的情況肯定會更糟)。公共部門顢頇無效率，私人部門不只受限於各種禁令與官僚作風，而且還在理解格達費那迂迴曲折的《綠皮書》過程中直接受害。就如同沙烏地阿拉伯和其他產油的阿拉伯國家一樣，利比亞人天生就不以辛勤工作著稱，他們蜂擁到公家單位工作(很多工作只是坐著，什麼事也不做)，其他行業則是找不到人做，尤其是像觀光業這種馬虎不得的工作。

另一方面，格達費已經使利比亞成為一個更加獨立的國家，他投注許多心力去提升一般民眾的生活水準，並且更平均地分配從石油獲致的財富。從我們的角度看，或許把人們從不夠現代，但已住慣的老房子和村落遷出，是件不幸的事；然而如果我們故意忽視自來水、抽水馬桶和電力這些現代設備的吸引力，那我們就是虛偽的沙文主義者和屈尊俯就的不切實際者。不幸的是，利比亞似乎繼承了公共住宅的詛咒，全國各地到處可見貧民窟，不過這可說來話長了。

骯髒又缺乏美感的建築物，以及全國性的垃圾和髒亂問題，使利比亞看起來比統計數字上所顯示的還要貧窮；不過就算只看看那

些數據，也不會好到哪裡去。就像沙烏地阿拉伯，利比亞是個有錢
卻亂花，要不然應該會更好的國家；嬰兒死亡率和識字率等數據也
會比現況好得多，所以格達費的學校成績單不太亮眼：「很努力，
但很容易分心，結果最後表現並不好。」

* * * *

哈山開車送我們到機場搭機回的黎波里，一直到最後，他看來
仍是如此輕鬆又迷人。我從來沒有遇過像他這麼沈著、放鬆、有尊
嚴而又有能力的人。當我們互相道別時，他婉拒了我給他的小費，
拿小費顯然不符合圖阿雷格人的行事風格。

我們聽說英國旅行團不能搭乘利比亞阿拉伯航空（Libyan Arab
Airlines），原因是英國旅遊保險公司不願承保航空保險，所以這是
頭一遭，旅行團成員在費贊不全是義大利遊客，也有少數幾位身強
體壯的英國人。

我錯過了的黎波里班機的登機前廣播，這一點也不意外，因為
廣播說的是阿拉伯文，大意如下：「我們現在準備登機，請戴面紗
的女性先登機，男性和其他女性請等候一般的登機廣播。」大約20
分鐘後，女人和形形色色的孩童順從地準備登機，其他乘客隨後也
搶著開始登機。

隔天我們搭機離開利比亞。去年在一場派對中，我和唐諾・約
克（Donald Yorke）碰面，他是我在大學唸工程時的老友。1970年
代，也就是利比亞革命後和禁運前的那段時期，唐諾在一家石油公
司工作。「當你離開利比亞時，你可以搭乘利比亞阿拉伯航空或是
義大利航空（Alitalia）。」他回憶道：「會有兩架飛機同時起飛到羅

馬：一架是空的，另一架客滿。在義大利航空班機上的每位乘客都會伸手要飲料，當機門關閉那一剎那，我們就算離開利比亞了，因為在飛機都還沒滑行到跑道上時，機上的空服人員就已經衝到走道上送飲料了。」

我們的飛機順利升空，在飲料車還沒推到我們的座位之前，飛機就朝埃及飛去了。

*　　*　　*　　*

抵達的黎波里的最後一天早上，在這個處處充滿驚奇的國家，我們遇見最後一個驚喜。我到舊市區散步時順道拜訪一間老教堂，1969年革命後，格達費首要的改革行動之一，就是把教堂改成清眞寺，不過今天這間老教堂的主要用途是畫廊。那裡正在展覽法國藝術家麥蒙托(Marie-Elisabeth Mathieu titled Memento)的作品，該項展覽是由的黎波里舊市區和法國文化協會共同贊助。會場並沒有提供目錄或導覽，但很明顯展覽的主題是紀念911事件。對世界各國的人來說，這是一件令人傷感的作品，展場正中央展示著一座8公尺高的世貿中心模型，以利比亞擺放蔬果的木製小托盤為材料，再以捆電纜的塑膠繩纏繞而成。塔中心的底座泛射著燈光，裡面有些地方漂浮著鋁箔片摺紙，只是不知道那是人還是飛機？

Tony
Wheeler's
Bad Lands

北韓

CHINA
中國

Mt Packdu
白頭山 ○ Samjiyon
三池淵

Orang 奧良

Chilbo
奇波

Sinuiju 新義州

EAST SEA
(Sea of Japan) 東海（日本海）

西韓國灣 Gulf of
West
Korea

PYONGYANG 平壤

Sinphyong
新坪

Wonsan
元山

板門店
Panmunjoom

SOUTH KOREA
南韓

「你們這些傢伙眞是邪惡軸心！」在平壤的鴨子餐廳(duck restaurant)內，我們的導遊端著啤酒杯，口沫橫飛地說。

「我不是警告你們不許拍照嗎？但你們總是把頭探出窗外去拍照，沒有導遊在旁邊你們就到處亂跑；你們還傻笑，在當地導遊發表關於偉大領袖的成就時偷笑！我知道這個團結束以後會有個報告出來，我可能會因此丟飯碗，或是至少在明年冬天被送到天池(Lake Chon)去帶半年的地方團。」

我們哄堂大笑。沒錯，每次我們來到另一位「偉大的領袖」(我稱他爲短小精悍的暴君)或是他兒子「親愛的領袖」(也就是胖暴君)的看板前，總是會叫巴士停下來，或許我們就像地獄來的旅行團吧！不過誰在乎呢？這是個不准人們傻笑的國家，而我們的導遊金明頌(Kim Myong Song)，我總是稱呼他爲「金先生」，卻老是愛開玩笑。

你很容易就會落入國際媒體爲北韓所塑造的形象之中，例如北韓是一個介於恐怖和滑稽的地方，一個史達林主題公園以及蒙提‧派森(Monty Python)所經營的一個集中營。事實上，當我們看到媒體報導北韓人民面臨饑荒，領導人的兒子還用一本僞造的加勒比海護照跑到東京迪士尼樂園玩樂時，很難不認爲北韓這個國家和她的領導人形象實在太牽強。不過北韓最近加入核子國家的行列，卻也顯示這個超級機密共產國家的誇張噱頭，其實一點也不好笑。

* * * *

　　我是在偶然的情況下，才會與這個謎樣的國家結緣。那時我人在前葡萄牙殖民地澳門，正在更新旅行指南《東南亞》(*Southeast Asia on a Shoestring Guide*)的內容。當時我在電梯裡，結果電梯停錯樓層，門才一開我立刻就知道那不是我要去的辦公室，但已經太遲了，因為電梯門已經關了，繼續上到別的樓層。我一邊按著按鈕等電梯，一邊看著韓國觀光局的玻璃前門；不幸的是，電梯並沒有馬上回來。我隔了好幾分鐘才發現是怎麼回事。這裡不是大韓民國(Republic of Korea)，而是朝鮮民主主義人民共和國(Democratic People's Republic of Korea)的觀光局。

　　「民主」這個字如果被冠在一國的名稱上，總是此地無銀三百兩。任何宣稱自己是民主的國家，通常根本就不民主，北韓正是這個定理的最佳範例。1953年韓戰結束後，北韓就把自己隔絕起來，不跟外界接觸，她唯一的眞正支持者是俄羅斯和中國，同樣也都是非常孤立的國家。

　　我對那位面帶微笑的年輕女士說：「你好！你們這裡眞的是北韓觀光局嗎？」

　　她很高興地回答：「是的，你想造訪朝鮮民主主義人民共和國嗎？」

　　我馬上答道：「想啊，不過我不知道你們開放觀光了，我該怎麼做才能造訪貴國呢？」

　　她繼續說：「沒問題，只要把這張表格填一填就好了。」

　　我覺得自己好像碰巧進入另一個宇宙的蟲洞一般，可是那時我的行程表排得滿滿的。當我終於有機會參加旅行團去拜訪這個神奇

國度時，已經過去10年了。我不習慣參加旅行團，但是要到北韓觀光，你沒有別的選擇。理論上你可以自己旅行，但最後你還是得跟導遊和看管人員在一起，對於可以看什麼以及該怎麼看，都沒有多少選擇。參加旅行團至少可以讓你跟其他團員經驗交流，而且因為總是集體行動，專制國家(老大哥)要時時刻刻盯著你比較困難。

我在北京火車站和其他團員碰面，這個地點很符合我們的目的地，因為它跟北韓一樣孤立，而且要花很久時間才到得了。我先在香港的過境旅館過了一夜，又在北京一家旅館過夜，最後才搭上從北京出發的過夜火車。

午後時分我們離開北京，隔天早上進入中國與北韓的交界城市丹東(Dandong)。鴨綠江(Yalu River)北岸的中國城鎮遍佈，南岸的北韓姊妹市新義州(Sinuiju)特區看起來就比較貧窮、安靜與灰暗。丹東市是典型的中國城市，喧囂繁忙，火車站正前方的廣場上矗立著偉大舵手的巨大雕像，周圍滿是霓虹燈與新興建築。自1960年代文化大革命的全盛時期過後，毛澤東的信徒就顯著減少，這座倖存的雕像彷彿是座勇敢的遺跡，是丹東市民心中的一個象徵；雖然人事全非，但他們心中仍有一個柔軟的角落，是留給這個老男孩的。如同我們後來一再看到的，巨大的雕像在河岸另一頭的北韓並沒有絕跡。

在車站入口擺著幾個小吃攤，我們趕著採買，遺憾的是我沒有到那些販售北韓地圖、明信片與旅遊紀念品的路邊攤去找金日成(Kim Il-sung)的徽章。幾乎每名北韓人都會配戴金日成的小徽章，但我們很快就發現外地人根本買不到這種東西。

在中國這邊，我們悠閒地花了幾小時完成通關手續；同時，一輛原本掛在北京開往平壤列車的車廂被神秘地拖走了；更神秘的

是，這兩節車廂後來又出現了。後來我們上了火車，到邊界時火車必須暫時換軌，然後接上一列北韓火車，再駛向首都平壤。離開中國火車站數分鐘後過了一座橋，這座橋和另一座韓戰時期被炸毀的橋平行而列。在中國這頭，部分毀橋遺跡變成一間咖啡廳，中國遊客從瞭望台的望遠鏡眺望著北韓這一端。

我們駐在北京的英文導遊、喜劇演員與北韓萬事通尼克大吼：「不准拍照！」這是標準北韓命令的處女秀。北韓人對於在他們這座勞工天堂中被拍了什麼很感冒，任何不像天堂的東西都不許留下紀錄。

進入北韓後，首先我們看到一座兒童樂園，看來布滿灰塵且乏人問津，顯然很久沒有人到這裡玩了。幾分鐘後我們來到新義州車站，第一幅金日成肖像掛在月台上俯視著我們。北韓官員在這裡登上火車，展開移民與海關的入境手續，他們的態度與橋另一頭的中國官員一樣悠閒。我們這一團中有兩人帶了行動電話，被北韓官員沒收後又歸還，後來又被小心地包了起來，上頭還蓋上封印，確保它們不會在北韓被使用；不過，究竟在北韓要怎麼使用手機，我們倒是不太清楚。

他們把我們的袋子撥弄了半小時以後，開始檢查護照和簽證（我們的簽證在北京就被收起來，集中在一大張紙上，而不是個別蓋在我們的護照上），一邊還愉悅地跟我們閒聊。北韓官員同意我們在車站裡逛逛，只要不出車站就可以了。我們漫步到樓上，看到一個存貨很少的零食攤（所有的飲料都來自新加坡）。從那裡我們可以往下俯看車站前面的廣場。金日成的雕像在廣場中央傲視群倫，這裡說不上熱鬧，但也不能說全然荒涼。

在這次為期兩週的旅行中，我們看不到任何士兵，不會有機會

看到饑餓的兒童，也看不到任何遭受連年饑荒折磨的景象。然而，接下來6小時從邊界到平壤的旅程中，倒是有許多不對勁的徵兆。比方說，一路上連個人影都沒有。我們經過一個和火車鐵道平行的路段，一個小時之內我只看到一輛賓士車開過。在整個北韓行程中，在市區外我沒看過任何一輛載著北韓民眾的巴士，連偶而經過滿載乘客的卡車，看來也像是去短程旅行而已。或許北韓政府嚴格控制人民的行動自由是原因之一；如果沒有獲得許可，在這個人民的天堂你無法到任何地方。

在公路上也看不到貨車來來去去，空曠的公路告訴我們這個國家停擺了，但即使到了鄉間農莊也一樣問題重重。北韓的鄉下看起來像個大災區，我們經過大片農村後一路到平壤，土地明顯過度使用，每一小塊地都加以利用，但有許多土地其實是不該使用的。當你開始在河岸斜坡種東西，甚至在排水道挖掘溝渠時，當然會破壞水土保持，造成土壤流失等問題。到了平壤，我要把那本金正日寫的小冊子「為了國家繁榮，改善土地規劃是一項對大自然的偉大變革」拿來看看。

火車入站後，人們下車排隊接受文件檢查。下星期將會與我們同進同出的北韓導遊，已經在月台上等著我們。這是一位戴眼鏡的金先生，他操著流利的英語，如果在西方國家的話，他可能是個宅男。他偶然的發飆(為什麼我們就是不能接受不准拍照)很少敵得過他的幽默感，他也很清楚這一點。有人交代我們要為導遊準備禮物，但我很快就看到他輕蔑地把我送給他的袋鼠領帶轉送給巴士司機，袋鼠倒不見得會讓他有失身分，但如果不是絲質領帶，顯然就不值得拿。

歐先生(Mr O)的英文就沒那麼好了，而且我很快就開始懷疑他

是否真的是導遊。也許他只負責監視真正的導遊，就好像他們在那裡監視我們一樣。另一方面，帕克女士(Ms Park)是個新手，很討人喜歡。她很年輕，有時候看起來有點擔心，但她說起英文和金先生同樣有自信。不論從外表或穿著打扮上，這三名北韓導遊如果被帶到首爾(Seoul)，絕對不會適應不良。

我們這個旅行團是個奇特的大雜燴；首先，團員年紀並不大，有時候像北韓這種被列為「最後」目的地的景點，吸引的多半是年紀較大的遊客，他們有錢有閒，而且已經遊遍世界；事實上，我們這個旅行團有半數以上成員都很年輕，沒有人是資深遊客，難道他們是怪博士，是英國人所說的有特殊癖好的呆瓜嗎？最讓人驚訝的是，原先我以為北韓是老鳥才會來的地方，卻沒想到其中有很多團員才第二次出國。

尤金(Eugene)是個結實、看起來很能幹的德國工程師。他待在日本很長一段時間，或許是我們之中真正的旅遊上癮者。蘇伯拉帕塔(Subrapta)在馬德拉斯(Madras)的皮件出口生意，讓他有機會也有藉口到處旅行。我猜，我也得把自己歸為不健康的旅遊沉迷者這一類。

另一方面，伊凡(Ivan)和珍皮耶(Jeanne-Pierre)就只是愛追根究柢的年輕觀光客，兩人都是研究生，你可以感覺他們之所以會到北韓觀光，純粹是因為他們喜歡到不尋常的地方。伊凡其實是個美國人，但她持斯洛伐克護照旅行；珍皮耶是法裔加拿大人，不過她的法國血緣來自比利時。伊恩(Ian)是蘇格蘭人，也很年輕，他四處拍照的熱情則很像日本人。其他團員都是英國人，也非一群泛泛之輩；來自北愛爾蘭的約翰不僅沉迷旅行，簡直可說是個旅行狂。卡蜜拉則非常英格蘭(因為她有這麼一個深具英格蘭特色的名字)，同

時也極為熱心。她曾經去北京學過中文,這是她第二次到北韓。她之所以會再度造訪北韓,是因為頭一次旅行時錯過了「萬人操」(Mass Games)。菲爾和賈克琳也是第二次造訪北韓,他們很快就變成我們這個古怪小團體中最古怪的人。他們對北韓一切事物的高度熱忱簡直不可思議,以致於我不自覺地仔細觀察他們是否戴著神奇的粉紅色眼鏡(編按:意即抱持樂觀的態度)。迪戈比(Digby)是澳洲人,也是個經常惹人生氣的人。

蘇伯拉帕塔是團中唯一的亞洲人。我在北京的一位中國朋友靜慧(Jinghui)評論說:「我們不必到北韓,任何記得1970年代中國是什麼樣子的人,就等於已經到過北韓了。」

當我們頭一次被迫在前往旅館途中停車時,太陽正好下山了。尼克早已體貼地捧了一大束來自北京的鮮花來迎接我們,花束散發的芳香在火車車廂裡浮動,這麼一來也省得排隊去跟花販買花。花販在靠近一座20公尺高的偉人銅像萬壽台大紀念碑(Mansudae statue)腳邊擺攤子,這座銅像向外俯瞰著首都平壤,也是金日成一手打造的夢想城市。我們排隊在這座個人崇拜經典的金日成銅像前,恭敬地鞠躬。尼克早就警告過我們:「如果你做不出這種事,那就得好好考慮是否該來北韓。」

我們下榻旅館的大廳,看起來與任何43層樓的國際飯店大同小異。指著不同國際都市的時鐘在接待櫃台上方閃爍,櫃台人員已經等著幫你把美元兌換成北韓貨幣朝元(won)。唯一不同處是在櫃台一側的黑白照片展,詳細展示日本皇軍(在1905年到1945年佔領期間)與美帝主義者(在韓戰期間,不過這裡記載的是較不為人知的勝利祖國自由戰爭期間)對待韓國人民的殘酷罪行。

對了,書店中本周的暢銷書,包括《日本新舊戰時罪行》

(*Japanese War Crimes Past & Present*)以及《金日成選集》(*Kim Jong Il-Selected Works*)皆引人入勝。書店上方的牌子讓我們想起，金日成的主體思想(Juche Idea)「正在對人類的意識型態生活發生重大影響」，同時也「越來越獲得世界各地人民的強烈同情」。接近午夜時，我才終於上床睡覺，跨越大同江(Taedong River)那座105層樓高的金字塔形柳京飯店(Ryugyong Hotel)聳立在天際線上。一輛行駛過河岸的汽車沿著河岸打亮了車燈，是這座城市裡僅有的車子。

＊　　＊　　＊　　＊

　　北韓一直都是個隱士的王國，今日她仍處在已故的「偉大領導人」金日成的絕對統治之下。金日成獨力對抗日本與美國這兩個帝國主義侵略者(更別提傀儡和走狗南韓了)，他是北韓超越一切的領導人。北韓已成為那個舊綽號「隱士王國」的現代版，恰好用來形容這個國家是如何在行政上像是君主政體，又成為一名孤立主義者與史達林主義者。

　　長久以來，南北兩韓就一直夾在中國與日本之間，歷史要比夾在蘇聯與美國這兩大強權之間還要久遠。身為強權的代罪羔羊，南韓與北韓均吃足了苦頭。在18世紀末期，韓國人非常畏懼他們的宿敵——中國人與日本人；後來新興的歐洲強權及美國和蘇聯，則令韓國人更加惶恐。韓國人的反應是關緊門戶，但事後證明這麼做並沒有多大用處。可憐的韓國人發現他們受到來自蘇聯與日本的攻擊，一直到1904年日俄戰爭(Russo-Japanese War)俄國失敗後，韓國受到更多日本的影響。1910年日本掌控韓國全境，到二次世界大戰

開戰之前，韓國的各級學校被迫以日語授課，而有關韓國歷史的研究也被禁止。韓國男子被徵召到日本部隊從軍，韓國公民被船運到日本成為奴工（有很大一部分長崎和廣島原子彈的傷亡者是在日本工廠裡工作的韓國人）；韓國女子則被迫為娼，成為日軍的「慰安婦」，這也難怪不論是南韓或北韓人，至今仍對日本人懷有集體的民族仇恨。

與此同時，南韓與北韓之間的分歧也開始擴大；北韓比南韓來得寒冷、乾燥，緯度高，土地也較為貧瘠，如果遭逢饑荒，北韓總是比南韓容易受創。在與中國零星的衝突中，也總是北韓直接面對來自中國的攻擊。美國基督教宣教士來到韓國以後，也在南北韓分裂中發揮了影響力。他們讓許多北韓基督徒相信，韓國的問題出在南方首府首爾那些衰弱的儒者身上。

二次大戰期間韓國游擊隊對抗日本，主要也是出於北韓的努力。雖然事實可能不像北韓方面宣稱的，完全是他們獨力在對抗日軍，但毫無疑問地，說到力抗日本，即使不如金日成所言皆是他一人的功勞，但他肯定在其中扮演要角。在大戰期間，南韓人依然比北韓人容易安撫，不過卻是北韓成為推動日本工業化的齒輪。

日本佔領韓國40年後，戰爭的結束並沒有為韓國帶來獨立。蘇聯在1945年8月8日宣布對日本作戰，隨後第一顆原子彈丟到日本，不到一星期的時間，戰爭就結束了。蘇聯部隊從北方前進到北韓，美軍則在同一時間進入南韓，韓國自此在北緯38度線分裂，不幸的韓國人變成第一次冷戰的抵押品。

在二次世界大戰與韓戰日軍佔領韓國期間，南北兩韓都慘遭日本蹂躪。韓戰持續了2年，韓國的每吋土地幾乎都被破壞殆盡。1950年6月25日戰爭爆發，北韓部隊很快就直接一路挺進南韓東南

角的釜山(Busan)，幾個月後南韓人在美國的支持下(還有一小部分是受到其他國家的支援)，把北韓部隊打回直到北方與中國的交界處。後來毛澤東派遣部隊進入韓國，把南韓部隊推回38度線，正是這場混戰一開始發生的地方，從此以後，北緯38度線成爲南北兩韓的交界線。

　　說到韓戰，誰先開火其實無關緊要；北韓說南韓先開火，我們的論點則認爲是北韓先開火，其實南韓和北韓彼此都看對方不順眼，衝突一觸即發，而美國和蘇聯是付帳的，他們各自提供南北韓武器和建議，早已準備好宣洩對對方的不滿。結果就像20年前以色列與阿拉伯世界發生戰爭一樣，世人很容易就遺忘，1967年是以色列先入侵鄰國，而不是阿拉伯國家先入侵以色列。當然，如果兩邊都多等幾天的話，埃及和敘利亞可能已經跨越邊界，但實際上是以色列先開火；同樣地，韓戰無可避免一定會發生，哪一方先開火其實並不重要。

　　韓戰以後，蘇聯湧入援助北韓，開發出一種集體農作和大型國營企業導向的蘇維埃式經濟，北韓勞工在金日成的主體思想(這是他混合了馬克思主義和自給自足理想的自創品牌)領導下前進。有一陣子北韓的發展要比南韓來得好，不過自從1960年代，當南韓開始全力發展經濟之後，金日成的主體思想就變得沒用了，南韓好像馬力全開的現代汽車超越一台筋疲力竭的馬車那樣甩掉北韓。

＊　　＊　　＊　　＊

　　我們這趟北韓之旅，並不像其他多數旅行團一樣，從遊覽平壤開始。我們先向高麗航空(Air Koryo)租了一架小包機，飛往北部觀

光幾天，所以這一團是「山岳旅行團」。巴士在平壤國際機場的航
廈外停車，但我們都笑了起來，這是當你來到這個首都國際機場，
卻發現它的停車場空空如也時，必然會有的自然反應。老實說，那
裡只有兩輛車，我們要搭的巴士是其中之一。在這裡要照相沒問
題，所以我們四散各處，拍下空曠停車場的樣貌。

那天早上稍後，我們的巴士蜿蜒駛過一條布滿沙塵，卻平穩舒
適的濱海公路，從奧良（Orang）軍用機場一路到山城奇波（Chilbo）。
沿路我們看到美麗的海岸線，有一些小港灣和風景如畫的小漁村
（我們再三被告知，不得拍攝這些漁村），還有陡峭的懸崖和往內陸
延伸的山脈。然而，任何海水與陸地交界處都比不上一連串陡峭、
無法攀登的水泥懸崖，在兩側海岸線你都可以看到這種壁崖，上頭
嵌著釘刺和碎玻璃，還有兩股交纏的電子圍籬，這可能是用來反抗
帝國主義侵略者（和傀儡走狗）所建的圍牆，北韓對於外來侵略的恐
懼清楚可見，在南韓海岸也可看到類似的屏障。

在奇波外圍的瞭望台，可看到美麗如柱的岩石結構，我們也在
那裡頭一次（以後會有更多）看到北韓對金日成是如何著迷。這時一
位當地導遊突然現身，但我們迅即適應了這種不速之客。他向我們
描述沿途景觀，再由金先生把韓文翻譯成英文。當地導遊對於任何
描述都有一套既定說法，無論是自然景觀、歷史古蹟或紀念碑都一
樣。首先他們會簡短地描述你所看到的東西，接著是一段長一點的
敘述，有關偉大的或是親愛的領導人曾經在什麼時候來到這裡參
觀。如果他們曾來過這裡一次以上，就會有一些關於該次來訪的故
事。如果地點是某種工作場所，比方說集體農場，你就會聽到親愛
的或是偉大的領導人如何指導農民（或是勞工、漁夫、士兵等）耕
種、生產、捕獲和殺戮更多的作物或獵物，人民總是驚歎感激、瞠

目結舌地接納這些指導。

這邊的山區與氣候也令人嘖嘖稱奇。當金日成現身時，原本天候惡劣，但是這些聰明的山脈因為知道這位貴客曾與一座更重要的山脈有密切關連；總而言之，咱們偉大的領導人與白頭山（Mt Paekdu）是密友，白頭山就是北韓人傳說中的出生地，也是北韓的最高峰。這些山脈太清楚到來的訪客有多麼尊貴，所以不出所料，天氣馬上就放晴了。從此這個故事被狂熱地傳頌，許多北韓人對此堅信不移；不過，對於任何到北韓的觀光客來說，聽到這種故事時真的很難克制想笑的衝動。

我們的旅館饒富平壤以外地區的制式特色——沒有自來水。浴缸裝滿了冷水，一旁放置一個塑膠碗，是用來舀水用的。混合幾勺冷水以及熱水瓶（這是用來泡茶的中國式熱水瓶）倒出的熱水後，你就可以準備洗澡了。

另外還有一個非制式化的特色——其他房客。這些房客來自中國東北的一個城鎮，當我們回到旅館時，他們已經嚴重侵佔了旅館裡的啤酒供應。晚餐時分，這群純男性團體開始開懷高歌，餐廳服務生只好移動屏風，把我們的桌子與他們隔開，好讓我們用餐時，不會受到中國式狂歡聚會的喧鬧干擾。

我們的導遊尼克，早在北京駛來的火車餐車上，就已秀出一口流利的中文，這時他更無法保持沈默，立刻從座位上跳起來，抓著一扇屏風並把它扯到一旁，大喊著：「這裡不該隔開來！」他這麼一喊，立刻贏得另一邊中國客人的讚許，於是這些中國男人紛紛向我們這個國際團體舉杯，還邀請我們一起歡唱同樂。結果蘇伯拉帕塔用他形容為「一個下流的斯里蘭卡數字」贏得了這場歌唱比賽。蘇伯拉帕塔和德國三人組之一的歐拉夫（Olaf），爭著當團體裡的丑

246

角。當我們讚美他獲勝的那首歌時,蘇伯拉帕塔小心地宣稱:「在我咖啡色的皮膚下,其實我羞紅了臉。」

隔天早上我們用完早餐,菜色很像昨天午餐與晚餐時所吃的米飯、魚、蔬菜和泡菜。我們乘坐巴士,再度駛向那空曠又蜿蜒的道路,途中我們幾次要求停車照相,但同時也一再被告誡不得和他人或村民一起拍照。

大約有6架韓戰時期最佳的米格15戰機(Mig-15s)正在機場環繞飛行,當我們的巴士停在跑道上,準備載我們去登機時,我從後車窗向外望,看到一架老式俄羅斯戰機正在作最後的降落。大概是飛機燃料太珍貴了,所以這架戰機連第二圈環行都還沒完成就準備降落,於是我們的司機趕緊把巴士駛離跑道。

飛機朝北飛向北韓最受尊崇的(最高的)山峰,也就是白頭山。三池淵機場(Samjiyon Airport)並不像奧良那樣,完全是個軍用機場,不過它比平壤還要安靜。平壤國際機場沒有乘客,三池淵機場則沒有人。我們擺上自己的行李後,走過空曠的航站,停靠在停機坪的圖波列夫飛機(Tupolev)才剛飛進機場,載著一個軍團,現在他們正在我們的旅館用午餐。因為旅館內沒有足夠的空間可以同時容納軍人和觀光客,所以我們被帶到機場貴賓室(裡頭擺放過多的桌椅及常見肖像),有人遞給我們好像幾天前就準備好的餐點,看來像是北韓人民共和國的日式便當。

兩天前在北京好像快被烤熟了,但到了平壤和奇波,天氣就沒那麼熱了。在三池淵則是明顯地變冷,當巴士載我們上白頭山後,天氣則從寒冷轉為寒凍,等我們攀登到林線(tree line)以上,氣溫則變得酷寒,這時不由得慶幸自己及時塞了一件毛衣與滑雪外套到袋子裡。

　　白頭山是座壯麗的火山口，上頭有一座湖泊天池橫跨北韓與中國邊界。1998年一名年輕的英國背包客從中國出發，繞著天池走了大約14公里，沒有察覺(他的英國旅遊指南沒有警告他)他已經直接跨越邊界進入北韓，因而引發一場外交事件。然而，今天我一點也不想走近這座湖。5月底時湖面上還結著一層冰，冷風颼颼地從火山口內坡道往上吹拂直到火山口的邊緣，風勢是如此猛烈，以致我們之中只有少數幾人願意冒險走上去看看。

　　回到巴士後車子往下駛入森林，去探查白頭山與北韓偉大及親愛領導人之間的關係。這裡也是偉大領導人率領游擊隊攻擊日本侵略者的地方。同時，在此地一間簡陋的原木小屋裡，親愛的領導人於1942年誕生了。但是除了找不到任何有關反抗日本行動的紀錄(除了北韓以外)外，儘管有傳說指出金正日出生時有砲彈呼嘯而過，還有炸彈爆炸，但唯一的證據是金正日出生在俄羅斯的哈巴羅夫斯克(Khabarovsk)。來自西方的資料指出，金日成在二次世界大戰期間多半待在俄羅斯，到了1945年9月19日，他才搭乘俄羅斯戰艦普卡切夫號(Pukachev)回到韓國，距離傳說中他收拾日軍的時間要晚了許多。不過這也沒關係，因爲這就像任何資本主義的公關公司一樣，北韓絕對不會讓眞相阻礙一個好故事，而這個白頭山的秘密營地現在則裝飾了一幅巨型馬賽克看板，上頭是偉大的領導人，身旁他的妻子懷抱著年幼的兒子，一家三口在雪景中和樂融融地微笑著，背景則是那間小木屋。

　　我們的注意力都放在當地導遊迷人的李小姐身上。她穿著卡其軍裝實在太可愛了，嬌小的個頭看起來超迷你(連金日成的徽章掛在她身上看起來都變大了)，你甚至可以把她打包起來帶回家，好像帶走一個韓國人民軍娃娃。當我們甩開那幅大型馬賽克後，又得

去看偉大領導人的小木屋。這間小木屋就是他的軍事指揮重地,也是他的家庭小屋,因為理論上他的兒子金日成在這裡出生。幸運的是,我們後來也看到了真正小木屋的所在地,地基都已經朽壞了,原來馬賽克裡那間迪士尼般的小屋只是個複製品。不過,那些刻著標語的樹木倒是十分真實。

或許吧!

在與帝國主義侵略者周旋時,偉大領導人旗下訓練精良的游擊隊,曾抽空把愛國口號烙印在樹幹上。現在這些樹木都安全地被圍在透明壓克力製的圓筒裡,上頭還妥善罩著帆布套,只待未來某一天,按下一個按鈕後,這些套子就會被掀開,露出裡面刻著反日標語的樹幹。但是既然沒人設法接通電動馬達,為了要看到這些標語,我們只好被迫徒手自己把帆布套掀開來。

好像在樹木留下刻字還不夠粗心似的,那些北韓游擊隊顯然不太在乎要掩飾他們的行蹤,反而傾向留下營火餘燼洩漏自己的去向。在另一處不是那麼隱密的營地裡,他們驕傲地向我們展示那些數不盡的營火地點,每個營火點都罩在帳棚狀的玻璃箱裡。

*　　*　　*　　*

當我們抵達佩格朋飯店(Pagaebong Hotel)時,現代的北韓軍團已經從餐廳移駕到別處。這是一間北韓人民共和國版的《弗爾蒂旅館》,(Fawlty Towers,編按:喜劇「非常大酒店」中,老闆弗爾蒂總是會對奧客大吼大叫,把他們攆出去)旅館隱蔽在樹林之中,共有50間客房,但卻沒有房客(天知道還要多久下一個團體才會過來投宿),而且也沒有自來水——至少洗手檯該有自來水吧。我的

房間裡有電視，無疑地只能播送北韓唯一一個頻道的節目，但因為沒有電線，所以我也沒辦法觀看一下。冰箱一樣是壞的，不過至少有一、兩個床頭燈還可以使用。

飯店內大多數地方(很奇怪，不是每個地方)都冷得要死，還有一半以上的房間關閉，成堆的舊家具沿著走廊堆放，樓梯和公共空間看來都有磨損，地毯的裁剪很不合宜，或纏繞或下垂在階梯上。二樓的酒吧隔壁是一間撞球間，裡面有一張撞球桌，但卻沒有球或是撞球桿。酒吧裡倒是屯積了一罐罐的海尼根(Heineken)啤酒，每罐要價1.5朝元，相當於75美分。

你在哪裡可用低於一美元的價錢買到一罐海尼根啤酒？我們的推論是，這些啤酒是為北韓的政治菁英特別進口的；因為在北韓，只有少數政治菁英買得起包括進口啤酒在內的任何奢侈品，所以海尼根啤酒是以成本價賣給他們的。

晚餐後我們聚集在酒吧，準備迎接另一個刺耳、古怪的北韓之夜。我們在「大風吹」(a game of musical chairs)這個兒時遊戲中達到最高潮，我從未想過自己會在邪惡軸心之一的地方玩著大風吹遊戲，顯然我們只想打翻其中一張椅子，最後一回合我抓住錄放音機，同時設法控制播放音樂的時間，好讓迷人的帕克女士和酒吧裡同樣迷人的金女士兩人搶最後一張椅子。但是看來她們兩人都沒玩過這種西方小孩玩的遊戲，也不覺得它有什麼好玩。

上午我們到令永蘇瀑布(Rimyongsu waterfall)參觀，瀑布正中央有一座快要坍塌的涼亭，在我們投宿的旅館餐廳有掛一幅畫，畫的就是這座瀑布，不過是美化版，因為畫裡的景物比實物大很多，瀑布也變成像尼加拉大瀑布(Niagara)那樣壯觀。這趟旅行有個意料之外的好處，位於瀑布旁邊的村子已經變成一處巨大建築工地，看

起來很像西方國家的大型房地產開發區。我幾乎可以想像樣品屋裡
裝飾著廣告旗幟和看板的樣子，上頭還寫著他們提供一成的訂金折
扣和每月低利貸款的廣告詞；不過再仔細一看，這裡其實就是個第
三世界的工地，每項工程都是以人工完成，有一大群工人蹲在路旁
忙著用錘子把大岩石敲成小卵石。

　　我問金先生：「可不可以到屋子裡看看？」當時我並不期待他
們說好，但是經過資深導遊協調，金先生外出10分鐘後又回來，表
示事情已經安排妥當了。更讓人訝異的是，我們發現自己進去的不
是一間接近完工或剛完工的屋子，而是一間有人住的房子。這間屋
子肯定得不到任何建築設計獎，如果你的身高超過6英尺，就得低
著頭以免撞到過低的天花板。不過，如果不看裝潢的話，這裡還算
是相當舒適的住所。

　　屋內沒有桌椅，在主臥房中只有一個長型貯藏櫃，從櫃子的玻
璃門外可看到櫃內擺放著棉被和毯子，這些寢具一鋪在地板上就可
以把客廳變成臥室，好像傳統的日本和室一樣。

　　第二小的房間裡有一組貯物架，地板上鋪著油布，房內唯一的
裝潢是標準的偉大和親愛領導人的照片；另一個房間則掛著一張兩
位領導人合照的裱框相片。此外，屋內還有一間較小的貯藏室和一
間廚房，廚房內每件物品都擺設得宜，以防刮傷。這裡看不到包裝
或是罐裝物品，一切都整齊清潔，連鍋碗瓢盆都在碗櫃裡疊得好好
的。水槽和烹調設備都只有地板的高度，即使樓層中間的高度也很
低──你得彎腰才能使用燃煤烹調設備；同時，沒有自來水，在水
槽旁邊有個馬口鐵桶。最後一個房間是洗衣室，同樣沒有自來水，
因此也沒有沖水馬桶。

　　午餐過後，我們之中有些人加入了一場即興足球賽，與一群工

人對打。這群工人正在參與鄰近一間無人居住的旅館擴建工程。中場休息時，我們向另一座偉大的領導人雕像致敬，之後飛回平壤，去看看著名的阿里郎萬人操(Arirang Mass Games)。

當2000名學童同時翻開手上字卡的下一頁時，所發出的「喀拉聲」相當引人注目。另一邊，在五一體育場(May Day Stadium)中，15萬個座位上的觀眾排出了巨幅的金日成肖像，同時場上還傳出了讚揚的呼嘯聲。在體育場一樓地板上，那些表演的軍人證明他們除了會踢正步之外，還會展示從地面躍起跨步這種高難度的表演動作。我正在觀賞的是阿里郎萬人操；或者更確切地說，是萬人體操和藝術表演。

在體育場另一邊，仔細編隊的小孩端坐著，忙著翻開手上的字卡，以排出特定的圖案或肖像，包括偉大領導人的大型臉部肖像。這項活動同樣需要精確計時，參與的人數和一樓地板上跳萬人操的人數不相上下。入夜後體育場上的表演者變成婦女，幾千名北韓婦女穿著粉綠、鵝黃和粉紫的服裝跳舞，在地板上發出了嗖嗖聲。「萬人」的確是個適當的形容詞。十幾個或是上百個小心配合的呼拉圈舞者一起跳舞是一回事，但上千人都穿著藍色一起跳呼拉圈則是另一回事。後來又有上千名跳繩者加入(他們穿著粉紅色)，再來是另外上千名揮舞著網球拍的人加入(他們穿著白色)，這麼多人所帶來的視覺震撼的確讓人印象深刻。

眾人共舞的效果也美不勝收。當一群穿著白色代表海浪的婦女，集體旋轉身上的藍色披風時，就產生了海面上藍色閃光的效果。在波濤翻滾的白色大海之中，有一艘紅色小船快速航行，同一時間，體育場座位上的字卡也快速排列成第二艘紅色小船。當兔子、稻米、雞和蛋(哪一個先出現呢？)舞陸續上演，人數一直加入

場內象徵「增產」的同時，場面變得有趣極了。尤其是當幾千名孩童背上掛著漂浮的翅膀跑到體育場內，襯著背後的海灘景象時，整個體育場變得很可愛。

然後是令人不可置信的軍人舞，如果有一場戰爭是以軍隊是否能表演最好的萬人操來定輸贏的話，我一定把錢下注在北韓軍人身上。

＊　　＊　　＊　　＊

對於北韓這樣一個秘密社會來說，她確實成功佔據了不少世界媒體頭條。過去北韓最爽的時間，就是對著全世界，特別是對美國與南韓比中指。她老是使用一些令人跌破眼鏡的的外交手段，像是暗殺、自殺任務、運毒品、偽造、綁架、發射飛彈，以及2006年年底最新的核子試爆等等。

1987年11月，一名來自北韓的26歲婦女金賢禧（Kim Hyun Hee）在巴格達登上了一架編號KAL 858的大韓航空（Korean Airlines）707客機，飛機繼續飛往阿拉伯聯合大公國的阿布達比（Abu Dhabi），之後再飛往南韓首都首爾。機上有115名乘客與機員，其中93人是從中東搭機回國的韓國勞工。不幸的是，金賢禧和她70歲的「父親」在阿布達比就下了飛機，但兩人的手提行李卻草率地留在客艙的頭頂置物櫃。幾小時之後，這架編號KAL858的大韓航空707客機突然在孟加拉灣（Bay of Bengal）上空爆炸，墜毀沈入海中，機上無人生還。

與此同時，金賢禧父親使用偽造的日本護照，從阿布達比搭機飛往巴林。正當他們準備登上飛往約旦的班機時，當地海關官員對

兩人如此迂迴的飛行方式起了疑心。知道就要落網之際，金賢禧與她「父親」決定點燃最後一根香煙。這真的是父親金成日（Kim Sung Il）生平最後一根煙；他們留在大韓航空班機的行李中，有台收音機裡裝了炸彈，這顆炸彈也到了末日。

父女兩人隨身攜帶了攙入氰化物的萬寶路（Marlboros）香菸，與偉大領導人金日成沒有關係的金成日，抽完香菸後當場斃命，他的「女兒」金賢禧還活著，並在稍後被送往南韓接受密集偵訊。

結果發現，金賢禧過去一直受僱於北韓，在展開這項從澳門開始的國際行動之前，就已在北韓受訓。澳門是北韓最流行的出口品——偽造百元美鈔的流通中心。從1998年年底到1999年初的4個月期間，兩人據說透過一家以澳門為基地的掩護公司，偷渡了50萬美金以上的鉅資，為金賢禧的炸彈任務做準備。

金賢禧在南韓供稱是金正日指使她這麼做，並為此道歉，理由是她還太年輕不懂事，加上那些狡猾難纏的北韓人對她洗腦，才會犯下如此的滔天大罪。所以，為何惡劣的北韓人，尤其是金正日會想出這種瘋狂計畫呢？當然是為了要破壞1988年原定在首爾舉辦的奧運。

飛機爆炸並不是北韓為了破壞南韓安定所設計的第一件瘋狂計畫。1983年一支南韓政府使節團到緬甸仰光訪問時，北韓特務在仰光的烈士陵墓（Martyrs' Mausoleum）屋頂上裝了3顆炸彈，目標鎖定南韓總統全斗煥（Chun Doo-hwan）及他的內閣閣員。但是北韓特務認錯人，把乘坐大房車前來的南韓大使當成總統，真正的總統其實還塞在半路上。結果只有一顆炸彈爆炸，造成21人喪生，包括南韓外交部長、副總理、兩名閣員以及許多顧問、記者與安全人員，但罹難者當中，只有4名是韓國人。兩天以後一名嫌犯被捕，北韓特

務通常在身分曝光後就會自殺，這名嫌犯也試圖用手榴彈自盡。同一天稍後，另外兩名嫌犯也同樣想用手榴彈自盡，其中一人成功了，還殃及另外3名緬甸警察不幸身亡。

1990年代，北韓的活動工具改成潛水艇和漁船，不過自殺行動仍是計畫的一部分。1996年9月一艘北韓潛艇在南韓海岸外擱淺，潛艇裡重武裝的26名船員偷渡上岸。隨後53天南韓方面動員了6萬名兵員參與大規模的搜捕行動，在圍捕過程中，造成3名南韓公民與5名士兵喪生。26名偷渡者中找到了25人，其中1人逃脫、1人被捕、13人被殺，剩餘的11人則自盡身亡。

值得注意的是，從一開始威脅要對南韓圍捕行動採取「殘酷報復」的北韓當局，最後竟然道歉了。北韓在一節新聞報導中報導了「美國帝國主義者」活動，批評南韓總統金泳三（Kim Young-sam）是「殘忍的暴君」、「傀儡」和「叛徒」，之後在新聞結尾時表達北韓對這次事件「深切感到遺憾」。

今天到南韓的觀光客，可以在東海岸的正東津渡假村（Jeongdongjin）北部，看到那艘北韓潛艇；在一部流行的南韓電視連續劇中，也可以看到這艘北韓潛艇的身影。儘管「深切遺憾」，兩年後北韓另一艘迷你潛艇又因為與一艘南韓漁船的漁網糾結在一起，結果被拉進南韓水域，潛艇裡的9名北韓船員因為無法解開糾結，於是全部自殺身亡。

與謀殺和炸彈任務等暴行相比，金正日的兒子金正男（Kim Jong-nam）在2001年造訪東京迪士尼樂園，就成了一場輕鬆愉快的鬧劇。29歲的金正男是金正日的長子，當他與另外兩名女子以及4歲大的兒子同時現身東京成田機場（Narita Airport）時，看起來活脫就是肥嘟嘟金正日年輕時的翻版。他們正準備飛往中國，因為日本

與北韓之間沒有直飛的班機(其實北韓與世界其他國家也都沒有直飛班機),不可能把這位淘氣的老兄直接送回家。

報導指出,當他「蠻不在乎、從容地」步出所搭乘的全日空(All Nippon)班機時,「小將軍」看來似乎對日本政府三天來的接待感到很滿意。對於這起事件,日本政府在外交上保持沈默,或許是為了避免把跟北韓這個易怒鄰國的關係搞得更僵(免得下次北韓將飛彈對準迪士尼樂園),但同樣有可能是因為他們不好意思承認,他們沒有注意到金正男這位來自加勒比海多明尼加小島的訪客,比較喜愛隨著金日成的主體思想起舞,而不愛西印度群島的即興諷刺歌。金正日坦承他付了2000美元為自己和家人買了假護照;儘管這次被抓,他這筆錢還是沒有白費。從他的護照上所蓋的戳記看來,這已經是他12個月以來第三次入境日本。

為何他造訪日本三次呢?據說是因為金正男的兒子很喜歡迪士尼樂園所提供的全美式米老鼠經驗,不過悲觀的北韓觀察家注意到,小將軍曾經任職於北韓情報單位,一般咸信他是個電腦專家,帶兒子去玩迪士尼玩可能只是個藉口,用來掩飾其他更敏感的機密。

親愛領導人的家庭生活,一向鮮為人知,不過一般認為他有三個(也有可能是四個)孩子,分別由三個女人所生。金正男出生於1971年,不過親愛的領導人並沒有和金正男,也就是小將軍的生母成海琳(Sung Hae Rim)結婚。小將軍之下是同父異母的妹妹金薛頌(Kim Sul Song),她於1974年出生;接著是金宗哲(Kim Jong Chul),出生於1981年。金薛頌顯然是家裡的害群之馬,有謠言說她叛逃到南韓,不過現在一般相信她人在莫斯科,因為罹患憂鬱症而正在接受治療。

　　2003年4月，一些澳洲衝浪板玩家在熱門的維多利亞海灘渡假村洛恩(Lorne)，目擊另一場北韓的拙劣行動。一艘120公尺長，4000公噸重，掛著吐瓦魯(Tuvaluan)旗幟的航空母艦奉洙號(Pong Su)，在波濤中顛簸地駛近海岸，這艘航空母艦隸屬於平壤的奉洙船運公司(Pongsu Shipping Company)。生鏽的船艦停靠在海象不佳，距離海岸只有幾百公尺的水域並放下一條小船。當小船企圖登陸時，一名船員不幸溺斃，澳洲警方及時趕到，救起另一名船員，結果發現他身上帶著50公斤重的高純度海洛英。奉洙號立即駛離，接著就像連環漫畫一般，展開一場從澳洲東海岸長達4天的海上追逐，最後澳洲突擊部隊登上這艘航空母艦，並將其駛進雪梨港。

　　同時，澳洲警方在靠近洛恩附近的道路上，發現藏匿的另外75公斤海洛英，可能是等著有人來取貨。當地的尋寶者也遍地搜索渡假村附近的樹叢，不過誰知道，說不定這個生鏽的大鐵桶早在洛恩發生意外以前，就已經航行到澳洲水域不知多少回，也可能早就在澳洲各地放下裝載的貨物了。對此北韓官方新聞社反駁說，這是一項「邪惡的詭計，目的是要敗壞有尊嚴的朝鮮民主人民主義共和國的形象」。在澳洲海岸上被捕的4人分別來自馬來西亞、新加坡、中國和北韓；馬來西亞、新加坡與中國籍嫌犯都被定罪，但北韓人犯自艦長以下都沒事，包括一名曾在北韓駐北京大使館工作的「政治官員」在內。北韓嫌犯供稱有人欺騙他們，讓他們誤以為可以來澳洲領取一批BMW房車轉手到馬來西亞販售。後來這4人在2006年初獲釋，而那艘「不適合航行的」航空母艦奉洙號，則因為三年來的維護費用一天就要花掉澳洲政府2500澳幣，因此被拖到外海，由RAAF戰機擊沈。

　　2002年北韓的不良紀錄又添加了綁架這一樁。有關日本人遭綁

架的故事在日本喧騰了好幾年，被捕的北韓間諜供稱確有其事，還有報導指稱曾有人在平壤目睹失蹤的日本公民。接著，金正日突然良心發現，坦承那些瘋狂的謠傳都是真有其事。有12名日本人（後來人數增加到13人）被北韓特務綁架，不過一般相信被綁架的人數不只如此。這些綁架案發生在1970年代末期到1980年代初期，遭到綁架的日本人中，還包括一名當時只有13歲的女童。她是在放學回家的路上遭人綁架的，被綁的還有一對在荒廢海灘上散步的情侶。被綁架的日本人本身並不具有任何安全、軍事或情報方面的價值，他們可能只是被抓去當北韓特務的日文老師，或是為北韓間諜提供造假身分。

在這期間，有8名被綁架的日本人因為自然原因或其他意外事故而身亡，這麼高的死亡率就算在北韓也很罕見。而且，這些日本人質被埋葬的墓地，據說「都在洪災中被大水沖走了。」當兩名倖存的日本人質回到日本接受DNA檢測，卻發現他們根本不是北韓所宣稱的日本公民，也難怪這個案子至今仍在日本炒得沸沸揚揚。

南韓人也曾被北韓特務綁架，其中最惡名昭彰的就屬電影導演申相玉（Shin Sang-ok）和他的演員妻子崔恩熙（Choi Eun-hee）。1978年初，崔恩熙在香港拍片時突遭北韓特務綁架，6個月後她的導演丈夫也被抓走，並且火速送往平壤。金正日告訴申相玉在北韓有一個全新的生涯在等著他，申相玉拒絕這項提議後，被關進6號監獄，在裡頭過了四年只吃草根大米的日子。1983年申相玉被拖出獄中，和親愛的領導人二度會面，並和他的妻子重逢。金正日甚至為這麼晚才再跟他會面而道歉，原因是他一直「忙著處理公務」。

這次導演決定，為北韓拍片並不是個壞主意，尤其是當北韓提供了一輛賓士車和300萬美元年薪的優渥條件後，申相玉接受金正

日的提議。之後申相玉在接受南韓方面的訪問時說,為北韓拍片「所受的限制並沒有一般以為的那麼多」。接下來幾年,申相玉為北韓執導了5部電影,非常受到北韓當局信任,因此在1986年時,甚至獲准偕同妻子一同前往維也納訪問;不過就在維也納時,申相玉和妻子逃到美國駐當地大使館尋求庇護。接下來14年,申相玉都待在美國,以賽門辛(Simon Sheen)這個化名執導了好幾部電影,最後於2006年在南韓逝世。

＊　　＊　　＊　　＊

北韓的背景音樂通常帶有激勵愛國意識的意味。這些音樂並非在電梯內播放,而是在整座城市中流傳。特別當清晨時分,在重要地段的樹叢間,都會突然聽到這種音樂。清早當我拉開窗簾,向外眺望河流時,這種音樂就會在耳畔縈繞。儘管6線道到8線道的寬廣大路上車輛稀少,不過平壤並不像她所宣稱的那麼不受污染。一間冒著煙的燃煤發電廠噴出陣陣黑煙,濃煙瀰漫了整座城市。尚未完工的柳京飯店錐形建築,在早晨薄霧中搖晃。北韓實施的這種控制經濟,任何事都必須由上往下做起,興建飯店和招攬觀光客是兩件不相關的業務,所以像我住的這間大飯店,裡頭有四分之三的房間是空著的,而我正在凝視的這間規模更大的飯店,則是根本還沒有完工。

當控制經濟瓦解時會發生什麼情況,大型的柳京飯店就是最好的例子。不管是從平壤的哪個角落,或是在城市外多少公里的地方,都可看到這間105層樓高的大飯店,它未完工的結構高聳入雲,就好像一個倒立的冰淇淋筒。如果這棟建築物已經完工的話,

將會是世界上最大的飯店之一；但同時也額外爲平壤的空床配額，
增加了3000間空房。它可以是1980年代最終極的象徵，那是一個建
築與紀念碑雨後春筍般出土的年代，就好像國王的新衣一樣，目的
是用來掩飾裸露不堪的事實。1989年蘇聯瓦解以後，對北韓來說，
輕鬆賺錢的管道突然少了一個，連帶使建築工程也受到影響。柳京
飯店只有一個空殼，想拍照的觀光客只能乘興而來，敗興而歸。

我們投宿的這間洋克多國際飯店（Yangakkdo International）座落
在河流中央的一座島上。這裡引人之處包括一間以中國服務生爲主
的卡拉OK店，以及一家地下室賭場，賭場也是由中國人經營的，
上門的顧客也全是中國人。樓梯的底層直下地下二樓，最後通往許
多吸引人的地方，像是按摩室、三溫暖、游泳池、商店、理髮廳和
修鞋店等。入口處是急速下降的彎道，個子高的人得彎腰低頭才能
進入。

這棟奇特建築的盡頭是一個錢幣兌換櫃檯，上頭放了塊牌子，
標明各項服務的價格，例如按摩（包括「巡迴按摩」）、各種你能想
像得到的髮型（圓髮髻、短馬尾、膨膨頭），並附註說明「如果客人
自備染髮劑」，可以低價染髮。男士可以選擇定期刮鬍或理髮，或
是更便宜的「剪髮」；儘管這項服務很便宜，還是有包括「刮耳後
鬢毛」的服務。最後還有一項快速修鞋服務，費用中還包括「把掉
下來的東西再黏上去」，價格則以公分計費，無論脫落的是什麼東
西，都有本事把它黏回去。最終一項精彩服務結合了修鞋與這個牌
子的特點：「可以把男鞋鞋根改裝到女鞋上」，這要價4.7朝元，約
合2塊多美金。

在北韓如果沒有監護人跟在一旁的話，你根本無法踏出旅館一
步，但是這裡不一樣。因爲我們位在小島上，所以只要不過橋的

話，出門都算是安全的；或者他們只讓我們在島這頭的旅館周圍逛逛，因此我決定利用清晨出去走走。當我沿著河岸的走道散步時，在旅館外碰到了一道金屬圍牆，於是我繞道從車道出口走出去，不過又在安全哨折返，上早班的旅館員工正忙著在那裡打卡。

我又找到另一條路沿著河岸出去，經過平壤國際電影院（Pyongyang International Cinema Hall，下個月預計將舉辦一場影展）和羊角島足球場（Yanggakdo Football Stadium，這個球場其實可以作為2002年世界盃足球賽的比賽場地之一，但北韓當局根本不感謝南韓的邀請），直通往島的另一端。在這裡土地劃分成許多狹長的花園，兩位精心打扮的女士，可能是旅館接待員，拿著大包小包的袋子和園藝工具來到這裡。當她們照料自己的蔬菜田時，也不忘從袋子裡拿出工作服換上，以免弄髒了自己的上班服。

對面的河岸有一艘灰色生鏽的船隻，代表著「帝國主義侵略」的浮動象徵。它是蘇聯的普韋布洛號（Pueblo），於1968年的一項情報任務中，在北韓外海被查獲。據美國人說，普韋布洛號這艘「美國間諜船」（如同船上播放的影帶這麼稱呼它）曾是一艘「在國際水域上被查獲的」海軍陸戰隊研究船。對此儘管美國方面揚言要報復，包括把裝備「核子武器」（如北韓當局所強調）的航空母艦企業號（Enterprise）駛上前線，但是到頭來什麼事也沒發生。最後普韋布洛號上的船員進行許多繁瑣費時的手續，像是寫下那種共黨集團的自白書，就是那些共黨集團戰俘常被要求書寫，但是沒有人會相信的東西，美國方面隨後也正式道歉。普韋布洛號上的船員在北韓被俘將近一年後，船上的82名軍官和船員（有一人在船艦被捕時被殺）被巴士載往非武裝地帶（Demilitarised Zone, DMZ）的板門店（Panmunjeom），然後魚貫走出巴士並跨越邊界，北韓方面還全程監

控錄影。

*　　　*　　　*　　　*

　　通常到北韓的旅行團會直接飛到平壤接受政治宣傳，但我們這一山區團在飛往平壤被洗腦前，有4天4夜的行程是先到別處參觀。在祖國解放戰爭紀念館（Victorious Fatherland Liberation War Museum）裡，那些走馬燈般的小亮點在北韓地圖上閃動，解釋帝國主義侵略者和南方的傀儡走狗是如何無緣無故地向北韓發動攻擊，北韓人民軍又是如何迅速跨越邊界，朝南前進解放首爾，並繼續往南好解放更多的南韓城市。就在北韓軍隊即將完成這項任務之際（這時地圖延續到另一個展示室），帝國主義侵略者船運了大批部隊，笨手笨腳地在仁川（Incheon）登陸。北韓人民軍因為寡不敵眾，偉大的領袖很快決定戰略性撤回北方，然後又調頭回來，在中國的些許協助下，把帝國主義者與背叛的南部同胞一起趕回南方，於是雙方展開長時間的對峙。在那段期間，那些怪物毫不留情地轟炸北方並犯下無數殘酷暴行，直到最後他們明白自己無法打贏北韓，只有認輸投降。

　　下一站是偉大人民研究堂（Great People's Study Hall）。在那裡偉大的領導人雕像是坐著而非站著，向外凝視著入口大廳。看起來除了沒有鬍子之外，有點類似華盛頓特區紀念碑的林肯（Abraham Lincoln）雕像。有人向我們介紹，這座圖書館內60個不同的閱覽室內陳列了3千萬冊書籍；我們特別參觀了展示金日成思想的閱覽室，其中記載著金日成是如何打敗帝國主義者，如何指導農民、勞工和士兵，而且還有多餘的時間寫了幾百本書。我們也被帶去參觀

其中一間電腦室,雖然沒有連上網際網路,但裡頭的電腦也不脫資本主義的格言:買藍色巨人(編按:美國IBM電腦公司的商標為IBM藍色虛線,故以Big Blue稱之)就對了。那裡所有的電腦都是IBM的,雖然在這裡它變成「帝國商業機器」的縮寫。

就像平壤其他景點一樣,在偉大人民研究堂裡也有一家紀念品商店,不過從紀念品的角度來看,北韓的紀念品庫存實在太少了。除了徽章嚴重缺貨之外,那些在北韓處處可見,展示革命的粗俗工藝品也缺貨;連聳立在北韓各個角落的金日成塑像也買不到,類似點綴在各個城市與鄉村,上千幅「後寫實到社會主義浪漫派藝術的新普普風格」,又稱「共產黨庸俗作品」的金日成父子看板複製品也買不到。不過我們真正想要的還是徽章。事實上,在北韓不配戴金日成徽章的人,其實是改戴了偉大的和親愛的領袖雙徽章,他們還以為自己這樣有多時尚。我在每家飯店、書店和景點間穿梭,搜尋店裡販售的明信片,最後買了一張凱旋門(Arch of Triumph,我得意洋洋地對一位法國朋友說:『這要比你們那小小的凱旋門"Arc de Triomphe"大多了。』)和幾張建黨紀念塔(Monument to the Party Foundation)明信片,塔上有三隻大手握著一根榔頭(勞工)、一把鐮刀(農民)以及據信是略勝一籌的舊蘇聯毛筆(藝術家)。在找到這個畫像的明信片之前,立體的平壤婦產科醫院(Pyongyang Maternity Hospital)那張是最好的。

我做著一個白日夢,幻想有個迫切渴求的市場,在等待頭一位資本主義者為偉大領導人的雕像建造一座雪白圓頂,於是開始為這些明信片搜尋有趣的郵票。連黛安娜王妃的紀念郵票(北韓對黛安娜王妃的狂熱也無法免疫,就像其他從孟加拉到不丹的亞洲國家一樣)也只能在集郵專賣店才能買到,我就是在這些商店中好不容易

才找到用來寄明信片的金日成郵票，要把這些明信片寄到帝國主義侵略者的土地上去。

當我去寄明信片時，飯店的郵局工作人員問我：「你是從哪裡拿到這些郵票的？」

她對於我的解釋似乎很滿意——她理當如此，因為那些郵票是我花了面額的兩倍價錢才買到的——只不過，在北韓要用已故(但仍統治著北韓)國家領導人的肖像郵票寄信並不容易。北韓或許有個永遠的總統，不只是終生而已，就連印在郵票上的偉大領導人肖像，也都因位高權重而不能被貼在明信片上。

排在我後面的卡蜜拉事後向我報告說：「在你離開郵局之後，裡頭的職員針對該如何處理你的明信片討論了好一陣子，最後他們決定把明信片放進一個信封裡，再剪出一個框框露出收信人地址。如此一來，偉大的領導人肖像郵票就不會被展示或遭到塗污。」

*　　*　　*　　*

平壤的地下鐵是由英國科幻之父威爾斯(HG Wells)所設計的，看來彷彿是維多利亞時期的未來版。地鐵站裡有很大的月台區，月台周圍還裝飾了各種革命藝術品，上頭則掛著庸俗的吊燈。每個車站都有一個足以啟發靈感的名字，但與車站的實際地理位置根本無關。我坐在車廂裡，在一趟從重建到光榮的旅程中，居然驚駭地發現有人在車窗上留下塗鴉！

這是北韓的塗鴉嗎？是年輕異議分子反叛的預兆嗎？

導遊很快就把我拉回現實：「我們從東德買來這些二手車廂，那些塗鴉原本就在上頭。」

　　我們有半小時可以到一號百貨公司體驗一下消費的樂趣，這是一棟5層樓的建築物，北韓最精緻的大工廠和工作坊都在這裡展示，金日成廣場就近在咫尺。這家百貨公司是主體思想自力更生的最佳展現，沒有任何商品是進口的，就像地鐵一樣，彷彿也來自另一個時期。所有的商店都有櫃檯，貨品都放在櫃檯後面，如果你想要買什麼東西，都要事先詢問。

　　我仔細研究玩具部、唱片部（三十三又三分之一轉的LP唱片比CD還多）、運動部（很多桌球產品）、鋼筆部門（還記得自來水筆和可更換的鋼筆尖嗎？），以及令人驚訝的一處巨大空間，專門用來展示填充玩偶鳥和動物。至於百貨公司職員則全部都是女性，她們都穿著淺藍色的服裝，人數比客人還要多；不過她們都很友善，用英語跟我打招呼，在運動部時還有人問我從哪裡來。在北韓只有導遊與黨國菁英會說外國話，因為哪裡也不能去，所以北韓人民根本沒有必要學習外語。儘管如此，我還是常聽到北韓人用英語跟我說哈囉，或是問我從哪裡來。事實上北韓人很容易就可以成為加州人，因為他們很快就學會說「祝你今天愉快」，他們一點也不陰鬱，也不會沒有笑容。

　　樂器部則供應了從鋼琴到低音提琴等不同的樂器，還有一系列北韓最精緻的電吉他（我猜小布希總統可能會稱之為邪惡樂器）。我覺得最有趣的是腳踏車部，在一號百貨公司陳列的每樣商品不是品質低劣就是過時，但是腳踏車則是另一個層級的劣質品。第一眼看去，這些腳踏車就像典型的男用單速自行車，有橫桿和煞車，如同其他上百萬輛中國製的飛鴿牌（Flying Pigeon）、鳳凰牌（Phoenix）或是印度製英雄牌（Hero）自行車，再靠近細看後才發現不是那麼回事，這些北韓製的腳踏車是我所見過最粗製濫造的產品，每個配件

看來都是劣質品，從焊接到扭曲的煞車桿，一直到不平的烤漆都一樣。回到旅館用午餐時，我直接走到職員的腳踏車停車場查看。這座城市並非沒有腳踏車，這點說法與大多數去過平壤的遊客見聞大相逕庭。有些停車場內停放的是日本製的腳踏車，不過還是以中國製為大宗，但我沒看到任何一輛北韓自製的腳踏車。

一想到那些劣等的腳踏車，我就可以想像北韓的飛彈推銷員是如何宣傳的：「海珊/格達費/穆夏拉夫（Musharraf）/阿薩德（Assad）先生，我們這個月提供您邪惡軸心特餐，我們以投入製造一百輛最優良腳踏車的精力，來製造一枚勞動一號（Rodong 1）飛彈。」

一位深具潛力的大規模破壞性武器買主問道：「你們就是這樣製造腳踏車的嗎？那麼，我想我得取消那筆飛彈訂單。」

採購時間結束了，又回到參觀紀念碑行程。我們快速通過凱旋門（紀念偉大的領導人在1945年打敗日本人）、建黨紀念碑和主體思想塔（連同一面由全球各地主體思想崇拜者所建立的匾額牆，其中甚至有一面來自紐約市的匾額）。接著，我們外出參觀金日成位於市郊的簡陋農村住家。當時平壤因日本佔領及韓戰被夷為平地，首爾也未能倖免於難，不知何故，只有此處逃過一劫。

那個叫做萬景臺學童豪華遊樂場（Mangyongdae School Children's Palace）的地方最讓我受不了。本團被帶去參觀了大約6個房間（以及一座符合奧運標準的游泳池）。笑容滿面、臉頰通紅的孩子在那兒跳舞、拉手風琴、彈著一種少見的伽耶琴（kayagum，我的旅遊指南說，伽耶琴的琴聲聽起來很「輕柔、優雅但哀傷」），或是忙著練習書法、刺繡，或在游泳池做高空跳水。

這些房間都是特別挑出來對外展示用的，只是很小的樣本，不過他們向我們保證，在這個遊樂場的500多個房間裡，每天都有大

約5000名受寵愛的學童在此琢磨技藝，同時讚揚偉大的領導人。如果跟外頭那些宏偉和極盡奢華的大理石柱、高高聳立的天花板、寬廣的階梯、一排排奇怪的雕像相比，這500多個房間不過是附帶的附屬品而已。

當平壤那些有錢又貪婪的肥佬傲慢地決定要興建這個醜陋的建築物時，有多少農夫得捨棄他們親手耕種和牽著老牛犁過的土地？有多少築路工人得住在道路工地旁用鐵鎚敲打著岩石？難怪救難人員無法面對這種巨大的矛盾和落差。在這個國家有人因為吃不飽而餓死，在平壤的高官卻在豪華的宮殿裡玩樂，那些笨蛋接著讓我們這些觀光客來搜集他們的罪證。他們對自己加諸於那些工人身上的不平等待遇也過意不去，於是當觀光客拍攝那些辛苦勞動的工人時便緊張不已，但若觀光客拍攝肥胖獨裁者的大石像或銅製紀念碑就沒有問題。所以救援人員努力救濟饑餓的災民，他們的生活條件就跟教科書裡描述的第三世界國家一樣，那些在大理石宮殿中跳舞的孩童則活在另一個不同的世界。

那天晚上我們當中有些團員到平壤夜遊，也就是去觀賞燈光照射下的紀念碑，不過當我們晚上9點整抵達時，金日成廣場上的偉大領導人雕像已經熄燈了。有些人因此去大同江外交俱樂部（Taedonggang Diplomatic Club）遊玩，這家店好像是北韓人開的，因為裡頭有北韓所有典型的象徵：金日成父子肖像、矮胖的暴君（他站在鏡頭中央微笑）最近在平壤活動的照片，以及浴室沒有自來水等等。還有一間錄影帶放映室、電影院、餐廳和卡拉OK，以及撞球間和酒吧等我們常去的地方。

阿拉伯音樂從擴音器中傾洩而出，卡蜜拉說：「聽起來好像利比亞音樂。」她的說法很快獲得迪戈比證實，因為他也認出在撞球

間裡玩撞球的某人來自利比亞大使館，我們曾在投宿飯店地下室的
「埃及王宮卡拉OK酒吧」與他碰面，利比亞一旦離開自己的國家
就對酒免疫。其他玩撞球的人當中，有些來自寮國和巴基斯坦。絕
無僅有地，這台撞球我每打必中，因此度過了一個不錯的平壤之
夜。

＊　　＊　　＊　　＊

　　我們出發準備橫跨這個國家，往元山(Wonsan)的這條路跨過中
部山區，車子駛過黑暗的隧道，最後經過的隧道叫做彩虹隧道，長
達4公里。高速公路上的情況就跟我那天在邊境從火車外望的情形
一樣：路上沒有人車移動，很明顯地這是一個讓人高度緊張的環
境，田地切入陡峭的山坡，土壤遭到侵蝕，森林也被砍伐。
　　過度使用是沒有遠見的做法。我在外交俱樂部遇到一名西方外
交官分析說：「北韓一向非常短視，在共產主義瓦解之前，俄羅斯
和中國負責替北韓付帳，北韓人不必擔心稻米生產的問題，因為中
國會補足任何短缺。當亞洲其他國家忙著二次收割並引進新的稻米
改良品種時，北韓人一點也不去煩惱如何提高稻米產量的問題。對
北韓來說，如何讓所有人充分就業比生產多少糧食來得重要。」
　　車子走到一半，我們在新坪(Sinphyong)停下來休息。我在平壤
購買的旅遊指南書指出，黃蛇酒(Yellow Serpent Liquor)是當地特
產。導遊宣稱：「沒有毒的黃蛇酒好喝又有藥效，做法是把一條黃
蛇泡在純度60%的酒精中，直到產生藥效為止。喝這種酒可以使人
的器官通體舒暢，據說對於提升老男人的精氣特別有效。」這種強
效藥酒一瓶要價10美元。

　　一條綿長的人行道上有好幾座搖晃的吊橋，從我們的旅館向外通到長德島(Jangdok Islet)。晚上在島上可以看到許多漁人帶著專業釣竿，白天則換成一個單獨的水底推進器，還有一大群女性四下搜尋貝類。有些漁夫靠著上頭有帆的方木船協助，讓魚線漂浮得更遠，不過我最愛看的是有些年輕人坐在吹脹的卡車內胎上，奮力地划槳出海，拖著一條長長的漁線，底下綁著幾百條懸掛的誘餌；另一名漁夫則從岸上一個乾淨的盒子中，拖出纏好誘餌的漁線，這些人相當於小規模的長線拖網漁民。

　　遺憾的是我們沒有去逛元山那些沒有車輛的街道。本團最不滿意的，就是沒有時間去參觀市區，不過我們還是造訪了一間老寺廟(它在戰時曾被美國轟炸機全面破壞)和傳生集體農場(Chonsam Collective Farm)，以及當地一間民房。這個住家很明顯是事先就挑選好的，很像我們之前隨興拜訪的那間屋子。在廚房裡同樣有一個凹陷的中央區域，一樣的燃煤烹調爐灶，沒什麼裝潢的房間，金日成父子肖像是屋內唯一的裝飾。

＊　　＊　　＊　　＊

　　南北韓交界的非武裝地帶，其實是全世界武力部署最密集的邊界區。我們往南到停戰區的板門店時，巴士停在一個在西方看來應該是公路服務中心的地方，只是那裡沒有燃油泵。建築物裡有餐廳和紀念品商店，我觀望著外頭的6線道公路，從陽台上拍了一張空蕩蕩的公路照片。我在那裡等了10分鐘，看看有沒有車子經過，不然這條公路就可說是沒有車子的公路了。

　　我們可不可以拜訪北方的非戰區村，以戳破南方傀儡政權的謊

言呢？他們竟無恥地誹謗北方不適合人居？抱歉，不行，你們不能過去。不過，我們倒是可以去看看韓國城牆（Korean Wall），它是一道堅固的水泥結構，從北方這邊海岸延伸到對岸共280公里。

非戰區的軍人導遊質疑說：「他們宣稱這是一道可以防坦克的城牆，如果這種說法可信，為什麼城牆要蓋得這麼高？要阻止坦克車，城牆的高度只需50公分到1公尺高即可。」

我接著問道：「據說在非戰區北韓這頭，有一道電壓高達3萬伏特的電子圍牆，這是真的嗎？」

我得到謎樣的回答：「可能吧！」

我繼續追問：「那麼，興建這道城牆做什麼？它無法抵禦坦克車吧？」

事實上，如果想要把南韓關在外面，不管設再多的圍牆、城牆、水泥障礙物和電網都沒有必要，因為北韓的跛腳經濟就已經足夠嚇跑許多人了。

我們的巴士駛進休戰大樓（Armistice Building），這是從南韓來的非武裝地帶旅行團所看不到的景點。延長的協商就是在這些建築物裡舉行，他們談了二年之久，幾乎是雙方第一階段交戰時間的2倍，最後停火協議也是在這裡簽署的，今天這些建築物仍牢固地矗立在停戰區北方。

我們的軍人導遊向我們發表一套招攬生意的言辭：1945年9月8日美國帝國主義者抵達韓國，宣稱他們把韓國從其他帝國主義者手中解放出來。他說：「這很明顯是個謊言，因為偉大的領袖金日成早在8月15日就解放了韓國。」然後，帝國主義侵略者和他們的傀儡走狗在接下來三年中鞏固他們的勢力，隨後並對北方發動攻擊。另外還有15個國家加入這場一面倒攻擊朝鮮民主主義人民共和國的

戰役(北韓在這裡對於俄羅斯的支援和中國派出大批「志願軍」加入戰爭明顯保持沈默)，最後美國好戰分子終於明白他們根本沒有希望獲勝，於是只好跟北韓求和。從1951年中開始召開的協商，原本幾個月內就可以結束，但是帝國主義者卻拖延了2年之久，經過718次會議之後，他們才終於承認戰敗。

嗯，這是北韓方面對韓戰的詮釋。

*　　*　　*　　*

每個故事總是有兩面說詞，不管我們站在哪一邊，總有一方的聲音比較大。我們之中不會有很多人去造訪那些被輕蔑或被排斥的國家，所以我們用標準的西方觀點來看待北韓就一點也不讓人驚訝。北韓顯然是個極權國家，暫且忘記任何有關大規模破壞性武器以及恐怖主義活動的老生常談，光是看看北韓如何對待自己的人民就夠令人震驚了。

北韓的金日成政權一直都沒有好名聲(在槍擊事件發生之前，封閉邊境以阻止北韓人民往南移居的人就是他)，但美國在南韓扶植的政權同樣沒有好評。40年來南韓人民受制於好幾任獨裁、嚴酷及顯然不民主的政府。

我們聽到許多有關北韓幾百萬部隊的傳聞，其中有半數以上的兵員部署在非武裝地帶80公里以內的地方，北韓的兵員數目幾乎達到南韓的2倍。然而，如果北韓方面投注這麼多心力在如何入侵南韓的計畫上，那些蓋在北韓海岸線的城牆和電子圍牆又是用來做什麼的？莫非北韓跟南韓一樣，害怕對方會攻進自己的領土？

北韓的確入侵南韓好幾次，不過雙方其實你來我往。1968年蘇

聯的普韋布洛號，就是那天清晨我從平壤飯店外出散步時，看到停泊在河邊的船，還有1969年被擊落的EC-121偵察機，他們可算是北韓侵略行動中無辜的受害者嗎？接下來幾年間，其他美國飛機飛越北韓領空似乎就沒有太大的問題。平壤的祖國解放戰爭紀念館裡，整個地下室都用來展示那些被擊落的美國帝國主義侵略者戰機。其中甚至還有一架全新的直升機，旁邊擺著一張被捕當時，美軍飛行員站在直升機旁的照片；他的雙手高舉，看來對態勢發展感到十分驚訝。

我們聽過不少有關北韓擁有核子武器的報導，比較不常聽見的反而是美國當然也在南韓部署了核武(而且誰知道，說不定現在還有)。回過頭來看看華盛頓，小布希總統大聲呼籲「政權轉移」的好處，同時也計算了武力進駐那些還未發展核武的國家，並進行改革所付出的代價，其實幾乎無法讓對方輕易解除武裝。

1994年當金日成和美國談判代表哈利森(Selig Harrison)會面時，金日成宣稱：「當你們有一萬多個我們所沒有的發射系統時，製造一、兩枚核子武器又有何用？」

無論北韓需要核武是為了防禦(或是攻擊)，北韓當然懂得如何利用核武作為談判的籌碼。在2006年核武危機前8年，五角大廈就認定北韓正在靠近中國邊界的錦川里(Kunchang-ni)興建一座地下核子處理設施，並且要求前往查看，但北韓方面表示：「你們當然可以來看，只是要先付3億美元才行。」

這個價格經過一番討價還價以後，減少成60萬公噸的糧食。一個由14名美國核子檢查員組成的小組隨後出現在當地，並且花了3天時間實地察看長達10公里的多座地道，但沒發現任何與核武有關的證據。猜忌北韓方面興建這座並不存在的設施，使得美國與北韓

的雙邊關係陷入緊張長達12個月之久，但是五角大廈並沒有任何人受到懲處。北韓的經濟可能一蹶不振，也無法餵飽北韓人民，但毫無疑問地，北韓人搞噱頭的功夫令人讚佩不已。《紐約時報》在1994年3月刊登的一篇報導中，寫實地描述這個特點：「北韓很擅長將華盛頓當局玩弄於股掌之間。」

　　那麼，有關南北韓統一呢？首先所有的美國人都必須離開南韓，這是北韓方面提出的先決條件。吉米・卡特（Jimmy Carter）提議按照1975年他當選美國總統之前的方式進行，但被五角大廈內的鷹派給否決了。光是把所有的美軍部隊撤離南韓並不能夠立即解決問題，但至少有助於情勢發展。接下來至少10年，南韓方面採取友好睦鄰的官方政策，不過南北韓還是面臨了巨大的資訊、理解與態度上的歧異。好幾年來，無論是透過第三國或是其他管道，南韓與北韓之間沒有任何人員交流，因為任何跨越邊界的行動都被視為犯罪，違反者會被遣送回國並銀鐺入獄。

　　我們的導遊解釋說：「兩邊可以共同選出一個最高國民議會，專門負責處理國際外交和軍事事務，不過除此以外的各項事務可以由雙方各自的政府加以管理，他們不想要改變他們的制度，我們也一樣；所以我們將有一個國家，但有兩個不同體制的政府和兩套經濟系統。」

　　我問道：「那雙方人民會有遷徙自由嗎？」

　　他回答說：「當然有。」不過當我問到北韓是否會開放民眾接觸國際新聞、南韓媒體、行動電話、網際網路系統，以及其他所有現在嚴格封鎖的通訊和資訊管道之後，他的答案就沒有先前那麼確定了。畢竟，如果北韓真有決心對外開放，現在就沒有理由干擾南韓的電台和電視廣播。

　　我又問了另一個當地導遊：「你對外頭發生的新聞沒有興趣嗎？難道你不想聽聽南韓方面的報導嗎？」

　　他堅定地回答說：「我沒興趣，因為南韓方面的報導並不符合我們社會主義的標準。」

　　我再問：「那麼，親愛領導人的兒子到日本迪士尼樂園遊玩，因為持假護照在日本被捕，你可曾聽過這個消息？」我很清楚他一定不知道。

　　他回答說：「我不清楚親愛的領導人有沒有兒女。」

　　結果我發現，他也不知道親愛的領導人住在哪裡。不過他也反問我：「那你知道你們的領袖住在什麼地方嗎？白宮，還是唐寧街10號？」

　　親愛的領導人位於平壤的藏匿處可能很難找到，但是你同樣也很難不去注意到他那「簡陋的」住所。在往動物園（對我們的某些團員而言）和往革命烈士陵園（Revolutionary Martyrs' Cemetery）（對其他人而言）的路上，我們經過了錦繡山紀念宮（Kumsusan Memorial Palace），這裡是偉大領導人的陵墓。如同其他來自北京、河內與莫斯科的共產主義英雄，金日成的遺體好像杜莎夫人蠟像館（Madame Tussaud）裡的蠟像一樣被保存著。在他離世前往勞工的天堂之前，這裡是他個人的王宮。而且，因為他被視為20世紀最偉大的英雄和鼓舞人心的人物之一，所以這個王宮要比白宮或其他次要領導人的官方住所大得多。

　　我又問：「那拍照呢？我們在南韓可以隨心所欲地拍照，兩韓統一之後北韓會改變不得拍照的規定嗎？」

　　他答道：「不是只有政府這樣規定。」他向路邊的行人揮手，「你去問那邊那些北韓人民，他們也不想被拍照。」

　　我反駁說：「當然了，那是因為有人告訴他們不該被拍照，但是我們怎麼知道他們真的不想被拍照？」

　　他不回答了。

　　就我所看到的，如果「一國兩制」有一天真的實現，它的命運再清楚不過了，幾天之內南韓人民就會用消費社會的戰利品裝滿北韓各個商店。一旦南韓的大財團（jaebol）供應各種光彩奪目的商品，有誰還會去買北韓地上勞工天堂所製造的劣等品呢？高麗航空可以和大韓航空競爭多久呢？南韓出產的那些嶄新現代（Hyundai）、起亞（Kia）與大宇（Daewoo）汽車，在多久時間內就會取代北韓少數幾輛日本豐田二手車呢？

　　　　　　＊　　＊　　＊　　＊

　　金先生問：「超現實是什麼意思？」我們最後一次在天亮前造訪偉大領導人的巨大雕像，當我們在這趟清晨的朝聖之旅中忙著拍照之際，金先生翻閱了我的北韓旅遊手冊，看到了其中描述北韓之行「太過超現實以致於讓人無法置信」的字句。

　　看來這次我很難自圓其說了。我解釋說：「超現實是指某樣東西表面上看來非常真實，但經過更仔細的觀察後，才發現它其實一點也不真實。這是一個經常用來形容西方某種藝術風格的用詞。」

　　他再問：「為什麼用這個詞來形容北韓？」

　　我小心翼翼地回答說：「就好像我們之前討論過的，偉大的與親愛的領導人他們所有的功績。」

　　「有人告訴我，偉大的領導人曾拜訪一個農場，並且指導農夫如何耕種稻米，他也到一家工廠指導工人如何提高產量；還有他與

漁民會面，那些漁民很快就發現，在他的專業指導下，他們得以捕獲更多的魚獲等事蹟。不過這顯然不是真的，因為沒有人是什麼都懂的萬事通。」

金先生問：「你什麼時候見過金日成？」這時我可以超現實地看見，遮在他眼前的那層紗滑落了。「如果你從來沒有見過他，怎麼知道他不是個萬事通？」

這是我這趟超現實之旅最後一次的超現實經驗。

當然，北韓人不是呆滯的機器人，不是歐威爾(Orwell)小說《1984》裡的角色真人版；他們是會笑、會玩、想要過得更好的活生生的人。但是我們在北韓的所見所聞都是他們政府期盼我們看到的，任何想要偷窺其他事物的企圖；或者更糟，想要拍照的話，都會受到嚴格的限制。

隔天我們搭機飛回北京：先搭乘高麗航空飛到瀋陽，再轉搭中國航空飛往北京。當我們搭乘計程車到瀋陽那巨大浮誇的新機場航站(一棟由鋼、鋁和玻璃構成的建築，這種建築物在富裕的西方普遍可見)時，一架從首爾飛來的大韓航空班機正巧在我們之後進場。北韓與南韓政府之間可能極少對話，但在機場通關幾分鐘以後，來自首爾的行李開始跟來自平壤的行李一起從輸送帶上出來。我突然有個玩笑似的想法：你可以跳上那架準備飛回首爾的南韓班機，24小時後又回到了非武裝地帶，然後這次改試遵循南方的一切指揮，看看會發生什麼事。

沙烏地阿拉伯

Tony
Wheeler's
Bad Lands

沙烏地阿拉伯

約旦
JORDAN

伊拉克
IRAQ

科威特
KUWAIT

伊朗
IRAN

波斯灣 The Gulf

巴林 BAHRAIN

卡達 QATAR

埃及
EGYPT

瑪甸沙勒 Madain Saleh

麥地那 Medina

★利雅德
RIYADH

阿拉伯聯合大公國
UAE

吉達
Jeddah

麥加 Mecca

塔伊夫 Taif

空域
Empty Quarter

蘇丹
SUDAN

紅海
RED
SEA

艾卜哈 Abha

宰赫蘭 Zahran

納季蘭 Najran

阿曼
OMAN

厄利垂亞
ERITREA

葉門
YEMEN

阿拉伯海
ARABIAN SEA

衣索匹亞
ETHIOPIA

Lonely Planet美國總部的全球旅遊編輯唐‧喬治（Don George）
說：「如果把石油和地毯互換的話，情勢可能會大不相同。如果阿
富汗人握有石油，而沙烏地阿拉伯人持有地毯的話，究竟哪個國家
會被轟炸呢？」

　　毫無疑問地，在此地若擁有一、兩桶石油，你就會備受敬重。
畢竟阿富汗算什麼東西？不過就是個郵局，郵包炸彈就是從這個國
家寄出的；可笑的是，當郵包炸彈客把炸彈寄出去以後，還在附近
閒晃。

　　當某人寄給你一個炸彈郵包時，你會去攻擊寄出這個郵包的郵
局，或是包裝炸彈的地方？911事件中的信件是在沙烏地阿拉伯寫
的，寄信人來自沙烏地阿拉伯，信件內容（19名劫機者中的15人）來
自沙烏地阿拉伯，寄信的郵資也來自沙烏地阿拉伯；所以，為什麼
是阿富汗遭到轟炸，而不是沙烏地阿拉伯？地毯和石油的組合可能
是原因之一。

　　我知道沙烏地阿拉伯人並非阿拉伯世界裡最受歡迎的人。阿拉
伯世界裡沒有人喜歡以色列人，不過一旦那種不喜歡變得很不尋
常，他們也會開始厭惡彼此。要論在阿拉伯世界中最惹人厭的民
族，只有科威特人能與沙烏地阿拉伯人兩相抗衡。沙烏地阿拉伯人
之所以不受歡迎，部分原因出在財富：沙烏地阿拉伯人有錢，但大
多數阿拉伯世界的人並沒有，這使得很多埃及人、巴勒斯坦人、敘

利亞人和其他較窮困的阿拉伯人到沙烏地阿拉伯工作。但他們在沙國受到劣等的待遇，工資也很有限。還有部分原因是伊斯蘭的驕傲：沙烏地阿拉伯有兩個聖城，瓦哈比教（Wahhabism）是伊斯蘭教裡最純粹、最保守的教派（塔利班就是以此為模型發展出來的）。沙烏地阿拉伯人看不起其他伊斯蘭教徒，就連那7％到8％的沙烏地阿拉伯人，因為隸屬什葉派而非主流的遜尼派，同樣遭受嚴重的歧視。

最後一個原因是十足的偽善。當你揮霍地採購亞曼尼（Armani）到傑尼亞（Ermenegildo Zegna）等名牌商品時，你能說自己的生活有多簡樸？當沙烏地阿拉伯人冒險跨過邊界時，也很難說他們在伊斯蘭教義上有多麼純粹。從阿拉伯世界的波斯灣城市國家巴林，穿過一條公路就可通往沙烏地阿拉伯；每個週末沙烏地阿拉伯人紛紛蜂擁到巴林來一場短期渡假。2001年發生在巴林的那一波政治解放運動，大幅提高人們對於神職人員推行禁酒運動的期待。不過，比較具有國際觀的巴林人卻認為：「沙烏地阿拉伯是世界上最渴的國家，巴林因地利之便，成為沙國最近的酒吧，我們可是從中賺了不少錢呢！」

* * * *

你不會在哀訴自己遭人誤會和誤解的同時，卻讓那些可能想要進來多了解你的人吃閉門羹。沙烏地阿拉伯人將大門緊鎖成那樣子，以致於外頭世界很難不相信他們必定是在屋裡做什麼見不得人的事。這是一個會砍頭、切斷手足和鞭打人民的國家；女人足不出戶、盡可能地被剝奪各種權利，加上嚴苛的國家審查制度和媒體箝

制，完全沒有民主和信仰自由可言。如同杰拉爾丁‧布魯克斯（Geraldine Brooks）在她的著作《慾望的九個部分》（Nine Parts of Desire）中所言，如果把阿拉伯社會分成黑與白，而非男與女的話，各國必定會對其進行國際貿易制裁；全世界都會對他們對待另一半人口的駭人手法感到義憤填膺。她同時指出，如果有9000萬名小男孩被強迫割包皮，一樣會引起抗議，但女性陰蒂被切開卻仍是一項主要的伊斯蘭教儀式。

沙烏地阿拉伯不只有兩座聖城和無垠的沙漠，還擁有眾多的觀光客。這些觀光客並非西方世界所以為的觀光客，而是每年300萬名到麥加（Mecca）朝覲（haj）的穆斯林朝聖者，或是到麥加做小朝拜（umrah）的人。小朝拜指的是穆斯林在朝聖季節以外進入麥加進行拜謁，其中有少數是波斯灣國家的阿拉伯人，他們不需要簽證就可進入沙國；前來做小朝拜的朝聖者利用簽證規定也可以在朝聖之後繼續留在沙國。

至於國內觀光在沙烏地阿拉伯很少見。一名飯店經理說：「當沙烏地阿拉伯人去旅遊時，他們會去那些在自家中不能去的地方，所以夜生活和採購對沙國觀光客來說是最重要的。」但考量到沙國境內可供採購的地方實在很多，對沙烏地阿拉伯人來說，到海外搶購名牌商品似乎沒有必要，不過沙國民眾的採購本能早已眾所皆知。1990年代，當沙烏地阿拉伯國王展開一趟為期45天的全球之旅時，他的兩架747客機還不夠運載他所採購的物品，因此一架沙國空軍大力士（Hercules）運輸機受命出勤，每當沙國國王停留在一個定點，就把他採買的東西運回利雅德（Riyadh），然後再飛往國王要去的下一站，準備運載下一批貨品。

「沙烏地阿拉伯人對於伊斯蘭教前期的事物也沒有太大興趣，

所以你在瑪甸沙勒（Madain Saleh）不會看到太多沙烏地阿拉伯人。」我的飯店經理繼續提供資訊：「如果跟先知無任何關聯，他們就一點也不關心。」

不過，沙烏地阿拉伯還是有些不信伊斯蘭教的外國觀光客，不是光只有朝聖者而已。在沙國有許多外國人，2100萬人口當中，海外移居者佔600～700百萬人，這些海外移居者多半是勞工和他們的家屬。其中人數最多者來自第三世界國家，包括100多萬名印度人和埃及人，還有許多巴基斯坦人、菲律賓人和孟加拉人。其中只有少數人攜家帶眷，他們多半好幾年才回家探望妻兒，待個一個月左右再回來工作。相反地，來自第一世界的勞工工資較豐厚，多半會把家屬攜來同住，也會花時間在沙國旅行。畢竟有很多可看的，例如廣大的沙漠；郊外山區路邊野營的行程，以及紅海的水肺潛水。

或許也有少數像我這樣的觀光客，他們是商務人士，辦完公事後會再停留一陣子。一旦你進入了沙烏地阿拉伯，就可自由前往任何想去的地點，不過如果你不是穆斯林，就不能到兩座聖城參觀。因爲我曾做過工程師，因此很容易就找到一位在吉達（Jeddah）開空調公司的朋友，以公司名義「贊助」我；也就是說，去向沙烏地阿拉伯大使館要求給予簽證。

在911事件以前，曾有一些開放給西方人前往沙國的旅行團，這些旅行團名額有限，全程嚴密控管且非常昂貴，不過911之後西方觀光客都被嚇跑了。

一名當地導遊哀嘆說：「通常每個月我們可以帶10到15個旅行團，但是911事件發生後，6個月內我們只帶了2團。」今天這種原本人數有限且相當排外的旅行團，看來生意正要蓄勢待發。不過，如果你是個44歲、沒有子女的寡婦、離婚婦女或是老處女，就別想

282

參加這種旅行團了。年齡在45歲以下的女性，只有在丈夫或是父親的陪伴下才有可能參團，承擔負責的男性必須負責看護她們，確保她們的言行合宜。

聽起來荒謬嗎？不過，很多有關沙國的事情都很荒謬。

或許女人到了45歲後就無法生育，不能再吸引男人，淪爲壁花，而且也不可能對王國的安定和倫理道德構成多大的威脅。另一方面，一位沒有人陪伴的35歲女性才眞是豺狼虎豹；先知可能從墳墓裡起身，位於麥加的伊斯蘭教卡巴聖堂(Kaaba)可能瓦解，王國可能因此崩潰。

對外國女性來說，到沙烏地阿拉伯旅遊如果需要有個男人看著她們，會衍生很多問題。一開始是黑色罩袍(abaya)，也就是所有阿拉伯女性都得穿著的服裝。基本上非阿族裔者不必穿上罩袍，不過如果外國女性未做該種打扮，宗教警察(mutawwa)很可能會要求她們穿上。這些宗教警察的全名爲「宣揚美德和防止不道德委員」，我的旅遊指南形容他們是「道德維持會的一組成員，按照他們的理解維護伊斯蘭正統」。

我在利雅德頭幾天頗感失望，因爲我一直沒有看到宗教警察。我詢問一位印度移民：「怎樣才能找到一名宗教警察？」

他答：「只要穿短褲出門，很快就會看到他們了。」

宗教警察都穿著露出腳踝的阿拉伯大袍(thobe)或罩袍；鬍鬚濃密，蓄長髮，且不戴常見的頭巾(gutra)；他們隨時持杖準備懲處違規者，你一眼就能從穿著認出他們的身分。有個網站評論沙烏地阿拉伯悽慘的人權狀況：「他們被授權得以調查、搜索、逮捕和拘留公民和外國人，濫用肢體攻擊及鞭打等私刑，已引起廣泛的注意。」（人權觀察網站http://hrw.org/backgrounder/mena/saudi/）澳洲外

交部也警告澳洲公民，「尤其是女性」，在當地「曾報導婦女受宗教警察攻擊的意外事件」，一旦遇上他們，應該「盡快，可能的話立刻離開現場」。我的旅遊指南建議：「避開他們」。

所以，如果女人沒有穿著黑色罩袍，宗教警察可能會用手杖揍她。

他們會咆哮：「把妳的臉遮起來！遮起來！」一名蘇丹計程車司機在杜拜時就這樣對她們大吼。

和我交談的一名自由派沙烏地阿拉伯人分析：「這是政府壓制異議人士的部分手段，如果人們擔心被宗教警察找麻煩，就比較沒時間去想如何揮霍金錢。」

2002年中，一名政府官員宣布，宗教警察將開始對不合標準的黑色罩袍製造商加以嚴懲，有關「端莊女性外衣」的規定是「厚重、不暴露、寬鬆，但不袒胸露肩，只在前面開口。黑色罩袍將覆蓋全身，沒有任何裝飾、圖案、文字或其他符號，和男性服飾有所區別。」

不過，有關黑色罩袍及女性穿著黑色罩袍的必要性，解讀各異。一名沙國婦女可能從頭到腳都裹得緊緊的，連臉都完全遮住；或是只在眼睛部位露出一條縫隙，再把眼鏡戴在面紗之外，看起來十分滑稽。嚴謹的沙國婦女甚至還套上黑手套，所以當她們伸手遞錢給別人或從別人手裡接過東西時，身上沒有一個地方是裸露的。外國女性可以不用把臉遮住，但頭髮還是得包起來，即使露出一小絡頭髮也不行。

首都利雅德是最保守的宗教中樞，也是絕對必須穿著黑色罩袍的地方。當然其他中心地區也同樣保守，但有些城市就沒有那麼多禁忌，所以外國女性在管理較鬆散的地方，儘管還是得穿著黑色罩

袍，但不一定要把頭包起來。

在空曠的沙漠，或是遠離繁囂的街道，外國女性(完全不適用於沙國人)可以做保守但正常的穿著。非伊斯蘭教遺址瑪甸沙勒附近不太可能會有宗教警察閒晃。大多數西方移民居住的外國「住宅群」相對來說也自由多了。即使英國人威福瑞‧塞西格(Wilfred Thesiger)在二次世界大戰迅即跨越空域(Empty Quarter)的灼熱沙地，並寫下橫跨沙漠的經典之作《阿拉伯沙地》(*Arabian Sands*)，也指出基本上這是座浮誇的城市：因為女性在沙漠中得要工作，但她們穿著黑色罩袍，怎麼能工作呢？

除了為女性冠上污名，黑色罩袍穿起來也不舒適，既悶熱又危險。或許這也是為什麼當地女性不能開車，因為沙烏地阿拉伯的交通路況已經夠不安全了，若駕駛把頭罩在一個黑色袋子裡，那後果更不堪設想。

「日本觀光客真是令人讚歎！」我與一位摩洛哥導遊閒聊，他說：「他們在來之前，已買好東京製作的黑色罩袍，所以一下飛機前就已經著裝完畢。其他沒有準備的觀光客則在抵達沙國後才買，而且老是問：『我現在該穿黑色罩袍嗎？我現在可以脫下罩袍嗎？』我想，日本女性就連在旅館房間裡都穿著黑色罩袍。」

沙國人不只嚴格控管入境的對象，對新聞報導也嚴加把關。當沙烏地阿拉伯的主要英文報《阿拉伯新聞》(Arab News)每天抨擊「被猶太人主導」的美國媒體時；同一時間，沙國的新聞檢查者也忙著封鎖任何冒犯他們的外來出版品。

一名書店經理說：「沙烏地阿拉伯不喜歡三件事：宗教、政治和性。但問題在於負責審查外來出版品的人都是最資淺的職員，如果他們一不小心讓什麼不妥當的出版品進來，就會惹禍上身；不

過，把關過嚴並不會受到譴責，因此他們都傾向審查從嚴。」

　　當然，圖片比文字更可能遭到查禁的命運，所以在《戶外》
(*Outside*)雜誌封底的烈酒廣告上，酒瓶連同兩名金髮美女的乳溝與
大腿都被塗黑了，但是花花公子創辦人休‧海夫納(Hugh Hefner)卻
逃過一劫。在另一本雜誌中，「慾望城市」(Sex in the City)眾家女
星的手臂、腳、肚臍與乳溝也都必須重點處理。

　　荒謬的是，當小甜甜布蘭妮(Britney Spears)在雜誌上的肚臍被
無數記號筆塗得亂七八糟時，她卻可以肆無忌憚地出現在音樂錄影
帶裡。沙國的衛星電視接收器實在太多了，所以他們乾脆放棄篩檢
那些有問題的電視台。從前宗教警察還會丟擲石塊砸小耳朵(碟形
衛星信號接受器)，害得屋主要不是把小耳朵藏起來，就是在外面
加裝不怕被砸的鐵絲網，最後當局索性全面禁止小耳朵，但卻沒有
確實執行，今天沙國甚至還出現了「小耳朵市集」(dish souq)，專
賣小耳朵和相關的器材設備。

　　2002年初，宗教警察嚴厲查緝執法，任何女性不穿黑色罩袍均
不准出門，結果導致麥加聖城因而發生一場悲劇。一所破敗，人數
過多且設計不良的女子學校發生大火，造成15名女學生喪生和多人
受傷。當這些女學生想從大火中逃離時，卻被宗教警察推回失火現
場，原因是她們沒有穿著黑色罩袍，而且也沒有負責任的男性陪同
離開。更有甚者，當警方和消防隊員試圖進入著火的建築內救人
時，宗教警察卻不准他們進去，原因是男人，即使是消防隊員也不
例外，都不應該和沒有親屬關係的女人混居一處。內政部長那也夫
王子(Prince Nayef)事後解釋，宗教警察在現場只是為了「確保女學
生不致受到虐待」，不過每個跟我談論此事的人都同意，那些頑冥
不化的宗教警察是很有可能做出這種白痴行為的。我不只一次聽到

他們表達這樣的觀點：「宗教警察是這個王國裡最受痛恨的人。」

＊　　　＊　　　＊　　　＊

我早已耳聞通過海關檢查的程序很冗長，所以當777客機都還未在利雅德的哈里德國王國際機場(King Khalid Airport)停妥前，乘客就醜態盡失地往機艙門口擠，一點也不令人訝異。航站大廈內的乘客顯得更匆忙了，但我還是乖乖排隊，當隊伍前頭只剩下兩個人就輪到我時，負責的移民官突然起身，離開他的工作崗位。15分鐘後另一位移民官過來，告訴我們之前那位官員不會再回來了，所以我們從另一排隊伍重新排起。過了一會兒，我開始計算每位旅客過海關得花多少時間——大約2分鐘——這表示一條30人排隊的隊伍得排上1小時才能過關，幾乎相當於從杜拜搭機來這裡的時間。

不過，排在我前面的英國人不到30秒就過關了；我也照做，抓著我的袋子快速移動，欣然通過海關。聽說有些積極的海關官員會翻閱你行李中的女性雜誌，看看其中是否有「色情的」胸罩廣告，我懷疑他們是否會檢查你在電腦裡存放了什麼東西。

通關後我繼續加快腳步，因為我要投宿的飯店已經派了一位司機過來；幾分鐘後，我們就駛上往利雅德的高速公路。偶爾車上儀表板的指針警告時速已經超過120公里，印度司機雖然一邊抱怨超速和瘋狂駕駛所造成的慘劇，但他還是很沈著地高速開車進城。當公路速限為110公里時，還是有汽車以接近200公里的時速呼嘯而過，不過，我們只在往愛爾空扎瑪飯店(Al-Khozama Hotel)的路上目擊到一場車禍。

我下榻的飯店隔壁有一個很實用的路標，它是我接下來數天在

利雅德認路的依據。這是一座新建的法沙拉塔(Faisaliah Tower)，看起來像是舊金山泛美金字塔(Transamerica Pyramid)的懷孕版，是高技派英國建築師諾曼‧福斯特(Norman Foster)的作品。在大門入口兩側樸素的雕版，顯示它是由沙烏地阿拉伯的賓拉登(bin Laden group)集團所建。利雅德另一座地標摩天樓為王國中心(Kingdom Centre)，這座高聳的建物頂端有個洞，沙國人戲稱「是用來做飛行練習用的」。

抵達飯店把行李卸下後，我立刻找到一個提款機，旋即身處於法沙拉購物中心(Faisaliah Shopping Mall)裡。在這個金光閃閃的商城裡，有許多熟悉的西方名牌，包括Miss Selfridge, Harvey Nichols, Donna Karan, Etam lingerie, Liz Claiborne, Hugo Boss, United Colors of Benetton, Mango, Guess等，甚至還有French Connection UK那近乎淫猥的縮寫FCUK，驕傲地在店內展示。我不禁懷疑：當那些穿著黑色罩袍的人走出這家店時，誰知道裡面是不是穿著T恤，胸前寫著FCUK的青少年？那些西方小孩的罩袍下端露出牛仔褲，上端露出自己的臉，看起來就像剛從一場穿著長袍的畢業典禮中跑出來，但是沙國婦女卻從頭到腳包得密不透風，好像「星際大戰」(Star Wars)裡的場景。

我走到隔壁一條街，在一家咖啡博士(Dr Café)買了一杯卡布其諾，味道嚐起來跟星巴克(Starbucks)很類似，只是櫃檯兩邊看不到任何女性，清一色都是男性顧客，其中九成五穿著傳統服裝。再走過幾家店後，我發現一種標準的紅白方格頭巾，戴著這種頭巾的沙國男人看起來好像和一家法國小酒館的紅色格紋桌布混在一起，使這種頭巾變得不那麼標準了。還有一家男士服裝店打著廣告說，他們出售范倫鐵諾(Valentino)，Dunhill和紀梵希(Givenchy)的頭巾。

　　＊　　＊　　＊　　＊

　　很快我就發現，首都利雅德的計程車隊，幾乎毫無例外均由巴基斯坦人所駕駛——你在別處找不到像他們這樣既溫和又優雅的南亞計程車司機了。其中大多數人至少都會說點英語，而且很喜歡聊與板球（cricket）相關的話題（巴基斯坦的板球代表隊表現優異）。此外，與南亞的計程車司機不同的是，這些在沙國的巴基斯坦司機對於車資一點也不計較，他們用自己的儀錶計算車資，而且好像急著把尾數捨去，甚至多達5利雅（riyal，編按：沙國貨幣）！

　　不搭計程車時我就步行，特別是在阿巴撒（Al Baatha）舊城區附近。我在午後1、2時前往當地的馬斯馬克要塞（Masmak Fortress），才發現沙國的午睡時間真的很長。這座要塞從中午關門休息，一直要到下午4時才再度開放。當我下午4時再過來時，卻被告知今天是家庭日，因為我的家人並不在身邊，因此我必須等到明天才能過來參觀，因為明天是男士日。

　　這座要塞在現代沙國歷史中扮演關鍵性的角色，至少我看到一個很明確的證據，顯示1902年1月16日是多麼戲劇性的一天。不到1世紀以前，土耳其在西元1818年時，認為阿拉伯（Arabia）荒廢的沙地是強大鄂圖曼帝國的一部分，當這些當地暴發戶已經胖到穿不下阿拉伯大袍時，土耳其人決定重塑他們對阿拉伯的威信，因此阿勒紹德（Al-Saud）家族悲慘結束了對沙國的統治。迪雅也（Dir'aiyah）是紹德家族（Saud）在利雅德以外的據點，也落入土耳其人手中，看起來阿勒紹德家族似乎從此一蹶不振了。

　　不過事情並不盡然如此。在4年內阿勒紹德家族重新奪回對利雅德的控制權，但是接下來幾年間內部紛爭不斷，破壞了這個家族

的權力，終於使利雅德在1891年落入阿勒紹德家族的宿敵，阿勒拉希德(Al-Rashids)家族手中，該家族受到土耳其人強烈的支持，一直到此時，土耳其人在沙烏地阿拉伯都還不是很受歡迎。傳說12歲的阿不都拉阿濟茲伊本(Abdul Aziz ibn Abdul Rahman al-Saud)藏匿在一隻駱駝馱著的鞍囊之中，在利雅德被人暗中帶走，這個傳說還一路散佈到科威特，目的在重建阿勒紹德家族昔日的權力，以擺脫阿勒拉希德家族及幕後的土耳其金主。阿不都拉阿濟茲伊本簡稱為伊本‧紹德(Ibn Saud)，這個名字在西方較為人所知。伊本‧紹德在1901年底率領一支由60名支持者組成的隊伍重回沙地，無疑地，這成為阿拉伯歷史上最成功的突襲。

伊本‧紹德與40名戰士藏匿在鄰近馬斯馬克要塞的一間屋子裡。他們靜心等候，直到拂曉要塞指揮官離去之際，立刻予以突擊，阿勒紹德陣營將指揮官滅口後攻下要塞；混戰當中，其中一方猛力擲出一支長矛，力道強勁地插入要塞木門，至今仍能看見這支損壞的矛頭。當我離開，打算明天男士日再來參觀之前，還特地為這塊金屬(損壞的矛頭)拍照留影。我突然有個有趣的想法，如果當時要塞指揮官設法回到要塞裡，並把大門深鎖，那伊本‧紹德的奇襲就無法成功，那今天沙烏地阿拉伯這個國家可能就是以另一個不同家族的名稱來命名，可能稱之為拉希德阿拉伯吧！

這個要塞不是利雅德唯一的歷史景點。天剛亮時，我搭了一輛計程車出門，在接下來的10天裡，我見到不少拂曉的景色。天亮後頭幾個小時氣溫還不高，感覺很涼爽，但隨後的高溫就好像白熱的大錘子，重重落在人們身上。

迪雅也遺址位在利雅德外圍，在土耳其人將它破壞以前，這裡是阿勒紹德家族的首府和據點。該地大部分的乾泥建築已經頹圮，

不過幾座王宮、澡堂、蜿蜒的城牆及守衛塔都經過修復。我利用清晨涼爽的氣候，在這座引人入勝的廢墟四周漫步；我同時感到某種東西，那是接下來幾天都很熟悉的感覺：整個地方只有我一個人，這樣的經驗一再重複，無論是在博物館、堡壘、王宮或廢墟都一樣。

獨自擁有整個迪雅也遺址的感覺很棒。前一天我在利雅德參觀宏偉的新國家博物館時，也有同樣的感受，我是那裡唯一的遊客。沙烏地阿拉伯似乎對於接待觀光客沒什麼經驗，不管去什麼地方都得先申請許可，實在不太便民。按照官方程序，你必須從古蹟部門（Ministry of Antiquities）取得許可證後，才可以去拜訪沙國的古蹟，不過迪雅也不需要許可證就可前往參觀。可是除了迪雅也以外，我並不清楚還有哪些古蹟需要申請許可，也不知道那些古蹟到底在哪裡。我的下一站是瑪甸沙勒，到那裡就需要許可證。那天接下來的行程中，我經過另一處需要許可證的景點，所以即使我是該景點好幾個星期以來唯一的旅客，也無法進入參觀。

歷經數度詢問，電話被轉來轉去，從辦公桌到另一個房間，再到博物館的另一間辦公室後，最後終於有人把我帶進一間寬敞的大辦公室，那裡約莫有6名男人無所事事，看起來一臉意興闌珊的樣子。我不太清楚這間辦公室是做什麼的，到底在進行什麼公務，但可想見突然來了一位不速之客說想申請參觀許可證，顯然不是他們例行公事的一部分。他們不太會說英語，但最後他們告訴我必須以書面和書信的方式申請參觀許可證，最好以阿拉伯文書寫，並且應由我的保證人蓋章。我耐心地向他們解釋我不在沙國工作，我只是一位商務旅客，我的辦公室遠在地球的另一端，所以我不可能飛回去寫申請信，難道我不能當場寫申請信嗎？

他們好不容易勉強接受我這個提議，我從記事本上撕下一頁紙，寫上我的名字和護照號碼，並且加註「請給我瑪甸沙勒的參觀許可證」。

然後他們告訴我明天再來。

隔天，辦公室看來沒有什麼明顯的改變，這次和我交談的官員昨天並不在場，但是他找到了我的許可證，並且去找某位重要人士簽名，我等了好一陣子之後，才拿到許可證離開。

那天傍晚，在男士日造訪馬斯馬克要塞後，我繼續前往穆拉巴宮（Murabba Palace）參觀。不幸的是，馬斯馬克的男士日卻是穆拉巴宮的家庭日；幸運的是，雖然我沒有妻兒同行讓我看起來更加體面，仍然獲准進入參觀。

沙國這種對於男人與家庭的區分法，讓情況變得很複雜。一家餐廳得有兩個分開的區域——一個給男人使用、一個給家庭使用——女人則根本不准進入。這是可以理解的，如果有沒有親屬關係的男人在旁，沙國女人不准露臉，像她們這樣整個頭包在一個袋子裡，要吃飯實在很不容易。午餐時間我到一家口碑不錯但全都是男性顧客的黎巴嫩餐廳用餐，我注意到外面有個女人在揮手，她看來好像拿著跟我一樣的點菜單。她要點菜外帶，但她不准進入餐廳點餐，所以我那位穿著外套打著領結的服務生只好到餐廳外面，在繁忙的人行道上，站在大太陽底下為那位女士點餐。

另外，「男士」指的就是「男人」，但「家庭」卻不見得代表「女人」。在一家美國速食店的家庭區入口處，有一個牌子寫著單身女性不准進入。當然單身男性也不准進去，但是女性顧客如果是單獨一位，或與其他女伴一起，同樣也不得進入，必須有一個男人或是小孩陪伴，女人才能進去家庭區用餐。

　　一名美國移民說：「這真是很讓人困惑，像我曾經帶著一個朋友的女兒去一間披薩店，準備到那裡和其他人碰面。朋友的女兒還不到青春期，所以不必穿黑色罩袍，但我們是一個男人和一個小孩，即使她不是我的小孩，我可以進去家庭區嗎？」

　　答案是不行，因為他們後來還是不能進去。

＊　　＊　　＊　　＊

　　早上6點太陽才剛升起，我已經搭上一架飛往麥地那（Medina）的班機。在這架滿載著朝聖穆斯林的MD 90客機上，或許我是唯一一名非伊斯蘭教徒。麥地那是沙烏地阿拉伯內兩座只限伊斯蘭教徒進入的聖城之一，不過機場卻在伊斯蘭教徒區外，所以搭機到機場不會有問題。接著我打算租一輛車往北開，到北部400公里外的瑪甸沙勒。其實，這座機場在麥地那的另一端，我一直擔心自己會不會不小心闖進麥地那市區，但是每個人，包括租車公司的櫃檯人員都向我保證，這絕對不可能發生。當我開車上路幾公里以後，有個出口標誌大大地寫著「所有非伊斯蘭教徒從下一個出口出去」，於是我調轉方向，離開車隊朝北開去。

　　從來沒聽過瑪甸沙勒嗎？如果你曾經看過約旦的佩特拉城（Petra）或是它在印地安納‧瓊斯電影「聖戰奇兵」（Indiana Jones and the Last Crusade）中的樣子，就會知道瑪甸沙勒的模樣。這座石刻墳墓是古那巴提恩（Nabatean）中心的遺跡，時間最早可追溯到西元前100年到西元後100年，當時它是乳香貿易道路上的一座大城，重要性僅次於約旦的佩特拉。時至今日，這兩座古城最大的差異就是，佩特拉城到處都是觀光客（至少在以色列人和巴勒斯坦人還沒

出現把眾人嚇跑以前），還有超過70家旅館；但是瑪甸沙勒幾乎看不到觀光客，而且只有兩家旅館。

當我抵達旅館後，立刻加入一小群加拿大旅行團，其中有兩人是利雅德移民，另外兩名旅客來自澳洲。我們的導遊名叫哈敏（Hamim），是個非常能幹的年輕摩洛哥人。摩洛哥人在沙烏地阿拉伯被視為好導遊，因為他們過去就常帶領觀光客，而且通常會說英語、法語和阿拉伯語。

瑪甸沙勒遺址真的太棒了！這裡的石刻墳墓並不像佩特拉城那麼裝飾繁複，或是集中在狹窄的深谷。瑪甸沙勒的石刻墳墓分散在地表各處，受崇拜的瑪甸沙勒墳墓，又稱為克撒法瑞德（Qasr Farid），是一大塊方形石塊從沙地中隆起的孤立墓地。我們在日落之前抵達，坐在附近的一座沙丘上，看著夕陽從小山後頭西下，陰影映射在石墓的紅色岩石之上。

那天下午約一、兩點，我們在遺址最北端的舊哈查士（Hejaz）火車站停留。從前有條鐵路從大馬士革（Damascus）通往麥地那，這裡是途中一站。鐵路於1908年開通，後來成為阿拉伯的勞倫斯（Lawrence of Arabia）在第一次世界大戰期間看中的目標；不過，他的鐵路破壞計畫從未在這麼南邊真正付諸行動。這條被破壞的鐵路自從一次大戰後再也沒有重建過，最後於1924年廢棄。在1960年代到1970年代之間，曾經有些不太積極的修復計畫，不過今天這條鐵路已默默成為過往雲煙。

那天晚上我在下榻的旅館遇到派崔克・彼拉德（Patrick Pierard），他是長住在沙烏地阿拉伯的法國人，曾寫過一本關於哈查士地區的越野旅行指南，他是這條鐵路線的專家。這條鐵路沿線建有古老的土耳其堡壘加以保護，前往麥地那沿途每20公里就會看

見石造的車站建築。隔天我在往南回程的路上，派崔克帶我深入荒野到一處精緻的舊鐵道堡壘遺址，之後我照著他的指示，繞道到另一處廢棄舊車站，在車站外面我看見一個火車頭和一列車廂。

搭機飛回麥地那途中發生了一些小插曲，不禁讓我搔頭懷疑，是否這是文化差異或更深的誤解所造成的。我比預計時間更早回到麥地那，早到甚至夠我當晚再搭一班飛機到吉達（Jeddah），而不必等到隔天早上再搭我原先預訂好的班機。我對於待在一座自己根本不准進入的城市沒有任何興趣，即使在伊斯蘭教徒保護區外有家旅館可供住宿也不例外。

所以我開車到機場，為免無法登機，我事先把行李留在車子裡。接著到登機櫃台。那時約傍晚6點15分，在7點有一班飛機，但是我排到候補機位，於是決定15分鐘後再回來。我走回停車場拿出行李，把鑰匙交回租車櫃檯，填完表格，於6點半時再回到登機櫃台，但是他們還是不知道有沒有機位讓我登機，要我15分鐘後再過來看看。6點45分時，他們說這班飛機已經開始登機而且客滿了，但我並不擔心，因為9點半還有另一班飛機，我可以在機場閒逛一下，同時去吃點東西。

我的機票在開票櫃台被取走，那位櫃員沒完沒了地敲著電腦鍵盤，我開始懷疑是不是有什麼事不對勁，不過最後他終於從櫃台後現身，要我跟他走，穿過安全檢查後到了出境區。我跟在他後面，還揹著我本來要託運的行李和手提行李。到了登機門櫃台時，櫃員開始另一場電腦馬拉松賽，然後才終於（當時已經是7點10分了）交給我一張登機證，告訴我可以搭上7點那班飛機。就這樣，我帶著原本要託運的行李袋跑向登機梯。

機上的商務艙半滿，如果他們已經把我升等的話，我也許可以

更早登上飛機。這只是一趟短程飛行，如果他們問我的話，我也願意多付一點錢去搭商務艙。不過，當我走進經濟艙時，眞是不能再驚訝了，所有的乘客都到哪兒去了？這架飛機根本就沒有客滿，250個座位大概只坐了100人左右。所以到底爲什麼他們要我等15分鐘，再等15分鐘，接著又說飛機客滿，要我改搭下一班飛機？

* * * *

我在吉達住的旅館絕對在走印度風路線。櫃台職員詢問我的尊姓大名（good name），然後吩咐服務生提供必要的行李服務（do the needful），讓這間旅館儼然成爲印度奧拜瑞（Oberoi）連鎖旅館集團的分店。

身爲紅海的重要港阜，吉達搖身成爲沙烏地阿拉伯的主要大城。後來利雅德取而代之，外國大使館才從吉達搬遷到利雅德，使利雅德成爲名副其實的首都。吉達這座歷史港都，直到今天仍是一座比刻板的利雅德更國際化的城市。她的舊市區中心柏賴得（Al-Balad）有別致的多層樓房，儘管敵不過新市區無情的擴張，又因爲填海造陸計畫而遠離海洋，柏賴得仍是沙烏地阿拉伯最有趣的市區之一。

古老的吉達式建築以珊瑚岩建成，窗框浮雕繁複，儘管有許多柏賴得的房子好似衣衫不整的肥肚醉鬼，但你還是一眼就可以認出它們來。這類建築有好幾層樓，牆壁猛然後傾，好平衡它那靠近街道，膨脹突出的較低樓層，看起來就像鼓起的啤酒肚；同時，整棟建築物好像酒醉似地東倒西歪，窗子也跟著斜向一邊或往前傾，看起來就像酒鬼身上的爛夾克。

我也到市集逛了一下，有位小販只賣沙烏地阿拉伯式拖鞋，我問他是否可以讓我拍照，結果他邀請我到他的店喝茶，原來他來自葉門。有人一直強烈警告我在沙國拍照的危險性，以致於到現在我連從背包裡拿出相機都得小心翼翼。毫無疑問地，在沙國完全不准替女性拍照，我想就連街景有女性入鏡也不行。我只有少數幾次要求替男性拍照，結果也同樣不受到歡迎。有一次，我在一座清真寺附近的廣場上，興味盎然地發現公園長椅旁邊擺著牌子，上頭寫著英語和阿拉伯語，堅稱你在祈禱時間內不准使用這些長椅。兩名年輕的沙國男孩就坐在牌子附近的長椅上，當我詢問是否可為他們拍照時，他們拒絕了。

我是紅海王宮旅館(Red Sea Palace Hotel)巴士觀光團的唯一乘客，這個旅行團帶領我去參觀數個古城廢墟景點，而導覽過程也很敷衍了事：「那是國王的王宮，那裡是另一座王宮，那裡是舊機場，這是沿著山崖的濱海道路……」最後，當我們在柏賴得邊界，準備返回旅館時，導遊又說了：「這是一座斷頭廣場」。

沙烏地阿拉伯的每座城市都有一座斷頭廣場，刑罰以沙國方式執行，不會事前宣布；但是到了指定那一天，劊子手會來到廣場，先在地上鋪好一張藍色塑膠布。刑犯會乘坐警車抵達現場，雙手被綁、眼睛也被蒙著，好使他們能夠平靜地受刑。刑犯會被帶到行刑地點，有人讓他們跪下，接著劊子手就會以快刀迅速砍下人頭，所以只要砍一刀就夠了。謀殺並非唯一會被砍頭的罪行，其他像是強暴、持武器搶劫、走私毒品、雞姦，或是施行巫術等等，也都會被送到斷頭廣場受刑。1996年有一名敘利亞人因為行使巫術而被行刑，不過一般相信他真正的罪行是因為知道太多老闆生意上的非法內情，而他的老闆是一名沙國王子。

因偷竊而被砍掉雙手，或是因爲醉酒和同性戀而遭受鞭刑，在沙國也是司空見慣的刑罰。2002年有一名英國人蓋瑞·尼克森（Gary Nixon）因爲非法賣酒而被判入獄8年及鞭刑800下。在禁酒那個年代，這可能足以嚇阻卡彭老大（Al Capone，編按：美國黑幫教父，他的故事被翻拍成多部好萊塢電影或影集）這類人物。通常在執行鞭刑時，一次打50下左右，之後每隔15天再行刑。尼克森很幸運地逃過一劫，因爲他被判的刑罰並不重。數年以前，有9名變裝癖者被判2400到2600下不等的鞭刑。

在吉達的第二晚，我在阿布夏卡拉（Abou Shakra）這家埃及餐廳用餐，並眺望濱海道路的景觀。那天是週四晚上，在西方基督教世界相當於週末夜，看來城裡好像有一半以上的人都來海邊散步。

阿拉伯世界很喜歡行動電話。這天稍早我經過一間咖啡廳時，看到一群沙國人圍著一張桌子坐著，他們把自己的手機都堆在桌子中央，好像童子軍在堆營火一樣。今天晚上餐廳不需要繆扎克音樂（muzak），因爲不時會傳出手機的鈴聲。不同手機鈴聲一起響時，有時好像和弦，有時很不協調，但就是沒有人願意接聽電話，非得等到鈴聲從頭到尾響完了才會去接，這讓我沒多久就離開餐廳，加入濱海道路散步的人潮。有好多家庭在道路與海灘之間的停車場，把毯子鋪在柏油地面，席地而坐開心地野餐。這看起來是個奇怪的野餐地點，但當我繼續往前走時，看到有些人就坐在6線道馬路旁的人行道上野餐，馬路上疾馳而過的車輛距離他們只有一個車身那麼寬。

在遠方，我可以看到奇怪的發光物體在海面上來回游移。吉達向來以特別的「雕刻品」著稱，在每個交叉口、圓環中央，或是其他任何引人注目的地方，幾乎都可以看到這種雕刻品。一開始我還

以爲它是某種移動、會發光的雕刻品。

這種移動的雕刻品原來是繞著海灘行走的四輪馬車，每輛馬車上都以聖誕節常見的長串彩燈作裝飾，馬車與馬車之間則是駱駝和馬匹，載著到海灘玩的人到處兜風。海灘上也排列著隨節奏擺動的歌舞隊，他們是穿著黑色罩袍的媽媽與小孩。所以，海灘上充斥著各式各樣的聲音、顏色、騷動與駱駝，足夠讓你充分體驗沙烏地阿拉伯，只再差一樣最重要的元素，這個大雜燴就算齊全了，那就是「危險」。

數百輛小型寬胎四輪摩托車就是危險的根源。其中有些駕駛是成人，但大多數都是孩子。有些駕駛彎腰伏著機車騎，沿著海灘或人行道疾馳；有些駕駛則在海灘上賽車，在馬車、馬匹、駱駝與散步人潮中蛇行；還有些駕駛則沿著海濱步道表演迴旋賽。

看起來他們都在鋌而走險，不過不知爲何沒有發生意外。我坐在那裡觀看這幕古怪的景像半小時，盡全力遠離火線，但是並沒有看到任何高速行駛的賽車迎面相撞或是斬斷駱駝的膝蓋，沒有看到在海灘交叉蛇行的機車橫掃正在散步的家庭，也沒有看到表演迴旋賽的車子因爲旋轉而撞倒一整個正在野餐的團體。不過，不怕一萬只怕萬一，夜路走多總會碰到鬼！

在我回到旅館以後，還體驗了最後一次沙烏地阿拉伯式的超現實經驗。通常旅館大廳會反映出這個國家的國際多元，例如一團印度移民坐在這一桌；另一團英國工程師坐在另一桌高聲談論「這該死的沙烏地阿拉伯」；還有另一團混合了沙國人與西方商人的組合坐在第三桌。今晚所有的外國人都已經走了，空蕩蕩的旅館大廳裡，只見白色的阿拉伯大袍和他們頭頂的紅白相間頭巾零星點綴其中。

遺憾的是，吉達最著名的長住移民在2003年過世前，就已經搬到別的地方。伊迪·阿敏將軍（Idi Amin）於1979年結束他在烏干達的獨裁統治後，來到沙烏地阿拉伯終老。他改信伊斯蘭教後，雖然沙烏地阿拉伯費沙親王（King Faisal）的繼承人法赫德親王（King Fahd）可能對於他常住沙國感到不太開心，不過將軍還是結交了像利比亞的格達費，以及費沙親王等好友。

阿敏可能不是什麼好人，卻是個好穆斯林，所以沙烏地阿拉伯人給他一間位於吉達，有游泳池的房子住，一輛最新款的雪佛蘭（Chevrolet）房車，以及每個月1500美金的零用錢。雖然阿敏偶爾會接受非洲報紙採訪，但他明白這項交易的條件之一就是要保持低調，不過顯然在1998年試圖船運武器回烏干達並不符合該項要求，所以隨後沙國馬上將阿敏從複雜的吉達移送到一板一眼的麥加。

*　　*　　*　　*

我進去一家位於吉達的網咖，那裡的經理說：「這是一筆好生意。」不過當我從正在使用中的電腦旁抬起頭，往上一樓層觀望時，他好像一點也不關心政府審查，也沒聽到有關女性網咖關門的消息。就如其他在沙烏地阿拉伯的事物一樣，網咖也是男女分開的。「女性網咖不開放」這樣的說法並沒有說明爲什麼它要關門，是因爲女性使用者把它當做聚會地點？還是上了不該上的網站，看到不妥的內容？在沙烏地阿拉伯如果進入查禁網站可能會迫使網咖關門。至今沙國政府的檢查人員已經查禁了40萬個以上的網站，理由是那些網站「反伊斯蘭」或是「對國家安全構成威脅」。

我的下一站是塔伊夫（Taif），我在網路上很快查了一下當地的

旅館，結果在塔伊夫洲際旅館（Taif InterContinental）看到了讓人無法抗拒的「僅此一晚」特價優惠，但是當我抵達那間旅館時，才發現這筆交易並非那麼划算，因為它離市區還有一段距離。

門房建議我：「我們可以從市區叫一輛計程車。」但後來他又補充說，我可以在外頭路邊叫一輛計程車。不過，旅館外頭不是一般的道路而是高速公路，有好幾輛計程車疾馳而過，我只好冒險走下交流道，結果馬上有一輛既老舊又損壞的寶獅汽車停下來，駕駛看起來就像賓拉登的迷你孿生兄弟。

只要留著長鬍子，頭上恰好又綁著頭巾，任何沙烏地阿拉伯人看起來都很像賓拉登。這位司機大哥開車的方式跟其他沙國人很不同，他開得又慢又小心，對此我感到很慶幸，而他對於我所付的車資也感到很滿意。

穆斯林一天有5次祈禱時間，其中日出前那次祈禱（Fajr）影響不大（只是你可能因而被吵醒），但是其他4次祈禱——正午（Dhuhr）、下午（Asr）、日落（Maghreb）、晚上（Isha）肯定會干擾日常作息。由於祈禱時間是隨著日出和日落的時間而變動的，因此無論你在沙國哪個地方，祈禱時間因地而異，每天地方報紙都會顯著刊登祈禱的時間清單。

在祈禱時間時，每件事都應該暫時中斷，但沙國人對此似乎有不同的詮釋。飛機無法停止飛行、計程車不能停止計費，但是商店和餐廳就真的把大門拉下中止營業。在祈禱時間，你會看到麥當勞的服務生在店外閒逛，等候清真寺傳出「祈禱結束」的聲音，通常是20分鐘或半小時以後，但有時會更長一點。如果你躲在室內，有些地方會讓你繼續把餐點吃完，但如果你在眾目睽睽之下用餐，可能就會被掃地出門。

有天當我正在享用咖啡時，根本沒注意到咖啡廳已經空無一人，就在我起身準備結帳時，才發現咖啡廳的店員正在店外頭抽菸，店裡只剩我一個人，而且我還被鎖在裡面。我聽到樓上傳來噪音，於是爬上樓梯去看看怎麼回事，結果發現一個撞球場，每張撞球桌都有人在打撞球。

* * * *

我往下探視開往艾卜哈(Abha)的巴士，車上有6名左右的沙烏地阿拉伯人，但是其他50名乘客可能是沙國外籍勞工的代表性組合——有錢的西方工作者會搭飛機或自行開車，也沒有女性。不過，前一天巴士上倒是載了大約6名女性勞工，包括幾位黃銅色皮膚，沒有包頭巾的菲律賓群島年長婦女。今天的乘客主要來自努力工作的中東鄰國或是南亞大陸，還夾雜幾位零星的非洲人。

從塔伊夫出發後的前100公里，司機都以沙國高速公路的高速來行駛，但此後道路開始變窄並蜿蜒爬升，沿途經過鄉村，帶來更多綠意，不過不是那種蒼翠繁茂的愛爾蘭綠，而是在義大利或希臘部分地區才會看到的那種綠。令人驚訝的是，這裡人口相當密集，零星散佈的小鎮一個接一個，每個小鎮都可看到一、兩家有提款機的銀行，一家汽車行及許多商店和工廠。

在比較現代的建築物之間，會看見廣場與平頂建築；不管是小型民房，或大型4、5層樓高的建築，這些方形瞭望臺都是早年部族之間仍有糾紛，紛擾不安年代下的產物。一路幾百公里都可見到這種方形瞭望臺，每隔幾公里就會出現一個；偶爾我們也會看見造型像堡壘的住家，或是建有圍牆的小型村莊聚落。

　　過去一星期以來，我幾乎沒有機會和沙烏地阿拉伯人進行真正的對話，每天我四處觀光所接觸的不是沙國人，而是埃及人、敘利亞人、印度人、巴基斯坦人或西方移民。不過，這次我發現自己就坐在一位說英語的沙國人旁邊，我和他交談，最後我提到911事件和它對沙烏地阿拉伯所造成的影響。

　　他說：「沒有人想要談論或是思考這件事，他們只想閉上眼睛。」他一邊說還一邊用手遮住雙眼。

　　「雖然大部分的劫機者來自阿西爾(Asir)，但是沒有人知道他們為何要那麼做，我們在電視上看到那些人的照片。」阿西爾正是我們將要前往的地方。

　　他繼續說：「你剛才跟我說過的話，到了利雅德可別向任何人提起。現在你跟我這樣聊沒關係，但是在利雅德你說話就得十分謹慎。」

　　這名穿著罩袍的沙烏地阿拉伯人，不是街上唯一一位看到發生什麼事的人。當沙國人終於不情願地承認19名劫機者中有15人來自沙烏地阿拉伯，儘管沙國報紙還是傾向採用「疑似沙烏地阿拉伯人」的字眼，內政部長那也夫王子(Prince Nayef)則聲稱：「沙烏地阿拉伯不必為911事件負任何責任。」至於那位惡名昭彰且全世界都在搜尋的前沙國人下落，所有沙國王儲都說：「我們沒有任何資訊，對這個問題也沒有興趣。」

　　我正從一個劫機犯中心前往下一個劫機犯中心。至少有一名劫機犯坦承來自塔伊夫，但其實阿西爾地區，尤其是艾卜哈才是大多數劫機犯出身的地方。在15名沙國劫機犯中，艾卜哈是其中4人的家鄉。有人推測艾卜哈鎮上以煽動性言論著名的伊斯蘭教士哈瓦里(Safar al Hawali)，可能曾經協助說服這些劫機犯，讓他們相信這項

行動是神聖的使命。所以值得注意的是，那一大群幹勁十足的西方
媒體記者竟然沒有搭同一輛巴士往南採訪，這裡其實應該擠滿了來
自《紐約時報》、《時代雜誌》或《每日電訊報》的記者，下車衝
往那些911事件劫機犯的家門口去採訪和報導才是。艾卜哈曾是徵
募劫機者的「現場中心」（ground zero），但不知是否曾有任何西方
記者搭上這輛巴士，好追蹤報導911事件的最初起點呢？但我想應
該沒有吧！

　　往艾卜哈的路程「粗略估計」是6到9小時，但是依午後才開出
的這班巴士行駛的狀況看來，想要在9小時後抵達可能還是太過樂
觀。除了道路曲折以外，沿路還有南亞大陸的停車習慣：有人會大
叫司機停車，起身向朋友道別，接著司機助理會吊開行李區的門，
運出他的行李，然後乘客下車，巴士才繼續往前開，每隔100公尺
這個程序就要重複一遍。

　　經過9小時無聊的旅程後，我們終於到了，只不過到的不是艾
卜哈。在大約半小時前巴士就已經經過艾卜哈了，結果我現在人在
距離艾卜哈25公里以外的海米斯(Khamis)。我叫了一輛計程車趕回
艾卜哈，車資要價大約是我搭巴士從塔伊夫到這裡的一半。我的旅
遊指南說艾卜哈市中心只有一家旅館，結果卻發現這是一間廉價旅
館，但我實在太累了，所以也管不了那麼多，住進去就是。當我出
來找食物吃時，又是沙威瑪(chicken shwarma，轉燒雞肉)，而且我
還發現了另外三間旅館。

　　如果說我對旅行有什麼迷信恐懼的話，應該就是被困在像這樣
的骯髒廉價旅館裡。即使我搭的巴士滾下斷崖，或是我坐的船沈
了，才發現船上沒有救生衣，我都不會特別擔心。我恨的是在某個
不知名的廉價旅館中暴斃這種想法，我知道這很蠢，因為如果你死

了就死了，還管死在哪裡幹什麼。不過，當我獨自旅行時，那種突然因為心臟病發或是在睡夢中猝死，而且是死在像這間陰暗旅館這種地方的可怕想法，真的很讓我受不了。隔天早上我馬上換旅館，帳單上的要價比我昨晚投宿時間的價錢來得低，立刻讓這家旅館感覺上比較沒有那麼低級。

我出門去找租車公司，埃及人賈馬爾（Jamal）向我推銷一輛破舊的三菱汽車，同時向我聲明價格不包括保險在內。

我問道：「我能多付點錢買保險嗎？」

他回答：「抱歉，我們沒有保險，不過別擔心，你怎麼開都不會離艾卜哈太遠。」

好吧，什麼都不會發生，不過沙烏地阿拉伯人是來自另一個宇宙的駕駛，他們開起車來不像義大利人那麼好勇鬥狠，不像西班牙人或是德國人那樣全速前進，也不像在開羅或是德里的駕駛人那樣一團混亂，但沙烏地阿拉伯司機我行我素的程度，就像你在西方世界從曼徹斯特到墨爾本都可看到的一樣，沙國駕駛人根本就是完全按照自己的意思開車。他們可以在路上任意超車，也不急著回到車陣之中，直到遇上另一輛迎面駛來的汽車為止。他們還會在你車子後面橫衝直撞，既不想超車過去，又不肯減速，緊緊跟在你車後保險桿不到一公分的地方。

更常見的是，沙國駕駛人發現用曲速行駛到下個角落可能太快了，因為到了轉角才一路踩煞車，就如那些被撞壞的防護欄和五彩水泥路障上端所畫的一樣，早就來不及了。從塔伊夫出發一路上，在經常發生事故的轉角常可看到車子被撞翻到山坡下的場景。

然而，沙烏地阿拉伯人最主要的開車技巧，要在那種沒有號誌的多線道上變換車道才會展現。沙國駕駛人開車時不習慣開方向

燈，這使得他們在換車道時有種特別的快感。比方說有位駕駛突然決定要開到道路左邊，這時即使他的車子還遠在道路右邊三線道外也沒有問題，他只要直接把車頭轉向左邊開就行了，反正其他駕駛人多半會閃過他的車。

當一輛沙國雪佛萊汽車突然轉向，從我們的車頭橫越過去時，我在利雅德的巴基斯坦計程車司機說：「腦筋秀逗了。」

「沙烏地阿拉伯人用來綁頭巾的雙圈細繩圈成兩個圓圈，就可以看出他們有多聰明了。（編按：象徵2個零分，意為非常愚蠢）」他說。

沙烏地阿拉伯人開起車來可能很古怪，但他們對於那些可能在西方世界引起公憤或公路暴動的開車法，反應卻是十分平靜。沙國駕駛人唯一會不停按喇叭的時候，是當交通號誌轉為綠燈的那一刻，這時即使他們前頭還有10輛車，司機照樣大按喇叭。我在沙烏地阿拉伯學會的開車技巧是盡量和其他車輛保持距離，而且我會不停地看後照鏡，以確定沒有車子從我後方撞來。

一位英國僑民勸我說：「沒有車禍並不代表你就沒事了。」

他繼續說：「即使當地駕駛車子開太快，或是看也不看就從你車子後方撞上來，結果還是你的錯。因為這是他的國家，他屬於這裡，你不是這裡的人，而且要是你不在這裡的話，車禍也不會發生。」

在沙烏地阿拉伯隨處可見賓士與BMW；在利雅德與吉達這樣的大城市，對於像是勞斯萊斯（Rolls-Royce）、法拉利（Ferrari）和保時捷（Porsche）這種大廠來說自然十分重要，而沙國也是北美底特律以外，少數幾個還可以大搖大擺行駛這些高級車的地方。不過說來奇怪，沙國警方喜歡開的雪佛蘭Luminas卻來自澳洲，計程車則是

清一色的豐田汽車。真正的沙烏地阿拉伯汽車，也就是那些你會在市中心停車場上看到的，一部接著一部並排的汽車，或是在沙漠中央貝都因(Bedouin)營地聚集在一起的，是豐田小貨車(Toyota Hilux)。當然日產和三菱汽車也是，不過就像塔利班一樣，沙烏地阿拉伯人認為，只要符合沙烏地阿拉伯貨卡車的標準顏色規格——白色車身加上兩側的橙色閃光，他們就能接受，所以對於豐田貨卡車他們皆懷有一種特殊的情感。據說沙國國王在波斯灣戰爭開打之前，分配好幾千輛這種豐田貨卡車給貝都因人，以確保他們對沙國的忠誠。

我的三菱汽車不只看來破舊，當我往南開往哈巴拉(Habalah)，頭一次把它開上山路時，車子不停地發出軋軋聲，顯示這台根本是輛老爺車。這條路一直向上攀升，直到絕壁邊緣，從那兒山脈開始向下延伸至紅海。沿途我開車經過一些村落，看到更多那種特別的方型泥巴屋，它的牆壁是傾斜的，還裝飾著石板岩架。

一路上這些泥巴屋和瞭望臺散布各處，與塔伊夫到艾卜哈之間的那些方形瞭望臺不同，這裡的瞭望臺底層以石頭建成，上層則是泥巴做的，這類屋子和瞭望臺的設計組合，在艾卜哈周圍很多現代建築物上都還看得到。

在哈巴拉有一個緊緊挨著陡峭岩壁的荒廢村落，位於平原上方300公尺處，距離下方乾河谷還有好幾百公尺。村子底下的乾河谷一直往下延伸到海岸，然後消失在一片灰色、冒著蒸汽的薄霧之中。這真是罕見的景觀，如果我是在週末造訪的話，這裡可能不會只有我一人，我再次獨自一人欣賞這整片奇景。位於峭壁頂端有座遊樂園，沙烏地阿拉伯人(還有澳洲人)稱它們為路那遊樂園(Luna Park)，還有一台纜車延伸至底下那座荒廢的村莊。這裡有一排石頭

圍欄，讓沙國家庭可以在這裡野餐和享受美景，並且享有一點私人的空間。只是那裡同時也被一大堆飲料罐、礦泉水瓶、塑膠袋和其他各種現代垃圾所包圍，玷污了整片美景；儘管如此，這裡的景色依然是美不勝收。

那天下午，我從另一個方向出城，開車去看另一處峭壁邊緣的美景。我一直開到山頂，才明白為什麼這輛租來的老爺車開起來這麼吃力，這裡海拔高度超過3000公尺，這也說明為什麼我不過是爬了一座小山就這麼氣喘噓噓。在我開車回到市區途中，我駛離主要道路，往下到艾卜哈去找另一處景點，卻發現自己到了可能是某位沙國王儲(從大門口守衛的軍警人員來判斷)的週末山區渡假別墅。

沙烏地阿拉伯四處都有皇室成員的王宮，特別是許多王子的王宮、行宮、渡假別墅、休養所和靜養處。這座別墅四周的高牆綿延了大約1公里，原本我以為是一排整齊的松樹，後來才發現是一排同樣整齊的可摺疊式綠色庭園傘，高高地伸出牆外，裡頭大概是個露天陽臺，可以讓人坐著喝杯不含酒精的飲料，一邊欣賞下方城鎮籠罩在夕陽餘暉中的美景。

為了讓所有皇室成員都住在王宮裡，光是他們使用的噴射機及大型轎車就佔去預算很大一部分；比方說，伊本‧紹德國王(King Ibn Saud)就有22位妻子和44個兒子，不過沙烏地阿拉伯還是設法在不徵收所得稅的情況下過活。偶爾沙國政府會考慮向外國人徵收少許稅金(大約2.5％)，畢竟，外國人每年寄回家的錢多達美金180億元，因此他們應該可以付點錢給他們的沙國雇主。

那次我在科羅拉多州的一處滑雪勝地喝咖啡，碰巧有機會一窺沙國王儲和隨從人員的消費方式。我到該處是為了和一名從事飛機交易的英國主管碰面，討論關於滑雪升降機的事，他簡單地跟我介

紹了二手噴射機的市場狀況。

他說：「我不做像是李耳噴射機(Learjet)這種小飛機的生意，我處理的交易都是G5以上的機型。」

通常他不做二手噴射機買賣，他的角色比較像是房地產仲介，不過遇到好生意時，他也會自己投資再下場交易。

他解釋說：「那是一位即將下台的獨裁者所擁有的一架DC9飛機，飛行哩數還很少，因爲對方急於脫手，所以我用很好的價錢把它買下來。不過我得去找個飛行員把這架飛機飛到另一個國家，以防暴民在王宮門外鼓噪得太過分，甚至失控之前，可以及時把皇室成員載走。最後我在沙烏地阿拉伯找到了買主，這位國王已經有一架波音747客機，飛機下層還有一個手術室，以防他在3萬英尺的高空中心臟病突發，而他的王子們也想買寬體客機。當我繼續往下看他們吹毛求疵的採購清單時，發現他們在考慮買噴射機之前，會先買小型客機。有位王子隨從人員的家人也想要有自己的飛機，所以我那架DC9最後賣給了一位高層王子的黎巴嫩籍商業顧問。」

據說那位國王的747客機上不只有間手術室，還有位活生生的器官捐贈者在每次飛行時跟著登機，以便在必要時犧牲自己的性命，提供一顆新鮮的心臟供國王移植使用。

*　　*　　*　　*

詹氏情報集團(Jane's Information Group)旗下的《伊斯蘭事務分析家》(*Islamic Affairs Analyst*)編輯史帝芬‧阿爾夫(Stephen Ulph)說：「有高達三分之二的沙烏地阿拉伯博士拿的是伊斯蘭研究學位，僧多粥少的情況下，使得他們很不容易找到工作，多數人在沒

有其他選擇之下，只好去找『更崇高的使命』。」

我在沙烏地阿拉伯旅行的最後一天，待在北邊與葉門接壤的納季蘭(Najran)，我馬上對那個研究進行實地測試。這回我又坐在一位說英語的沙國人旁邊，他是在美國唸書的大學生，因為學校放假所以回來，可能是為了好奇才乘坐巴士。當我問他那個有關沙國博士的研究數據時，他表示同意。

他說：「實際比例可能更高。」接著他提到從前阿拉伯世界那個可口可樂和猶太復國主義的都市神話：「每罐或每瓶可口可樂的售價，有十分之一直接送到以色列人的口袋。」他宣稱：「這個事實在西方世界被封鎖了，所以你們沒聽過，但是在阿拉伯世界人人都知道。」

午餐時間我們在札赫蘭(Zahran)停下來休息，有人告訴我911事件中有11名劫機者和這個小鎮有所關連，不過今天好像沒有人在找那些可能的劫機犯。幾個小時後我又回到了納季蘭，這是處奇怪的地方，其實它是條綿延15公里長的主要幹道，從一頭孤立的假日飯店(Holiday Inn)延伸到另一頭神話般的城堡，城堡位於道路另一端市集的中心。

隔天早上薩伊德‧朱曼(Saeed Jumaan)來接我，他是你所能找到最迷人的導遊。他在年幼時曾為阿拉伯美國石油公司阿拉邁克(Aramco)工作，這家公司把沙烏地阿拉伯推上石油美元排行的首位。薩伊德在那裡學會英語，回來故鄉時還只是個少年。

薩伊德說：「有一天我在市場上，看到一位西方婦女不知如何與當地人溝通，於是我提議幫她翻譯，她馬上問我想不想要工作，接著我就在她的公司做了幾年。那一天下午她要我去她公司的營地，我跟著她過去，但我記得當時真是害怕極了，完全不知道接下

來可能發生什麼事，是否我的世界末日到了。」

在納季蘭迷人的城堡陰影遮蔽下，這個籃子市集裡到處都是籃子和奇怪的翻石壺，這些石壺是從葉門來的。旁邊還有一處「婦女市集」，在特別的管理制度下，婦女可以來這個市場工作。攤位上滿滿陳列著各式各樣的貨品，不夠放的東西還擺到寬敞但滿是灰塵的走道上，許多香料籃、一堆堆的廚房用具、堆疊的陶器、薰香爐、一箱箱部落珠寶，通通雜亂無章地堆在一起。大部分的貨品都堆放在箱子和攤位上，使得整個市集看起來好像一個躍動、多彩多姿的山景，其中散布的黑色山峰則是在市集中的沙國婦女，她們蹲在商品旁邊，這真是我所看過最沒有組織、最混亂、不乾淨又亂七八糟的市場。一天生意結束之後，她們根本不可能把貨品打包好，貨品多半放在還沒有完全解開的帆布袋或塑膠袋裡。

有位賣山羊皮的女人把羊頭和肛門的洞縫起來，再把一個塞子塞進山羊四隻腳中的一隻，用來當做盛水的容器；既然如此，自然也可以用來盛裝食用油。我想不出有什麼比這個東西更讓我不想帶回家，好幾次我經過她的攤位，一邊看一邊想「這到底是什麼鬼東西」，她因此多次自動降價向我兜售。後來我又看到一個男人做了一個更大的羊皮容器，它肯定是用來裝水的，這次他是直接在山羊的肛門口胡亂塞了一個栓子。

*　　*　　*　　*

在納吉蘭機場排隊等待安全檢查時，我越過前面女士的肩膀偷瞄到底她的身分證上寫了些什麼？如果一名沙烏地阿拉伯婦女出國的話，護照上一定要有照片，其他國家不可能接受一張把頭包在黑

袋子裡的照片。在沙國因為婦女不准開車，所以不會有駕照照片的問題，但是她們在沙國的身分證難道不必貼照片嗎？

答案是：貼她丈夫的照片。

這班飛往利雅德的飛機繞過魯布哈利（Rub Al-Khali），即阿拉伯沙漠中最貧瘠的「空域」（Empty Quarter）邊緣飛行。我有點想從納吉蘭飛到這個空域看看，不過在抵達那裡的沙丘之前，一趟單程飛行得花2小時，來回要花4小時，對於只想稍微停下來看看的我來說，實在太費時。沙漠位在飛往利雅德的半路上，從高空俯瞰呈現一片灰棕色，除了偶爾出現的黑色岩礦脈之外，沒有什麼特殊之處。之後突然出現了一處大型農業工程，那些迂迴的灌溉農田（技術上來說是灌溉系統的中樞）看起來好像有人坐在一疊大型CD旁邊，把CD一片接一片往外丟到沙地上。沙烏地阿拉伯人把他們賣石油賺來的財富，挪出很大一部分來興建主要農業區；即使這種想法不管在生態或經濟上都並非很合理，他們還是想證明，如果你在沙漠中注入足夠的水，就可以種植穀物。這座工程得以實現引來更多關注，但同時預算上有些削減。

空域可能是地球上最大的沙漠，但實際上它沒有想像中那麼大。澳洲西部幾乎全是沙漠，這樣算起來，它的面積比沙烏地阿拉伯的沙漠還大四分之一。澳洲作家提姆‧溫頓（Tim Winton）在他的《沙地音樂》（*Dirt Music*）中形容他的故鄉西澳很像美國德州，「只是它大多了」。

在利雅德的候機室裡，我等著飛往杜拜的班機，突然間我不是現場唯一的非伊斯蘭教徒，一些西方婦女已經把原本穿著的黑色罩袍脫掉了。

我在瑪甸沙勒已經跟一名加拿大人說過：「我預計當移民婦女

離開沙烏地阿拉伯時，在登機闸她們就會把黑色罩袍脫了。」

她回答說：「我在我的送別派對上就要把它燒了，反正我就要離開了，他們也不能把我怎麼樣。」

*　　*　　*　　*

我在沙烏地阿拉伯的許多經驗都繞著婦女打轉：她們的存在、被排斥、出現、受限制的生活等等。沙烏地阿拉伯教塔利班如何對待女性，婦女在沙國的角色大多被完整記錄下來。她們不能開車（這為外籍勞工帶來一項全新的平等工作機會—外籍女司機），她們只能在嚴格控制的純女性環境裡工作，她們不能去一些特定的商店（CD和錄影帶店尤其禁止沙國女性進入），要是沒有負責的男性在旁邊看管，她們甚至不能搭巴士。

她們也不能剪頭髮，沙烏地阿拉伯到處都是理髮廳，但是根本找不到專門為女性剪髮的理髮師。沙國婦女的頭髮不能讓男人剪，而理髮師這個行業根本不對女性開放。

一名英國移民說：「這對有錢的沙烏地阿拉伯人來說根本不是問題，當他們想要剪頭髮時，可以要理髮師專程從巴黎搭機過來。當然，還有一些秘密理髮師，計程車司機知道去哪裡找門路。」

我問：「如果是在王國大廈（Kingdom Tower）也不行嗎？」這座利雅德新建的超級摩天大樓，裡面有一整個樓層專屬於女性；那個樓層所有的商店都是為女性服務的，連店員也都是女性。「為什麼他們不讓女性的理髮師在純女性的環境裡工作？」

她答：「王國大廈還是一個實驗中的計畫，不過也有女性的宗教警察，她們在那裡確保女性把頭都包起來了。」

　　事實上，我確實看到沙國女性在工作。離利雅德有段距離，有些較小的城鎮常可見女性在市集裡販賣物品，但她們並不是在自己的店裡工作。當男人懶洋洋地躺在攤位後面休息時，女人經常在人行道上或是大太陽底下蹲在地上。在超級保守的納吉蘭，那引人注目的女性市集其實是個例外。

　　關於沙國婦女最不尋常的事情是，你多半看不到她們。一大早你可能偶爾看到幾位女性，但其他多數時間裡，她們好像消失了。當太陽西下後，她們才像穿著黑斗篷的吸血鬼一樣再度現身。在白天的大部分時間裡，你會忘記這是一個奴役女性，把女人看做次等公民的國家，一直到晚上才會見到她們如吸血鬼般邪惡的身影重現。如同法國作家莫泊桑(Guy de Maupassant)形容女人的名言「死神出來漫步」。

　　為什麼沙烏地阿拉伯男人讓他們的女人過得這麼悲慘，硬要她們穿上那種荒謬又極不舒適的服裝呢？這並不像太平洋地區女性的儀式紋身，衣索匹亞素瑪(Surma)婦女擴展下唇的唇盤文化，或是緬甸巴東族(Padaung)婦女(在脖子上纏銅圈)的長頸文化；這些儀式在當地被視為美的象徵，目的不在於遮掩或使其失能。

　　不過，若我們把時空拉回到過去，有個地點也曾經故意為女人設下障礙，就像今天的沙烏地阿拉伯一樣，那就是中國。每次我造訪中國，都發現她的變化日新月異。在桂林到處人聲鼎沸、燈火通明；人群、流行、交通、餐館交雜在一起，真是再熱鬧不過了。如果毛澤東還在世，恐怕他也會過來湊熱鬧吧！

　　我到一間餐館吃晚餐(生意繁忙、吵雜、非常典型的中式餐館、絕佳的食物，尤其是那像麵條一樣細的炸薯條和青椒)，隔壁桌有三名年輕男子和一位女孩。我剛坐下不久，第二個女孩來了。

她衣著合身，搭配了一件褪色的牛仔褲和銀色上衣，看起來真漂亮。接著第六名成員趕來，看起來一樣時髦，在推門進來的同時，她才剛講完手機電話。幾天以後我準備離開中國，在北京機場，我突然被推回到古老的中國。當時有一小群中國人正往登機櫃台移動，他們小心地攙扶著一位年紀很大的老太太，她蹣跚地走著，因為她的雙足被纏了小腳。我看著她的鞋子，想著那些有關中國女人如何纏足的敘述，當然那已經是幾世紀以前，與鴉片交易有關的事，早在很久以前就消失了，可能比毛澤東或蔣介石時代還早？然而，現在是21世紀，我們還是看到纏著小腳的人。

我也想起了黑色罩袍，那是沙烏地阿拉伯版本的纏足，同樣都是束縛人、使人無助、剝奪人身自由、限制人、捆綁人的東西。

還有，為什麼是黑色？有誰會想在沙烏地阿拉伯那炙熱的太陽下穿著黑色衣著？

有一次我問一名沙烏地阿拉伯人：「為什麼男人都穿白色，而女人都穿黑色？」

他回答：「我們男人當然可優先選擇；而且在這麼熱的天氣裡，你一定是瘋了才會穿黑的。」

既然沙國女人不能工作，只有在某些嚴格限制的環境中才有例外。不管她們要做什麼、要去哪裡都受到嚴格的限制，那麼她們如何打發時間呢？其實對沙國男人來說也沒有好到哪裡去；他們當然不能去酒吧和朋友碰面(因為禁酒)；無論男女都不能去電影院看電影(外出看電影也是禁止的)，也不能去俱樂部、舞廳、迪斯可等等；因此沙烏地阿拉伯人只好做其他大多數人在無事可做時都會做的事：做愛和生小孩。

很多國家生育率都在下跌，像是日本和義大利平均每名婦女的

生育數已經下降到2.2，大致上已達維持靜態人口所需的數目。孟加拉曾是各國眼中的可憐蟲，生育率也降低到平均每名婦女生育3點多個小孩；就連肯亞這個在1970年代末期曾傳出恐怖生育故事的國家，當時每名肯亞婦女平均生育8名子女，但是今天這個數目已經降到5。

　　儘管那麼多人開著賓士和BMW，在避孕、生育控制及出生率方面，沙烏地阿拉伯仍是第三世界國家的水準。現在，每位沙國婦女平均擁有6位以上的小孩。

　　人口暴增的結果是，沙烏地阿拉伯有6成人口年齡在18歲以下，除非石油繼續維持現在的天價，否則依人口統計學預測，未來沙國社會將會大幅改觀。後石油期嬰兒潮出生的人，已經開始進入職場，並培育他們的下一代。到頭來總有人得妥協，職場上新的求職者出現的速度，遠高過新工作出現的速度；如果沙國政府再不大刀闊斧改革，無可避免地，情況將會越來越糟。

　　不過沙國政府效率一向都不佳。沙國人均收入持續減少，生活水準降低，或許可讓婦女獲得解放，打破窗子，讓她們感受民主的呼吸；也許什麼都不會改變，因為現在沙國石油儲量仍豐，而且以目前的油價來看，沙國政府不可能做太大的變革。

　　所以，目前沙國政府似乎以最溫和及循序漸進的方式，來改革實際就業率。我的旅遊指南謹慎地提到：「兩個世代以來的慷慨公共援助，並未使這個國家的年輕人建立優秀的工作倫理。」

　　那我們輕鬆一點看待這個問題好了。在科威特波斯灣戰爭期間有個笑話說，如果你看到一個沙烏地阿拉伯人帶著比錢更重的東西，那你就可以中1000元大獎。當我問到為什麼那條「女人不能和男人一起工作」的規定，不適用於沙烏地阿拉伯航空的女性空服員

時，有人告訴我說：「她們可能是摩洛哥人，沙國女人是不能當空服員的。如果你看到任何女人和男人一起工作，那些女人可能不是沙烏地阿拉伯人。」

沙烏地阿拉伯人掌握了政府公職，100萬名受雇於政府的職員中，約有四分之三是沙國人，但是在政府裡還有更多不做事的冗員。很多辦公室裡人滿為患，他們的文件在辦公桌之間推來推去，然後就去喝茶休息。在這期間，在更辛勤工作的私人公司裡，沙國人的比例剛好顛倒過來。沙國的私人企業規模比公家機關大得多，僱員約600萬人，但其中超過500萬人是移民。這對沙國政府來說是個難看的統計數據，尤其沙國的失業率，保守估計已高達15到20％，未來還可能繼續飆升。

沙烏地阿拉伯政府已經制定了一項保障沙國人民就業的政策，規定每家私人企業必須有75％的受雇者是沙國人，除非公司找不到「適任的沙國公民」，才可以雇用非沙國人。一家在利雅德的印度公司經理告訴我：「有些公司只好雇用沙國人到公司坐著啥也不幹，以符合這項規定的要求。我們公司負擔不起這樣的人事費用，只好盡量雇用沙國人，但我們發現沙國人很難留下來做同一份工作。他們急於當經理，不想先從基層做起再一步一步往上爬。如果他們又會說流利的英語，就會到政府單位裡找薪水更好的工作。」

在沙烏地阿拉伯的移民工作者中，約有150萬名印度人，他們最近被沙國政府鎖定，徹底限制他們只能從事特定的工作。沙烏地阿拉伯工商內閣協會秘書長艾庫狄（Osama al-Kurdi）企圖遊說沙國政府解除這項禁令；他說：「所有關於保障沙國公民就業的研究都強調，沙國公民不喜歡從事某些特定的工作，但在其他領域中，沙國公民的就業人數其實還不夠。」

　　沒錯，第一世界國家中也常摒棄那些較基層的打掃或清潔工作。如果沒有墨西哥巴士男孩清理桌子，在美國有人要做這種工作嗎？在倫敦的旅館裡還有英國雇工嗎？就連日本人也大大依賴外籍勞工，才使經濟維持正常的運作。不過在沙烏地阿拉伯，問題並不在於基層工作有沒有人做而已，一位移民醫生說：「沙國沒有培育出能力足夠的大學生，在他們能達到這樣的目標以前，就得持續引進外籍雇工。」

＊　　＊　　＊　　＊

　　我對沙烏地阿拉伯還有很多不滿的地方，但是我在那裡遇到的每個人，無論是沙國人或是移民，都一樣有禮、友善且熱心助人；而且，這的確是個會激起人們好奇心與興趣的地方。前往沙烏地阿拉伯觀光的人太少了，也很少有文字(影片或照片就更少了)記載這個地方，這使得沙國旅遊經常會有出人意料的驚喜。如果沙國政府願意放寬簽證要求，很容易就可吸引許多觀光客前往。那裡可看之處很多，交通便捷，相關設施也很能滿足旅客的需求。觀光事業帶來的相關工作機會，對於減輕沙國失業問題將有很大的幫助。更重要的是，發展觀光業可以建立起一條雙向的溝通管道，而這正是沙烏地阿拉伯所迫切需要的。與其抱怨這個世界對伊斯蘭有多麼不公平，沙烏地阿拉伯應該做的是自我反省，對於宗教及自身在世界中的位置，沙國抱持著嚴格限制及心胸偏狹的觀點，這才是沙烏地阿拉伯真正的問題所在。

邪惡量表

Tony
Wheeler's
Bad Lands

邪惡量表

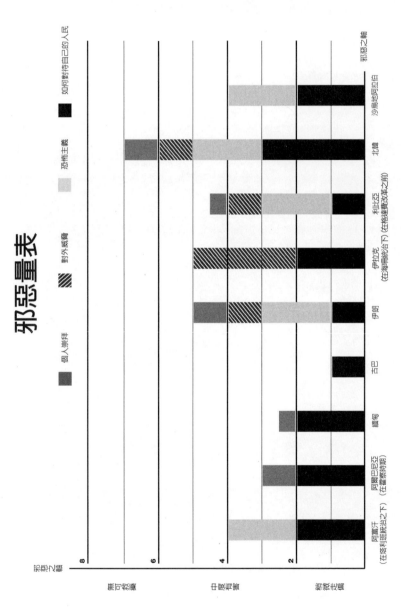

圖例（縱向）：個人崇拜　對外威脅　恐怖主義　如何對待自己的人民

縱軸：邪惡之軸　8　6　4　2　邪惡之軸

橫軸分段：無可救藥　中度邪惡　稍微走偏

國家（由下而上）：
阿富汗（在塔利班統治之下）
阿爾巴尼亞（在霍察時期）
緬甸
古巴
伊朗
伊拉克（在海珊統治之下）
利比亞（在格達費改革之前）
北韓
沙烏地阿拉伯

*Iran scores an extra 0.5 bonus points for issuing fatwas

　　要評量「惡」這個抽象概念，其實並非一門精準的科學。我在這些極權國家旅行時，常常想起每則故事都有一體兩面；而且常見的是，一個國家的恐怖分子，在另一個國家可能是位自由鬥士。平衡各種不道德或邪惡的感覺，就像拿爛蘋果和和酸柳丁相比一樣，不過我還是得孤注一擲。我已經設計了一套「邪惡量表」，讓我們來測試我名單中的極權國家，看看哪個才是邪惡之最。

　　我的邪惡量表中有3個評量項目，包括人民受到何等待遇、是否涉及恐怖主義、以及是否對其他國家構成威脅。接下來我們要逐地逐項評量每個項目是否符合標準以及評分狀況，分數從0分（完美的對待）到3分（邪惡的象徵）不等。

　　在一個完美的世界裡，人民對於當權者應有表達意見的權利；所以，如果人民無法行使民主，對於自己的生活沒有決定權，一切均受制於最高統治者或獨裁者的個人意念，就會在這個項目得分。這也包括人民是否有權利投票選舉或罷免政府，人民應有權利批評政府，而不必付出被關進監牢或更慘重的代價。人民也應該擁有不受政府不當干預，好好過日子的權利。當然政府可以向你徵稅，在你開快車或酗酒時要你繳交罰款，要求你的兒女到學校受教育等等；但是，如果你想要自己創業，想從這座城市搬到那座城市；想要結婚，或是信仰一種古怪的宗教，這些事你應該都有權利去做。最後，你應該預期受到政府的公平對待，如果你做了什麼不該做的

事，你應該有公平受審的權利；如果你被定罪，之後的處罰也應該和你的罪行相稱，這個項目在我的邪惡量表中佔3分。

恐怖主義，以及一個政府如何處理恐怖主義，也包含了不同的因素。一個國家可能因各種不同的理由公然支持恐怖主義。世界上有些地方認為恐怖主義是好的，並且透過自行訓練恐怖分子或資助他們的方式，給予直接的支持。或者，他們也可能透過其他形式支持獨立的恐怖組織或在其他國家的恐怖組織。

不一定要直接支持恐怖主義才會在我的量表上得分，得分的原因可能是其他政策造成，或是根本不加注意，因而帶來恐怖主義的結果。像是一個國家可能因為特定的某些原因，集中發展軍事裝備，但導致過度武裝，大批軍火落入恐怖組織掌控的局面；或是一個政府放任人民支持不同形式的激進主義，並視之為人民發洩怒氣或行使自由意志的管道，但是這麼做的後果就是對恐怖主義的支持。這個項目在我的邪惡量表中也佔3分。

最後是外在威脅——公然侵略其他國家。因為某些理由，一個國家決定它必須轟炸、攻擊或入侵另一個國家。這個項目在我的邪惡量表中也佔3分。到目前為止一共有9分。

不過，一個總分9分的量表沒有什麼意義，通常都以10分計算，因此我的邪惡量表也加了一分給個人崇拜。如果沒有過度的領袖雕像和肖像收藏，沒有一個極權國家會真的那麼糟。強烈的個人崇拜並非成為惡名昭彰的前提，不過相當數量的領導人塑像和肖像絕對有所助益。海珊時期的伊拉克在這個項目肯定得分，利比亞也還有很多格達費看板；不過我造訪阿爾巴尼亞時倒是挺失望的，因為霍察的雕像幾乎都不見了。

毫無疑問地，至少到目前為止，最佳的極權國家雕像收藏者要

屬北韓，而我非常希望哪天北韓現有政權垮台後，那些偉大的和親愛的領導人雕像及肖像，不會跟著被銷毀。中國人可以教他們如何把這些政治藝術品逐步走入歷史，毛澤東的肖像還保留著，只是已經蒙上一層陰影，不是聚光燈已經熄滅，不然就是隱沒在行動電話、冰啤酒和昂貴香水的廣告看板之中。

接著我們從分數最低開始列起，然後是有點小壞的國家，一直到最駭人的極權國家為止，以下就是每個國家的個別計分。

古巴

1.5分

就邪惡而言，可憐的老古巴是個落選者，卡斯楚唯一使壞的地方只有古巴，那裡也只有一位候選人可選（當然是最高領袖）。在古巴你完全沒有機會批評卡斯楚，那裡唯一的自由企業是妓院。過去50年來，美國可能一直致力於讓古巴變成赤貧，但是卡斯楚也功不可沒；因為他，古巴人變得比以前更窮。

另一方面，在古巴的公共衛生和教育方面，她的表現並不差。古巴的嬰兒死亡率可以和富有得多的美國相比，這使得虐待人民這一項目從原本的兩分減到1.5分。

在對外威脅這個項目上，古巴對任何國家都不構成威脅，除了古巴棒球隊所向無敵之外，連美國隊也不是她的對手，還有就是卡斯楚以永無止境的演講煩死人的功力也無人能及。從前一些劫機者可能還會要求「載我到古巴」，但恐怖主義真的不是古巴的強項。

除了註冊商標的革命軍裝、大鬍子和大雪茄之外，卡斯楚並沒有在個人崇拜這個項目得分；古巴境內的肖像和雕像幾乎都保留給更上相的切‧格拉瓦。

緬甸

2.5分

雖然千夫所指，但緬甸在我的邪惡量表上其實不算什麼。沒有證據顯示緬甸那些將軍曾試圖煽動革命，出口恐怖主義或是入侵其他國家。不過緬甸對種植鴉片和罌粟馬虎不加管束的態度，代表她其實是第一世界毒品問題的始作俑者。

不過如果談到折磨自己的人民，那些緬甸將軍絕對是冠軍。他們不僅屠殺學生，還軟禁一名諾貝爾獎得主，踐踏境內少數族群，痛打民主鬥士，將村落夷爲平地或遷村，甚至還強迫孩童去修建鐵公路。20年前，當緬甸軍方的政策中還包括瘋狂的社會主義時，他們在這個項目可以拿3分，但是今天緬甸的商店裡擺滿了電子產品，街上擠滿了日本汽車，顯示過去那瘋狂的社會主義已經褪色，被丟到經濟學的廢紙簍裡。

至於個人崇拜這個項目，緬甸那些將軍拿了0.5分，除了身穿他們理想王國的軍裝，在胸前誇張地釘上好幾排勳章以外，他們看起來並不像參賽者。不過，緬甸境內還是有不少看板宣揚那些緬甸將軍正在推行多麼偉大的工作，每位人民是如何愛戴他們，以及國家所有的問題都出在「那個女人」身上，這使得他們因爲公然撒謊而得了0.5分。

阿爾巴尼亞(在霍察時期)

3分

今天阿爾巴尼亞已經洗心革面，只等著外界去了解她那不良的形象和問題，都已是過去式了。阿爾巴尼亞在霍察政權統治期間被騙得團團轉，在那些最悲慘的日子裡，阿爾巴尼亞也早在各種邪惡

比賽中棄權。在外界的眼裡，她只是個隱遁之處，無論是否透過恐怖主義或是直接進犯，她都不對任何國家構成威脅。事實上，驚惶的阿爾巴尼亞堅信外界會對她造成威脅，因此才會在境內各處設了那麼多地下碉堡。1950年代，英國和美國或許曾經計畫扶植阿爾巴尼亞的反對勢力推翻霍察政權，就是在那個時候，霍察開始狂熱的興建地下碉堡。

不過內政方面，霍察虐待阿爾巴尼亞人民的程度，與其他極權國家有過之而無不及。阿爾巴尼亞人不能投票，不能批評政府（除非你想要長期被關在仿造史達林古拉格勞改營而建的監獄裡），你過著歐洲各國之中最貧苦的生活，還幫忙蓋那些瘋狂的地下碉堡為樂，不然就是在鉻礦坑裡待一段時間。

把霍察時期算進來的話，阿爾巴尼亞在個人崇拜這個項目多得了1分。但不幸的是，現在阿爾巴尼亞境內完全看不到從前的雕像和胸像，想要體驗一下過去霍察政權統治下的悲慘歲月，只剩下在地拉那市中心的前博物館金字塔（很糟的建築、設計和施工）可看。

沙烏地阿拉伯

4分

沒錯，沙烏地阿拉伯當然不會侵犯任何國家，回想科威特波斯灣戰爭時，在英美聯軍之間流傳一個經典笑話，就是如果你曾看過沙國士兵舉起任何東西的話，那肯定是裝錢的袋子。也沒有任何國家會比沙烏地阿拉伯更努力藏匿雕像、照片、影片、素描、圖畫及任何描繪人體的東西，所以在個人崇拜這個項目，沙烏地阿拉伯根本不可能得分。

至於恐怖主義，沙烏地阿拉伯就脫不了關係。沙國政府可能從

沒有鼓勵恐怖主義的政策，但它是伊斯蘭激進教派瓦哈比教（Wahhabism）的白手套。瓦哈比教相信恐怖主義是對的，凡是不信者都該死，他們把這種信念加到教育系統和經濟制度裡，致力成為伊斯蘭學者，再花賣石油的錢進口外籍勞工從事繁重的工作。這演變成一種局面，就是許多無聊的年輕人響應召喚，花一段時間投入聖戰。聖戰代表的可能是跑到阿富汗去協助塔利班壓制婦女，或是到美國去劫機，然後再把飛機開去撞大廈。在恐怖主義這個項目上，沙烏地阿拉伯得到2分。

對其他國家來說，沙烏地阿拉伯人從事的活動都不太好玩，對沙國婦女而言更是如此。她們只要外出，就得隨時穿著一個黑色大袋子，不能開車，只能在嚴格限制的環境中工作。事實上，如果沒有一個「負責任的男性親屬」在旁邊看管，她們幾乎什麼事也不能做。許多在此國家的外籍勞工也沒有受到很好的待遇，加上完全沒有民主可言，中世紀的處罰制度，嚴格的政府審查，還有揮著大棍子到處找碴的宗教警察，這些因素都使沙烏地阿拉伯在人民所受待遇項目中，得到2分。

利比亞(在格達費改革之前)

4.5分

雖然距離對西方觀光客全面開放的目標，還有一段長路要走，但是今天的利比亞是個全新、考慮使用者需要的國家。來自非洲其他比較貧窮國家的訪客，可能計畫盡快以難民的身分出現在歐洲，因為在鄰近國家中，沒有比利比亞更難進去的國家了。不過這也不令人意外，因為格達費已經對統一阿拉伯世界的想法死心，現在他把全副心力都放在統一非洲的大業上；當然，得由他主導才行。

　　利比亞一向沒有善待自己的人民，從前格達費還曾死命追捕他的對手，無論他們跑到天涯海角。最有名的例子是1984年在倫敦，有名狙擊手在利比亞駐英大使館向外面街道上抗議的利比亞示威人士開槍，結果一名倫敦警察身亡。在利比亞，向執政者抱怨也很不智。1996年在首都的黎波里舉行的一場足球賽發生暴動，原因是現場觀眾開始高呼口號，抗議格達費政府和他的足球迷兒子薩阿迪‧格達費（Saadi Gaddafi），據說薩阿迪因此下令他的個人安全警衛向那些愚蠢的觀眾開火，結果造成至少20人死亡。這場屠殺在利比亞當然沒有被廣泛報導，所以很難確切知道當時到底發生了什麼事。

　　有沒有其他可以功過相抵的部分？格達費確實貫徹了他對社會主義的信仰，要餵養和庇護他的人民。有一名觀光客表示每天早上在橋下或是地下道都看到棄置的麵包供人充飢，推測應該是這項計畫的一部分。不過國際特赦組織考量到利比亞的人權狀況，對此說法持高度保留的態度；所以，邪惡量表在人民所受待遇這個項目裡給利比亞1分。

　　那恐怖主義呢？改革後的格達費不會想到這件事，但是格達費過去不但資助那些在的黎波里逗留並跟他要錢的恐怖組織，自己也曾從事恐怖行動，最有名的是破壞一架法國DC-10飛機和一架美國747客機。儘管洗心革面後的格達費不會再涉入恐怖主義，但是以前的他曾經有不少不良紀錄，所以在這個項目中，利比亞得到2分。

　　格達費不是不可能對其他國家構成直接威脅，當他認為對方有需要時，就會派遣利比亞部隊進駐。幸運的是，對於外面的世界來說，利比亞不太有效率。格達費支持烏干達的伊迪‧阿敏將軍，儘管阿敏之所以能夠躲到沙烏地阿拉伯，可能是格達費從中斡旋的結

果,但是他並沒有挽救這個惡名昭彰的傢伙。格達費還支持其他許多無可救藥的非洲領導人,包括中非共和國的博卡薩(Bokassa),以及賴比瑞亞的查理‧泰勒(Charles Taylor)。不過利比亞部隊在查德就長期駐守該地,直到法國外籍兵團出現,他們才急忙返國。雖然格達費在對外事務上付出這麼多心力,但在對外威脅這個項目中,利比亞只得1分。過去的格達費可能曾經想要威脅其他國家,但他其實並不是那樣的人。

最後,在個人崇拜這個項目:有關那許許多多的格達費看板,只能說他確實想搞個人崇拜,只不過卻是功敗垂成,問題就在於他老是擺一些跟《酷男的異想世界》裡那些同志一樣的姿勢,對於一位偉大的極權國家領導人來說,實在不太相稱,所以利比亞在這個項目得0.5分。

阿富汗(在塔利班統治之下)

4.5分

除了塔利班內部階級和同樣誤入歧途的瓦哈比教(相當於有信用卡的塔利班)以外,沒有人對塔利班和他們長期折磨阿富汗人民的劣行感到太大興趣。對於這樣一群痛恨音樂、藝術、電影、放風箏和女人的人來說,你很難為他們說什麼好話。加上他們全心致力於把他們對這個世界該如何運作的詮釋,強加於別人身上,因此像是如何餵飽人民這種小事,根本就不在他們的考慮範圍之內。那種小事可以留給阿拉(或是聯合國、外國的非政府組織)處理即可,他們只要專心管如何用石頭打死通姦者、焚書和把佛像炸掉就好了。考量阿富汗人民受到如此非人的待遇,這個項目應該拿滿分3分。

但可悲的是,我們得承認塔利班並不是那麼壞,他們的出現只

是為了對照現實世界到底有多糟。伊斯蘭教聖戰士可能曾協助推翻蘇聯，可能在阿富汗新的民主政府裡被安插了幾個好職位，可能塑造了一個真正可釘上海報的民族英雄瑪蘇德（Ahmad Shah Massoud），但現實情況是，強暴、搶劫和破壞變成他們的專長。

蘇聯或許曾拋棄阿富汗鄉間，但聖戰士卻把各城市也丟了，還為原本就已受盡折磨的阿富汗人民帶來好幾年的痛苦。儘管塔利班真的很糟，為此我們再拉回零點5分，在人民所受待遇這個項目上，阿富汗的得分是2.5分。

這就好像我對西方世界最知名塔利班：澳洲的大衛‧希克斯（David Hicks）的感受。任何支持塔利班那荒謬信念的人，都不會太討人喜歡。如果希克斯回到澳洲在路上散步時，我肯定想繞道而行，以免跟他碰頭。如果他回澳洲後被交給一群激進的女性主義者進行再教育，那可能會好多了。然而，這就跟把人關進一個像是關塔那摩灣（Guantánamo Bay）那樣的監牢，沒有指控、沒有溝通、沒有答辯，也沒有法治一樣糟。不過最糟的是，澳洲政府竟然做了跟本丟彼拉多（Pontius Pilate）同樣的事，她替你粉飾太平，然後說你可以去找其他你喜歡的國家。基於邪惡量表應該要有平衡的觀點，所以雖然我不高興，但還是得說：希克斯犯下的罪行因為施加在他身上的罪行而抵銷了。

至於美國最著名的塔利班：約翰‧渥克‧林達（John Walker Lindh），基於邪惡量表的公平客觀原則，可能在測量後得到的也是同樣的結果。

姑且不論這些，塔利班在恐怖主義這個項目可以再拿2分。他們或許沒有直接從事恐怖主義，但是他們姑息並窩藏恐怖分子。塔利班收容了一大堆人，他們不只利用阿富汗作為911事件攻擊美國

的起點，並且用他們偏執的仇恨影響一部分阿富汗人民，像是哈扎
拉人和婦女。

個人崇拜呢？阿富汗在這個項目中掛0，因為塔利班不喜歡任
何人的形象，他們是如此孤僻，以致於外界對於塔利班領袖穆拉‧
歐瑪（Mullah Omar），除了他是個獨眼龍之外，完全一無所知。

另一方面，賓拉登的確製造了個人崇拜，不過他是沙烏地阿拉
伯人而不是阿富汗人。

伊朗

5分

如同其他造訪過伊朗的遊客一樣，我也帶著對這個地方的熱情
離開。伊朗是個絕佳的觀光景點，伊朗人民也非常友善好客，他們
同時擁有熱情和嘲諷的特質，對於伊朗在現今世界的地位和處境，
他們也能提供經過縝密思考後的精明看法，包括世界如何看待伊朗
以及伊朗如何看待世界這兩方面。

Lonely Planet報導伊朗的作家安德魯‧柏克（Andrew Burke）若
有所思地說：「你可以跟街上遇到的任何人談話，然後你會得到考
慮周到的判斷。這在其他國家，比方像是寮國，是不可能發生的；
你在街上碰到的普通寮國人通常不太清楚外界發生了什麼事，也不
認為他們有權發表任何意見。」

這叫做民主，然而伊朗式的民主當然不及西方人習慣的民主標
準，但是如果和我的極權國家名單相比，除了今天的阿爾巴尼亞之
外，伊朗已經算是最民主的了。伊拉克式的民主為「在這種情況
下，不算太好也不算太壞」，但實際上她還是差伊朗一大截。伊朗
的情況是，很多人也許對什葉派和它對日常生活的影響不是百分之

百的熱心，但是他們卻百分之百不希望美國（或是其他任何國家）湊進來並提議伊朗應該考慮「政權轉移」。

所以，在人民所受待遇這個項目中，儘管伊朗政府還有很大的改善空間，但她絕對不算最糟的，因此在這個項目伊朗得1分。

伊朗比較大的問題在於恐怖主義這一項。雖然伊朗並沒有直接涉入恐怖主義，但是他們一直支持許多組織，而這些組織用伊朗的錢去做壞事。這些組織比伊拉克還要努力推廣恐怖主義，甚至還引以爲傲，因此伊朗在這個項目得2分。

對外威脅呢？沒錯，伊朗人老是說二次大戰時納粹對猶太人的大屠殺根本沒有發生，並一再揚言要殲滅以色列，但他們也只是說說而已。所以這個項目裡伊朗得1分。姑且不論伊朗對外放話說：「如果我們想要的話，我們有能力製造炸彈」的威脅，事實上他們並沒有必要的資金或設備把他們的威脅付諸實行，因此在這個項目給伊朗1分已綽綽有餘。

值得注意的是，伊朗在個人崇拜這個項目得0.5分。基於伊斯蘭對雕刻偶像的厭惡，伊朗不可能在這個項目得分；不過，任何曾經造訪伊朗的遊客都可以作證，伊朗妥善保存了一些非常具有藝術性的何梅尼看板，因此伊朗在個人崇拜這個項目拿了0.5分。

最後，因爲這是我的邪惡量表，我另外又給伊朗加了0.5分，原因是什葉派伊斯蘭教領袖對魯西迪（Salman Rushdie）做出的裁決。我不喜歡看到作家被威脅，特別是當威脅者根本連書都沒看過的情況下，就直接下達格殺令。

伊拉克(在海珊統治下)

6分

毫無疑問地,在海珊統治下的伊拉克不是個好地方。海珊屠殺並用毒氣攻擊伊拉克人民,謀害政治對手,放任他兒子烏代(Uday)在一支失敗的足球隊裡鬼混,還把伊拉克人派出去打一場又一場荒謬的戰爭,使得好幾千人因此送命。在人民所受待遇這個項目,伊拉克拿了2分。

至於對外威脅,海珊的得分更高,拿到滿分3分。他對伊朗發動一場持續8年之久的戰爭,接著又故技重施,再次入侵科威特。在科威特波斯灣戰爭期間,海珊還對沙烏地阿拉伯和以色列發射了一大堆準確率不高的飛毛腿飛彈,做海珊的鄰居真是不得安寧。

另一方面,雖然志願者同盟入侵伊拉克也是反恐戰爭的一部分,海珊在恐怖主義這個項目得分為0分,因為如果海珊不喜歡你,他可以直接發動戰爭攻擊你——他涉及的不只恐怖主義而已。

在個人崇拜上,海珊拿了1分,因為他全力在伊拉克境內豎立雕像和張貼肖像。如果品味低劣可以為極權國家再得1分的話,那麼海珊那些奢侈無度的王宮將可獲得每本高品味雜誌,從《建築文摘》(*Architectural Digest*)到《壁紙》(*Wallpaper*)的負評。

北韓

7分

情非得已,北韓是唯一一個每個項目都得分的國家,包括她在個人崇拜上的全面勝利在內。

不幸的北韓人民對於他們的政府完全沒有選擇的餘地,也沒有權利對其發表任何意見。只有很少的經濟自由,無法選擇住在哪裡

或在哪裡工作；宗教基本上不存在(除了對偉大的領導人和其後代的景仰之外)，再加上最近幾年無數餓死的北韓人民，如果你想要逃亡卻被抓到的話，你就麻煩大了；所以北韓在人民所受待遇這個項目上得到3分。

恐怖主義：北韓曾有炸掉飛機、綁架學童、偽造美鈔和暗殺的記錄。所以北韓在這個項目得到2分。

對外威脅這個項目比較難評分。2006年北韓進行核子試爆後(如果他們真的這麼做了)，使她比從前更有可能擁有那些可怕的大規模毀滅性武器(當然，今天我們都了解，列支敦士登比伊拉克更有可能擁有大規模毀滅性武器)。北韓還有個嗜好，就是在與南韓交界的非武裝地帶挖掘地道，加上那些挑釁的飛彈測試和突擊隊員集體自殺的潛水艇，還有北韓自誇那些對帝國主義和傀儡走狗所施加的報復行動。另一方面，從北韓的海岸防衛可看出，他們同樣害怕被入侵。然而，如果北韓真的發動攻擊，究竟會有多大的影響呢？北韓的空軍可以追溯到韓戰時期，他們的陸軍處於半饑餓狀況，而且還比他們的南韓同袍要矮上半個頭。就我在平壤所看到的，他們甚至做不好一台腳踏車，更別提精密的飛彈了。所以在對外構成威脅這個項目上，北韓只得1分。

在個人崇拜這個項目上，北韓當之無愧，世界上再也找不到其他像北韓這麼徹底的個人崇拜了，而且我真的希望，未來有一天我們都能到「親愛的領導人/偉大領導人的雕像與看板」這個遊樂園裡觀光。

一些受控制的國家

任何好用的工具都需要經過測試，以確保它得以方便使用，所以我們接著就來看看我的邪惡量表如果套用到其他名聲敗壞的國家（例如美國），會有什麼樣的結果。

有關美國對人民所受待遇方面，的確不容易找到可以抱怨的，只要等到下次選舉來臨，那麼不管現在是誰執政，只要選輸了就得打包行李離開白宮。美國總統不可能以軍隊當靠山來延長總統任期；美國人民可以對任何政客發表任何意見，包括總統在內，而不必擔心可能遭到刑罰，只要想想，麥可‧摩爾（Michael Moore）或格萊登‧卡特（Graydon Carter）如果是在新加坡的話會有什麼下場，你就能夠明白了。

自行創業和賺大錢可說是美國人民的天賦權利，跟任何你喜歡的人結婚（不過如果結婚對象是同性的話，在某些州可能不行）也是你的權利。你也有權選擇加入任何宗教，你甚至可以創立自己的古怪信仰，並鼓勵其他人參與，這使得各種新興宗教，從摩門教（Mormonism）到山達基教（Scientology）幾乎都是美國人的發明。

沒錯，如果你的皮膚是黑的，或是你的母語是西班牙文的話，你被關進監獄的可能性跟其他美國人相比要大得多。說到監獄的數量，美國可說是世界第一，無論是按人頭計算或是監獄總數統計都一樣，但美國人也很喜歡採用罰錢這種處罰方式。不過整體來說，邪惡量表還是很難在這個項目中給美國任何分數。

遺憾的是，儘管美國小布希總統（George W Bush）發動反恐戰爭，但這並不代表美國完全沒有涉及恐怖主義。有非常多的證據顯

示，美國直接支持恐怖活動，還記得雷根總統(Ronald Reagan)、諾斯上校(Oliver North)以及美國和伊朗之間的祕密軍火交易，用以資助尼加拉瓜反政府的恐怖組織嗎？而且，美國中央情報局不是曾試圖引爆雪茄來炸死卡斯楚？

再說，還有那些因為美國軍方殺紅了眼，或是沒有瞄準而枉死的美國公民呢？和在伊拉克死亡的美國公民不同的是，1988年一架飛往杜拜的空中巴士客機，不幸被美國海軍一艘飛彈巡洋艦文森斯號(USS Vincennes)擊落，造成機上290名乘客和機組員全部罹難。這些美國軍人的行徑跟真正的恐怖分子又有什麼兩樣？

美國還透過間接方式支持恐怖主義，其中有很大部分用於資助愛爾蘭共和軍(IRA)在愛爾蘭進行的恐怖活動，這些錢是以在紐約和波士頓各酒吧和俱樂部傳帽子的方式募集的，大部分募得的美金與其說用來救助愛爾蘭寡婦和教育機構，不如說是到了沙烏地阿拉伯，再用來資助在巴基斯坦學院裡有關可蘭經的和平研究。

不幸的是，當談到鼓勵和雇用恐怖分子時，今天的美國絕對是箇中翹楚。當我在德黑蘭(Tehran)沿著一條高速公路開車時，看到一些精彩的恐怖分子聘雇看板：徵廣告代理，美國陸軍；尋求工作室，阿布格萊布(Abu Ghraib)；徵模特兒，琳迪‧英格蘭(Lynndie England)。如果能夠請到智威湯遜公司(J Walter Thompson)替他們做廣告，蓋達組織(Al-Qaeda)是否不會像今天這麼惡名昭彰？

況且，美國自己的古拉格勞改營——關塔那摩灣也鼓舞了更多伊斯蘭教聖戰支持者。每個有關「飛行表演」的故事，都述說著那些嫌犯是如何被抓走，再用飛機運往不知名的目的地，接受一段時間的監禁和折磨，之後反倒激勵了更多自殺炸彈客。每次像是柯琳‧葛拉費(Colleen Graffy)這樣的美國政府發言人一開口，說出令

人難以置信的蠢話，比方發生在關塔那摩灣的3名囚犯自殺案被她形容成「公關的好例子」，都使得恐怖主義再次得分。

或者不是如此吧！或許柯琳‧葛拉費以及美軍駐關塔那摩灣聯合特遣部隊司令哈利‧哈里斯(Harry Harris)所說的那些愚蠢評論，例如3名囚犯用衣服和床單上吊自殺是「針對美國進行的一項不對稱戰爭」，其實是別有居心的說法。或許他們只是想盡力讓關塔那摩灣變成一個令人討厭的地方，以促使最盲目的新保守主義者遊說政府把關塔那摩灣關掉。

因此整體來說，我很確定邪惡量表在恐怖主義這個項目上，多多少少會給美國一些分數。

最後我猜，如果是在對外威脅這個項目上測試美國，我的邪惡量表可能會破表。只要檢查一下本書中所提及的邪惡諸國，想想這些地方因為美國的緣故發生了什麼事就知道了。

阿富汗——充斥著武器，同時激起聖戰士連年騷動，帶來了毀滅性的破壞。美國總統柯林頓和布希下令轟炸，布希總統砲轟和入侵。

阿爾巴尼亞——沒什麼，只是霍察因為害怕有人可能會入侵，因此興建了許多地下碉堡。

緬甸——被美國抵制。

古巴——將近50年的孤立、抵制和禁運，還有數不清的威脅，雖然豬玀灣事件(Bay of Pigs affair)可能比較符合恐怖主義而非入侵這個項目。

伊朗——許多企圖轉移伊朗政權的事件發生。

伊拉克——轟炸、入侵、抵制、禁運；更多的轟炸、再次入侵、佔領。

利比亞——抵制、隔離、禁運、轟炸。

北韓——戰爭、入侵、威脅、抵制、禁運。

沙烏地阿拉伯——這是個美國一直很喜愛的國家。的確，這個國家不怎麼民主、虐待婦女，還為911攻擊事件提供資金、計畫及人員；但是，哪個國家不犯錯啊！

當然，每個故事都有一體兩面，所以我們不該忘記，雖然美國可能對任何國家構成嚴重威脅，但是當巴爾幹半島發生種族淨化這樣的罪行時，至少美國不是坐在一旁把玩著大姆指，再說聲：「喔，真令人遺憾！」要不是美國率先進軍科索伏，今天的情況將不堪設想。

個人崇拜呢？的確，這些日子當你排隊等候通過美國海關時，確實會看到比平常更多的總統肖像，但其數量還不足以使美國在這個項目上拿到1分。

那麼，邪惡量表如果用來測試其他「好」國家，像是澳洲、英國和法國的話，結果又是如何呢？

澳洲和英國都加入了召集進攻伊拉克的聯盟，所以在對外威脅這個項目上，跟美國一樣都有份。不過另一方面，這兩個國家對於拋棄幾世紀以來理由充分的法律，或是綁架人民、用飛機把人運去接受一段時間的電擊生殖器處罰，就不像美國那樣熱切。

然而，澳洲也是除了美國之外，在西方世界碩果僅存，還相信關塔那摩灣是個好主意的國家。值得注意的是，英國堅持不讓任何一位公民留在加勒比海的關塔那摩灣，而替被關在關塔那摩灣的澳洲籍囚犯希克斯（David Hicks）辯護的美國海軍陸戰隊律師莫利（Major Michael Mori）指出，如果任何美國公民受到像他委託人一般的待遇，在美國早就引起公憤了。

　　沒錯，法國是對進攻伊拉克一事堅決說不，但我相當確定我的邪惡量表如果套用到法國的話，還是可以得分。畢竟，法國曾經長期支持不少在非洲聲名狼籍的國家，只要這些非洲國家說點法語，或是拿壓榨人民的錢到法國，投資在城堡、香檳和包租協和式超音速噴射客機(Concorde)上，法國就會支持他們。而且，要是那些來自非洲邪惡國度顧客的國家發生任何狀況，法國還有外籍兵團隨時準備進駐，以解救他們的客戶，並且成功地把叛軍阻擋在王宮大門之外。

　　最後，就連本書中情況最糟的極權國家也比不上法國的是，法國在國家贊助恐怖主義這件事上當場被逮。1985年，因爲擔心綠色和平組織(Greenpeace)可能會破壞法國利用太平洋做爲核子試爆地點的計畫，一批法國間諜被派到紐西蘭的奧克蘭(Auckland)，弄沈綠色和平組織的一艘「彩虹戰士號」(Rainbow Warrior)。結果船沈了，船上的一名葡萄牙攝影師也跟著喪命。法國間諜顯然能力不及詹姆士‧龐德(James Bond)，其中兩名間諜因而受審，不過紐西蘭經法國方面提醒：巴黎代表在布魯塞爾(Brussels)的歐洲聯盟(European Union)扮演關鍵性的角色，如果這兩名無能的法國間諜無法立即獲釋的話，在經濟事務上可能對紐西蘭不利；於是，這兩名法國間諜就被釋放了。

其他惡名昭彰的地區

Tony
Wheeler's
Bad Lands

　　我把造訪9個極權國家的旅程都記錄下來；不過，世界上當然還有很多地方符合險惡的標準，以下是我的「前10名」延伸名單。如同其他已經介紹過的國家，以下這些國家之所以被視為惡名昭彰，原因各異；從殖民時期的管理不當；介入別國的代理戰爭，一直到政府無力處理公然貪污等等都有。

　　沒什麼地方比索馬利亞更適合「失敗國家」這個稱呼。自從1993年的「黑鷹計畫」（Black Hawk Down）事件發生後，這件事就遭人遺忘，除了接下來數年間，索馬利亞交戰各方軍閥一直默默接受美國資助，而美國之所以持續贊助索馬利亞，是因為如果不這麼做的話，這個伊斯蘭教國家將會成為蓋達組織的另一個新家，後果將不堪設想。

　　至於美國資助的後果呢？經過15年的無政府狀態後，2006年6月，一支伊斯蘭部隊接管首府摩加迪休（Mogadishu），並且趕走了各路軍閥。為什麼？因為索馬利亞民眾早已受夠了無止盡的暴力，索馬利亞自此沒有政府、沒有學校、沒有健康醫療，也沒有生活可言。無可避免地，索馬利亞被拿來跟阿富汗相提並論：例如爭執不休的索馬利亞軍閥和紛爭不已的阿富汗聖戰士；以及索馬利亞的伊斯蘭教徒和阿富汗的塔利班。不過別忘了，塔利班在一開始時深受民眾歡迎（儘管可能並非出於自願），而索馬利亞的伊斯蘭教徒或許已經從塔利班在阿富汗如何由孚眾望到失民心的過程中學到教訓。

　　引人注意的是，索馬利亞有一個像庫德斯坦（Kurdistan）的北方地區，名叫索馬里蘭（Somaliland）。這個地方已經跟索馬利亞劃清界線，有自己的民選政府，相對來說是個政局安穩的地方。你可以從厄利垂亞（Eritrea）進入索馬里蘭，而且肯定可以平安回家跟人談論造訪當地的經驗。雖然情勢混亂又欠缺法治，整體來說索馬利亞還是擁有一項現代企業：行動電話。在索馬利亞有可用和可靠的手機系統，如同在阿富汗和其他險惡國家一樣。

　　近來經常可以在電視和報紙社論中，看到有關非洲蘇丹共和國（Sudan）西部達佛（Darfur）的新聞。蘇丹和索馬利亞中間隔著衣索匹亞（Ethiopia），是我名單上的另一個候選國家。不過，還有許多其他非洲問題國家，像是剛果（Congo）/薩伊（Zare）這個兩個世紀以前被定義為「最黑暗非洲」的國家，至今仍是非洲大陸上最黑暗的黑洞之一，並且充滿了眾多悲慘的故事。從1867年到1908年，這個中非最大板塊，舊名為剛果自由邦（Congo Free State）的地區，受到比利時國王利奧波特二世（King Léopold II）這位殘暴君王的統治。國際社會對於他愚蠢的暴行感到憤慨，因此促成了比屬剛果（Belgian Congo）獨立。比屬剛果是在1960年獨立的；然而，比屬剛果的第一任民選總理帕翠斯‧魯姆巴（Patrice Lumumba）上任才10週就被罷黜、下監、不只一次被毒打，最後在1961年初被謀殺。魯姆巴至今仍被視為非洲獨立的英雄，比利時（Belgium）據說曾參與推翻魯姆巴的計謀，美國中情局自然也被控在過程中提供援助。

　　當魯姆巴遭到罷免時，約瑟夫‧莫布圖（Joseph Mobutu）為陸軍參謀總長，他很快就接管政權，並且在接下來30年間統治比屬剛果。如果想了解完整的細節，可以閱讀米契拉‧朗（Michela Wrong）所撰的《跟著庫茲先生》（*In the Footsteps of Mr Kurtz*）一書，副標題

爲「活在剛果災難的邊緣」（*Living on the Brink of Disaster in Mobutu's Congo*）。庫茲先生是康拉德（Joseph Conrad）在《黑暗之心》（*Heart of Darkness*）中的角色。

書中描述的莫布圖令讀者在閱讀過程中，時而驚恐、時而爆笑。這個統治薩伊長達32年的獨裁者，把薩伊當作自己的封地，還把法國、美國和世界銀行帶進待售的死巷裡。當他的人民吃都吃不飽時，莫布圖卻向法國航空包租超音速協和客機（Concorde），以便迅速載他往返位於法國的城堡。最後當他的勢力開始式微，薩伊局勢一片混亂，他的國際友人紛紛跟他撇清關係，叛軍也兵臨城下，莫布圖竟發現他無法徵召薩伊空軍回國馳援，一批超音速幻象戰機（Mirage）飛往法國進行維修任務後，就再也沒有回來——原來這批戰機已經被秘密出售，所得的資金被拿去贊助薩伊空軍指揮官到歐洲隱居。

1997年莫布圖離開薩伊，從此再也沒有機會享受在法國的退休生活。幾個月以後，他因爲前列腺癌於摩洛哥辭世。剛果/薩伊擁有豐富的天然資源，包括大型的鑽石礦床在內，同時也是全世界最重要的鉭礦（tantalum）產地。鉭是一種用來製造手機和電腦晶片的重要元素。所以，莫布圖下台後，情勢應該會好轉了吧？

情況似乎有了轉圜，就像擺脫討厭的獨裁者海珊之後，伊拉克人民的生活應該好過多了。然而，莫布圖辭世不但沒有使剛果/薩伊無可救藥的情勢好轉，反而變得更糟。新的獨裁者洛宏・德西雷・卡比拉（Laurent-Désiré Kabila）跟莫布圖一樣貪婪，而且人們很快發現，原來推翻莫布圖只不過是個藉口，是用來掩護盧安達（Rwanda）與烏干達（Uganda）支持的叛變團體間的一場代理戰爭。

不久，其他非洲國家也加入這場混戰，包括辛巴威（Zimbabwe）

這個根本沒有跟剛果/薩伊接壤的國家在內。卡比拉(Kabila)在2001年遭人暗殺，繼任者是他的兒子約瑟夫‧卡比拉(Joseph Kabila)。雖然這場戰爭被形容爲內戰，但其實這次戰爭相當於非洲的第一次世界大戰；到2006年時，死亡人數累計多達400萬人，是自二次世界大戰以來，世界上所發生過最慘烈的戰爭。2006年年底不同叛變團體之間簽署的停火協調及繼之而來的多場選舉，似乎爲剛果/薩伊這個不快樂的國家帶來暫時的安定，這對自獨立以來50年間戰亂不斷的剛果/薩伊來說，眞是難以置信。

再往南走，辛巴威不如剛果/薩伊那麼亂，這是羅伯特‧穆加貝(Robert Mugabe)總統沒有爲所欲爲的結果。按非洲的標準來看，從前辛巴威算是個富裕的國家，但只消一個人就可以把這樣的成果揮霍殆盡。我得承認1989年當我第一次造訪辛巴威時，人們告訴我穆加貝最後終將搞垮這個國家，當時我把這種觀點斥之爲前殖民時期的偏執狂，但後來的事實證明我的看法錯了。

作爲葡萄牙的殖民地，可憐的安哥拉(Angola)運氣不好；1974年當里斯本(Lisbon)專制政權瓦解後，她淪爲代理戰場之一。馬列主義本來可以獲勝，但是美國顯然不希望有骨牌效應發生，因此在整個1980年代，美國中情局常常假南非種族隔離政府之手，派遣大批部隊進駐安哥拉。美國資助的美金則是進了瓊納斯‧沙文比(Jonas Savimbi)和他領導的叛軍團體安哥拉完全獨立民族聯盟(UNITA，National Union for the Total Independence of Angola)的口袋。另一方面，蘇聯則是資助安哥拉人民解放運動(MPLA，Popular Movement for the Liberation of Angola)的古巴傭兵，如同以色列在黎巴嫩南部所爲，南非也準備一旦情況失控，將隨時調派部隊進駐安哥拉南部。安哥拉各派系連年交戰，造成數以萬計安哥拉

人民非死即傷，或是流亡其他國家成爲難民。

　　蘇聯的瓦解照理說應該使安哥拉的長期內戰告一段落。1992年在聯合國的監督下，安哥拉舉行大選，結果由安哥拉人民解放運動勝選，不過沙文比馬上破壞之前的協議並重啓戰端，他的軍事行動因爲掌控了安哥拉豐富的鑽石礦而不愁資金來源，如此看來，鑽石也可以是恐怖分子最好的朋友。接下來10年間，安哥拉發生了一場又一場危機，以及接連不斷的暴行。聯合國代表指出，如果西方交易商能夠抵制購買安哥拉的鑽石，中斷沙文比的財源，那他就養不起手下的軍隊，很快就會失勢。安哥拉完全獨立民族聯盟對此的反應是，擊落聯合國載運人道物資的飛機。

　　2002年2月，政府軍終於設法暗殺沙文比，終結他長久以來的恐怖統治，雖然安哥拉人民解放運動也不是完全沒有受貪污腐蝕，由於過去30年來的內戰，還是造成安哥拉今日聲名狼藉的局面。2005年我曾短暫造訪過安哥拉，但我只留在首都羅安達（Luanda）。安哥拉足球隊在2006年晉級世界盃決賽隊伍，這場盛事使安哥拉頭一次有國家統一的真實感受。

　　當然，拉丁美洲也能出產不少極具競爭力的極權國家吧？阿根廷在軍方將領統治期間或許可算臭名遠颺，但是在英國鐵娘子柴契爾夫人（Maggie Thatcher）任內，因爲福克蘭群島（Falklands/Malvinas）主權爭議與英國發生小型戰爭，從此阿根廷就洗清罪名了。這場戰役也使鐵娘子原本岌岌可危的政治地位獲得鞏固；不管怎樣，她因而得以全面整頓英國經濟，同時也終結了阿根廷的軍事獨裁政權。

　　哥倫比亞（Colombia）當然有成爲極權國家的潛力，而且只要西方世界對於高純度的哥倫比亞毒品一直有強烈需求，哥倫比亞就將

繼續面臨各種問題。到底要如何解決哥倫比亞的毒品問題呢？我認為應該反其道而行，既然查緝無效，還不如直接開放，讓毒品就地合法。當然這會新增一些吸毒者，但至少他們不必因為想要買毒品而犯罪，而哥倫比亞(以及其他生產毒品的國家像是阿富汗和緬甸)也不必因為供應毒品而衍生許多內部問題。事實上，如果讓政府處理海洛英和古柯鹼的交易和行銷，那麼這些毒品就失去了原本禁忌的魅力，變得普通且容易令人厭倦。

所以，我不打算把哥倫比亞列入邪惡軸心的延伸名單。再往北到加勒比海地區，海地(Haiti)是個更合適的選擇。現在的海地可說是個失敗的國家，所有她原本潛在的優點：海灘渡假天堂、全世界最純真的藝術、法語做為官方語言等等，今天卻變成一團混亂。看到海地的現況，你會懷疑卡斯楚的古巴怎能算是個極權國家？

來看看統計數據好了，在海地，嬰兒死亡率為每1000名出生嬰兒中，大約有100名嬰兒死亡，在古巴這個數據低於10(已經趕上第一世界的水準)。國民的每人平均收入在古巴約為3000美元，即使考慮到古巴物價低廉和許多生活必須品都有政府津貼，但這個數目仍是海地國民每人平均收入的2到3倍。識字率呢？在古巴接近百分之百，海地則為50%。平均壽命呢？如果你出生在古巴的話，預期可以活到70好幾，就跟美國人和其他第一世界國家的人民一樣，但是海地人如果能過50歲生日的話就算幸運了。政府呢？沒錯，海地經常舉行選舉，但當選人從來沒有待在新職位超過5分鐘以上，這也是為什麼過去50年來，海地並沒有像鄰近的古巴一樣，受到美國經濟制裁或是任何暗中顛覆政府的企圖。

那麼，在太平洋地區呢？那裡有任何險惡的國家嗎？不幸的是，該區很多國家都極具潛力。索羅門群島(Solomon Islands)、巴

布亞新幾內亞（Papua New Guinea）和東帝汶（East Timor）一向被稱為澳洲的「弧形不穩定地區」（arc of instability）：這三個國家不但無法同心協力，最近幾年來還都需要外界協助處理其內部危機。

巴布亞新幾內亞是個幅員廣大、多彩多姿且具有極大經濟和觀光潛力的地方，但她面積之大和問題之嚴重，讓她可能也是最危險的國家。當初殖民強權是如何瓜分巴布亞新幾內亞，從地圖上就可以看得出來。那些殖民國家從來沒有涉足這塊土地，卻蠻不在乎地把她四分五裂。1824年，巴布亞新幾內亞從北到南首先被劃了一條線，西邊屬於荷蘭、東邊屬於英國。英國對於這塊分到的領域其實無利可圖，直到德國後來出現，才又劃了一條從東到西的分界線。北邊變成德屬新幾內亞，南邊變成英屬新幾內亞。接下來經過50年之久，才有第一名探險家搭機前來新幾內亞高地（New Guinea Highlands），發現邊界並不是劃在無人居住的荒野地帶，而是劃在整個島上人口最稠密的地區。那時德國在第一次世界大戰中戰敗，英國就把德屬新幾內亞轉交給澳洲治理。

1949年荷屬東印度群島獨立成為印尼，但荷蘭仍然保有巴布亞新幾內亞的西半部。1975年當澳屬新幾內亞也宣告獨立時，理論上應該會加入荷屬新幾內亞成為一個島國，但結果並非如此。1962年，可能是因為美國想要懷柔親近蘇聯的蘇卡諾總統（Soekarno），荷蘭在美國的施壓下，將荷屬新幾內亞移交給印尼。蘇卡諾的統治只維持了2年多，不過印尼一直堅持保有荷屬新幾內亞，也就是後來稱為伊里安巴拉特（Irian Barat）、伊里安查亞（Irian Jaya）到現在的巴布亞（Papua）這塊土地。期間巴布亞人不時抵抗，因為他們無論在種族或文化上都與印尼人無關，反而比較接近巴布亞新幾內亞人。

　　自從獨立以來，民主在巴布亞新幾內亞難產，因爲巴布亞新幾內亞人只會效忠部落，不會效忠國家。各個部落之間的結盟關係不斷改變，使得巴布亞新幾內亞政權也持續更迭，貪污的情況十分普遍。此外，部族之間因爲低就業率和所謂的男子氣概，經常發生暴動，使巴布亞新幾內亞的大部分地區落入「惡棍」之手。

　　所以，我把巴布亞新幾內亞加入險惡國家的延伸名單。接著再往北到來到一個小國諾魯(Nauru)，這裡不但聲名狼藉，還是個傷心地。這個位於赤道的小國，很不幸地深受磷肥(鳥糞)所苦。過去一個世紀中最好的時候，鳥糞被挖出來運走，對諾魯居民來說這是額外的收入，有段時間他們還曾因此致富，成爲世界上最富有的國家之一，就像那些阿拉伯產油國家一樣。不過之後鳥糞被挖光了，之前對鳥糞所做的投資付諸流水，諾魯也跟著破產。就連他們在墨爾本興建的摩天大樓，在澳洲又稱爲鳥糞屋，也因而易主。今天可憐的諾魯只能靠著洗錢和扮演有如澳洲關塔那摩灣這樣的角色維生。正如美國利用在古巴境內的那塊土地做爲監獄，以便躲避律師和記者的耳目一樣，澳洲也利用諾魯作爲一個扣留準難民的地方，屬於澳洲「太平洋解決方案」(Pacific Solution)的一部分，目的在阻止來自眞正的極權國家，像是伊拉克或阿富汗等地的難民。

　　再回到亞洲，巴基斯坦(Pakistan)可說是邪惡軸心名單中的黑馬；畢竟，除了沙烏地阿拉伯之外，這是唯一眞正支持塔利班的國家。任何發生在印度的恐怖事件，多半都會怪到巴基斯坦頭上。而且購買軍火的資金，幾乎都經過巴基斯坦流向阿富汗聖戰士；不過，這些用來買武器的錢有一大部分卻外流，原因是巴基斯坦向來成事不足，無論從國際恐怖分子到地方流氓都一樣。而且我要強調，今天賓拉登如果還活著的話，可能就躲在巴基斯坦。

348

在中東地區，就美國而言，再沒有比敘利亞（Syria）更適合被列入邪惡名單的國家了。敘利亞是伊朗和黎巴嫩眞主黨（Hezbollah）游擊隊之間的導管，自身也從事過一些恐怖活動，她是海珊倒台之前最好的盟友，也沒有善待自己的人民。不過，敘利亞擁有非常友善的人民、好喝的啤酒和美酒美食、很棒的希臘羅馬遺跡（這些遺址不禁讓人回想起早期基督教和十字軍城堡），還有對美國改裝老爺車的熱情。當地乾燥的沙漠，使得敘利亞收藏的底特律骨董車甚至保養得比有名的古巴老爺車還要好。然而，你無法開著雪佛蘭骨董車，沿著聖經上記載位於大馬士革的「直街」（Street Named Straight）兜風，因為那裡已經變成行人步道。

最後但並非最不重要的一點是，還有一個邪惡名單中最壞的組合，今天要是以色列和巴勒斯坦不存在的話，伊朗也不至於大吵大鬧，蓋達組織也不會升高恐怖攻擊。要是沒有那些持續的死傷、破壞和痛苦，以色列和巴勒斯坦，或說是以色列和阿拉伯世界之間的衝突，就有如卡通影片貓鼠大戰中的湯姆（Tom）和傑瑞（Jerry）之間永無休止的爭執和對抗。傑瑞是那隻老是逗弄湯姆的老鼠，而湯姆這隻肥貓，也就是以色列，因為受不了挑釁而發火，於是開始大規模破壞以消滅傑瑞，也就是巴勒斯坦（或是哈瑪斯、眞主黨，或是任何本週扮演傑瑞的地方）。湯姆從來沒有設法摧毀傑瑞，所以無可避免地，傑瑞下次又會出現使這場遊戲繼續下去，只是過程中免不了要打破許多花瓶，弄壞家具或是一路上其他易碎的東西。

或者可以把巴勒斯坦（或是哈瑪斯、眞主黨）想成是討厭的酒鬼，一直騷擾大個兒，不停找他麻煩；可想而知，後來大個兒受不了，就屈起打過類固醇的二頭肌，用力把醉漢一拳打扁，兩者之間的勝負立見。不過，隔天在許多報紙上誰會贏得同情票同樣也不讓

人意外。有家報紙在社論中說，大個兒應該更自制一點，另一家報紙則是精確分析說，毒販不該漫不經心地賣類固醇給大個兒。當然，有些報紙會正確地指出，討厭的小酒鬼應該行為檢點一點。但是，只要這個小酒鬼不必拄枴杖了，他馬上又開始找大個兒麻煩。

如果我只能在邪惡軸心名單上再加一上個地方，那麼以色列和巴勒斯坦絕對會榜上有名。

Lonely Planet
險惡之旅

2008年2月初版　　　　　　　　　　　　　　　　定價：新臺幣350元
有著作權 · 翻印必究
Printed in Taiwan.

著　　者　　Tony Wheeler
譯　　者　　鍾　玉　玲
發 行 人　　林　載　爵

出　版　者　聯 經 出 版 事 業 股 份 有 限 公 司　　叢書主編　林　芳　瑜
台 北 市 忠 孝 東 路 四 段 5 5 5 號　　　　　　　　　　　　賴　郁　婷
編 輯 部 地 址：台北市忠孝東路四段561號4樓　　特約編輯　蘇　晨　瑜
叢書主編電話：(0 2) 2 7 6 3 4 3 0 0 轉 5 0 4 8　　封面設計　蔡　婕　岑
發　　行　　所：台北縣新店市寶橋路235巷6弄5號7樓
　　　　電話：(0 2) 2 9 1 3 3 6 5 6
台北忠孝門市：台北市忠孝東路四段561號1樓
　　　　電話：(0 2) 2 7 6 8 3 7 0 8
台北新生門市：台 北 市 新 生 南 路 三 段 9 4 號
　　　　電話：(0 2) 2 3 6 2 0 3 0 8
台 中 門 市：台 中 市 健 行 路 3 2 1 號
　　　　電話：(0 4) 2 2 3 7 1 2 3 4 e x t . 5
高 雄 門 市：高 雄 市 成 功 一 路 3 6 3 號
　　　　電話：(0 7) 2 2 1 1 2 3 4 e x t . 5
郵 政 劃 撥 帳 戶 第 0 1 0 0 5 5 9 - 3 號
郵 撥 電 話：2 7 6 8 3 7 0 8
印 刷 者　世 和 印 製 企 業 有 限 公 司

行政院新聞局出版事業登記證局版臺業字第0130號

Translated from Tony Wheeler's *Bad Lands* published by Lonely Planet Publications
© Lonely Planet 2007

Photo credits:
All images Tony Wheeler except
Afghanistan1, 2 — Mobin Jamshady
Afghanistan6 — Wahid Jamshady
Afghanistan 8, Albania 2, Iran 1, North Korea 1, 8, Saudi Arabia 4 — unknown
Burma 3 — Anders Blomqvist, Lonely Planet Images
Burma 8 — Maureen Wheeler
Iraq 1 — Husni Tutug

國家圖書館出版品預行編目資料

險惡之旅/Tony Wheeler 著 . 鍾玉玲譯 .
初版 . 臺北市 . 聯經，2008 年（民 97）
360 面；14.8×21 公分 .（Lonely Planet）
譯自：Tony Wheeletr's bad lands
ISBN　978-957-08-3245-7（平裝）

1.遊記　2.政治迫害　3.中亞

734.39　　　　　　　　　　　97001494